평롱현 사람들

펑롱현 사람들

개혁기 중국 농촌 여성의 삶, 가족 그리고 문화

이현정 지음

책과함께

일러두기

• 본문의 일부는 기발표한 다음 논문을 토대로 했다.

　제2장: 〈잊혀진 혁명: 중국 개혁개방 시기 농촌 잔류여성(留守婦女)의 삶〉,《한국여성학》30(1): 1~33, 2014.

　제4장: 〈현대 중국 농촌의 시장개혁과 혼인관습의 변화: Jack Goody의 신부대 이론에 대한 비판적 고찰〉,
　　　　《한국문화인류학》50(1): 93~131, 2017.

　제6장: 〈자살에 관한 문화적 학습 및 재생산의 경로〉,《비교문화연구》16(2): 115~149, 2010.

• 연구참여자의 보호를 위해, 사례에 등장하는 인물들에는 가명을 사용했다. 연구 지명 '펑롱현'도 가명이다.

• 본문에 수록된 모든 사진은 저자가 촬영한 것이다.

머리말

나에게 중국이란 베이징 시내에서 열 시간 가까이 기차와 버스를 갈아타야 도착하는 만리장성 너머 한 산간 마을에서의 삶을 의미한다. 2000년대 중반, 개혁개방 이후 25년 가까이 흘렀지만 만나본 외국인으로는 내가 유일하고, 심지어 "한국어도 우리 중국말이랑 똑같네!"라며 중국어를 하는 나를 신기해하던 사람들. 역설적으로, TV의 영향력을 뽐내듯 마을 시내에는 '대장금(大長今)'이라는 이름의 (전혀 한국식과 무관한) '한국식 불고기집(韓國烤肉店)'이 있었다. 이처럼 물리적 거리로는 수도에서 열 시간밖에 떨어져 있지 않지만, 세계적 도시인 베이징의 경험과는 완전히 동떨어져 있는 곳. 그러나 저녁이면 또 다른 경험의 창(窓)인 TV스크린을 통해 전 세계의 사람들과 상품을 접하며 새로운 꿈과 욕망을 키우는 곳. 허베이성 북동쪽의 평롱현이 바로 내 연구의 중심지이자 가족과 다름없는 나의 중국인 친구들이 살고 있는 세상이다.

평롱현(風龍縣)은 중국 허베이성(河北省) 동북 지방의 끝자락으로, 베이징시(北京市)에서 250킬로미터 정도 떨어져 있으며 만리장성의 동쪽 끝 산지에 자리 잡고 있다. 평롱현은 총 11개의 진(鎭)과 14개의 향(鄕)으로 구성되어 있으며, 총 인구는 54만 명이다. 평롱현의 중심지는 평롱진(風龍鎭)으로, 평롱현 정부 건물을 비롯하여 각종 관공서와 주변 도시로 이동을 가능하게 해주는 버스 터미널이 이곳에 있다. 평롱현은 2000년대 중반까지만 해도 허베이성 내에서 가장 빈곤한 현(貧困縣) 중 하나로 꼽혔지만, 2012년 개통된 친황다오시(秦皇島市)와 탕산시(唐山市)를 잇는 고속도로가 평롱현을 지나가게 되면서 가장 빈곤한 지역에서 벗어나게 되었다.

평롱현 주민들의 주식은 조(小米), 수수(高粱), 옥수수(玉米)이며, 밀가루나 쌀은 직접 재배하지 않고 필요한 경우에 사다 먹는다. 마당에 오이, 토마토, 배추, 파, 마늘 등의 채소를 키우고, 달걀을 얻기 위해 닭 몇 마리를 두고 있는 경우는 흔하다. 시장개혁으로 지역 개발과 외지와의 교류가 활발하게 이루어지기 시작한 다음부터는, 많은 농민이 현금 수입을 위해 농사일 외의 다른 벌이에 동시에 참여해왔으며, 그에 따라 농지는 점차 관리가 편한 옥수수를 키우는 데 사용되고 있다. 그러나 곡물 외에 평롱현의 사과와 밤은 품질이 좋아서 지역 상표를 달고 외지로 수출되기도 하며, 양계장을 하거나 양을 키우는 사람들도 마을마다 몇 가구씩 있다.

만리장성 끝자락의 깊은 산지에 위치한 평롱현의 마을 간을 연결

평룽현에 위치한 철광석 세척장 중 한 곳(2012년)

하는 버스를 타고 다니다 보면 곳곳에 광산 개발이 이루어지고 있는 것을 흔하게 발견할 수 있다. 평룽현의 중심지인 평룽진에 속한 지역에만도 철광이 스무 군데 이상이고 매년 40만 톤 이상의 철광석을 생산한다. 이 광산들은 평룽현 사람이 직접 운영하는 경우도 소수 있지만, 대부분은 가깝게는 산둥성(山東省)에서부터 멀리는 네덜란드에 이르기까지, 돈 많은 외부 사업가들이 투자하고 평룽현 정부가 개발을 인준해주며 현지 농민들이 계약직 광부로 고용되는 삼자간 협업 형태를 띠고 있다.

　평룽현의 시장개혁은 평룽현이 가지고 있는 지리적이고 자연적인 특성을 상당히 반영하는 방식으로 이루어졌다. 대부분이 산지를 개간하여 만든 농지인 까닭에, 기계화를 도입하기가 상대적으로 어려울 뿐 아니라 농업 산출량이 적다는 사실은 오히려 농민들이 일찌감

펑룽현 시내의 개발 모습(2012년)

치 다른 살길을 찾도록 하는 데 도움이 되었다. 따라서 개혁개방과 더불어, 오일장이 열리는 주요 마을을 잇는 공로를 따라 식당, 가게, 주유소 등 각종 상업 활동이 증가했으며, 1990년대 이후 탄광 개발이 하나둘 진행됨에 따라 남성들은 계약직 노동자로 참여하기도 하고, 가장 가까운 도시인 친황다오시로의 장단기 노동 이주를 통해 현금 벌이를 시도하기도 한다.

오늘날 중국의 젊은 세대는 개혁개방 이전의 '배고팠던' 삶을 상상조차 하지 못하며, 마오쩌둥 시기를 겪어본 나이 든 세대도 개혁개방 이전보다는 지금이 훨씬 낫다고 입을 모아 말한다. 그렇지만 펑룽현 주민들은 이미 시장개혁이 생성해낸 긍정적인 측면뿐 아니라 부정적인 측면에 대해서도 꽤 정확하게 인지하고 있다. 절대적인 수준에서 과거에 비해 물질적인 풍요로움을 누리는 것은 사실이지만, 같은 지역 내에서도 예전에 비슷했던 사람 간에 빈부 차이가 급속하게 벌어지는 것을 피부로 느끼고 있는 것이다. 특히 젊은 부부들은 도시 주민과의 격차에 대해서 크게 의식하고 있는데, 당장 자녀교육과 돈벌이를 위해 친황다오시로 이사를 가야 하는 것이 아닌지 늘상 고민을 하곤 한다. 또한 노인들은 자녀들이 경쟁 속에 바쁘게 사는 통에, 아무도 찾아오지 않는 뒷방 신세가 되어버린 것을 씁쓸해한다.

　세계보건기구로부터 '세계가 주목해야 할 정신보건 문제' 중 하나로 손꼽힌 중국 농촌 여성들의 높은 자살률에 대해, "그거야 여자들이 속이 너무 좁기 때문이지(女性的心眼太小)"라는 마을 주민들. 농촌 여자들은 배운 것이 없어서 세상이 어떻게 돌아가는지 모르고, 집안에 무슨 사소한 일이라도 발생했다 하면 대뜸 농약부터 마시려고 하기 때문에 자살률이 높다고 이구동성으로 말한다. 그러나 경제적 곤란, 친척과 이웃 간의 질투, 배우자의 혼외정사와 도박, 강요된 혼인과 같은 '사소한 일'들은 사실상 개혁개방 이후 물질적 욕망 및 필요가 증대하고 도덕적 가치관이 변화하고 있는 중국의 전반적인 상황과 결코 무관할 수 없다.

　"사느니 죽는 게 더 낫다(死的比活着更好)." 가난하고 외딴 농촌 마을에서 각 개인들이 선택할 수 있는 해결방법은 극히 제한되고, 특히 갓 시집와서 어디 하소연할 데조차 없는 젊은 여성들은 분노와 절망 속에서 차라리 농약을 마시는 것이 더 낫다고 생각한다. 사실 매일 고통스러운 삶을 지속하는 것보다 죽음을 선택하는 것이 더 낫다는 관념은 단지 젊은 여성들만의 생각은 아니다. 오랜 질병과 외로움을 홀로 견뎌야 했던 노인이나, 마흔이 넘도록 변변치 못한 직업 때문에 장가를 가지 못했던 마을의 총각도 결국 세상을 비관하며 목숨을 끊었다. 결국 농촌 자살의 배경에는 '인민의 국가'의 실제 모습인 사회적 안전망의 부재와 도농 차별에 근간한 국가 정책의 부작용이 구조적으로 놓여 있다. 그리고 이들의 선택 속에는 도대체 '무엇이 진정 인간답게 사는 것인가' 하는 인간 삶의 고귀함(dignity)에 대한 문화적인 시각이 내포해 있다. 즉, 수치심이나 불명예스러운 상황을 지속하면서 근근이 목숨을 부지하는 것보다는 차라리 깨끗하게 스스로 죽음을 선택하는 것이 더욱 인간의 도리에 가깝다고 이들은 믿는 것이다.

결국 중국 농촌에서 여성의 자살이 빈번했던 이유는 한편으로 농촌의 전통적인 성별구조 및 개혁개방 이후 혼란스러운 사회문화적 환경이 야기한 다양한 삶의 문제들과, 다른 한편으로 고립된 농촌 공동체에서 세대를 거쳐 무의식적으로 형성된 문화적 대응 전략이 함께 관여한 결과이다. 여성의 속이 좁아서라기보다는 마치 경주마의 차안대(遮眼帶)처럼 중국 농촌의 사회구조와 역사적 환경이 여성의 속마음이 도달할 수 있는 지평을 그만큼 좁혀놓은 것이다. 물론 좁아진 마음은 다시 넓혀질 수 있고, 실제로 보다 광범위한 교육의 혜택과 미디어나 노동 이주를 통한 바깥세상의 경험은 점차 이들의 마음이 열리도록 하는 계기가 되어왔다. 오늘날 마을에서 만나는 10대나 20대 여성들이 왜 윗세대 여성들이 굳이 자살을 선택해왔는지 잘 납득하지 못하는 것도 바로 그러한 변화의 징표이다.

2000년대 중반 당시만 해도 몇 집 걸러 한 대씩 TV가 있던 마을은 이제 몇몇 가구가 모여 인터넷을 공유하는 새로운 환경을 만들어 가고 있다. 외국인인 나의 중국어를 신기해했던 이들은 이제 내게 방송에 나오는 유명 외국인들만큼 중국어를 잘하지 못한다며 농을 건넨다. 하나둘 젊은이들은 더 나은 직업과 자녀교육을 위해 도시를 찾아 떠나고, 도시로 떠나지 못하는 젊은이들은 타이완과 서양의 가요를 핸드폰으로 듣고 한국어가 적힌 화장품을 바르며 세계 시민으로서의 흥취를 간접적으로나마 즐긴다. 아들을 낳으면 노후가 보장될 것이라 믿었던 노인들은 더 이상 농촌에서 시부모와 함께 살기를 원하지 않는 자녀들로 인해 홀로 남아 집을 지킨다. 새롭게 포장된 도로들로 인해 베이징에서 마을까지 이동 시간은 이제 급격하게 줄었지만, 마을 주민들의 삶은 대도시의 삶과는 본질적으로 다르다. 대도시와 달리 이곳에는 사회주의 혁명으로 토지개혁의 기쁨을 누렸던 노인 세대와 문화대혁명의 고통을 직접적으로 겪었던 중년들, 그리고 인터넷과 물질주의적 쾌락에 익숙한 젊은 세대들이 함께 뒤섞여 사는 공간이다. 그런 의미에서, 농촌은 급변하고 있는 중국을 가장 잘 축약해서 보여주는 사회적 공간이자 역사적 현장이라고 할 수 있다.

　석사 때부터 20년 동안 저자가 경험해온 중국과 달리, 오늘날 한국 사회에 소개되는 중국은 어찌 보면 매우 다르고 낯선 세계이다. 서점에 가득 진열된 상업용 에세이와 여행기들은 오늘날 중국 사회의 면모를 드러내주지 않는다고 할 수는 없지만, 어떤 면에서 중국에 대한 부분적이고 현상적인 이해만을 강제할 분이다. 한국 학계에서 중국 여성의 삶, 가족, 문화에 대한 관심은 오래 전부터 있어왔지만, 대부분 역사와 문학 분야에서 이루어진 기존의 연구들은 내용과 분석이 지니는 깊이와 통찰력에도 불구하고 동시대에 함께 살아가고 있는 중국 여성들의 삶의 모습과 생생한 목소리를 드러내주는 데는 한계가 있다.

《펑룽현 사람들: 개혁기 중국 농촌 여성의 삶, 가족 그리고 문화》는 이와 같은 한계를 조금이나마 보완하고자 하는 마음에서 기획되었다. 부제에서 언급되듯, 이 책에서 다루고자 하는 것은 크게 세 가지이다.

먼저 중국 여성들의 삶이다. 세대가 다르고 각기 개인적인 조건이 다른 농촌 여성들이 매일매일 어떻게 살아가고 있는지, 무슨 생각과 열망을 지니고 있으며, 어떠한 기쁨과 만족감 또 좌절과 슬픔을 겪는지, 이들의 일상생활과 실천 양상을 드러냄으로써 우리는 중국 여성과 사회에 대한 이해에 한 걸음 다가갈 수 있다. 이 책의 일차적인 관심은 여성에게 있으나, 그렇다고 해서 남성이 배제되지는 않는다. 남성의 삶은 여성의 삶에 아버지, 남편, 아들, 형제와 이웃으로서 함께 뒤얽혀 있기 때문이다. 우리는 중국 농촌 여성들이 살아가는 삶의 구체적인 장면들을 통해, 얼마나 농촌이 도시와, 여성이 남성과, 또 노인과 어린이가 서로 분리될 수 없으며 갈등과 차이 속에서도 하나의 통합된 사회를 이루고 있는가를 확인할 수 있게 될 것이다.

둘째, 중국의 가족이다. 가족은 가장 기초적이며 규모가 작은 '사회'이며, 모든 개개인의 탄생과 죽음이 일어나는 영역이자 개인과 국가를 연결하고, 과거와 미래를 잇는 인간 삶의 보편적인 중심축이라고 할 수 있다. 특히 가족은 두세 개의 같은 성씨로 구성된 친족을 중심으로 마을 공동체를 이루는 중국 농촌 사회에서 더 풍부한 의미를 지닌다. 즉, 세대와 성별, 친족(혈연과 인척)은 생애사를 관통하며 여러 가지 의례와 관습, 그리고 교환과 나눔 속에서 함께 일상을 구성하고, 인간이 자연환경과 사회환경 속에서 맞닥뜨릴 수 있는 어려움과 장애들을 극복하고 견뎌나가는 힘이 되어왔다. 따라서 중국 농촌의 가족을 이해하는 것은 중국 사회의 기본 구성을 이해하는 것일 뿐 아니라, 중국에서 일상이 어떻게 이루어지고 가치가 전승되며, 사회 성원들이 현재를 살아나가고 미래에 대한 지향을 꿈꾸고 실현하는지를 살펴볼 수 있는 지점이다.

셋째, 중국의 문화이다. '문화'를 핵심적인 개념으로 다루고 있는 인류학에서, 문화의 개념은 한 가지로 통일될 수 없을 만큼 학자들에 의해 다양하게 정의되어왔다. 그중 전통적이고 광범위한 정의 하나를 손꼽자면, 문화를 '한 집단이 공유하고 있는 생활양식과 사고방식의 총체'로 바라보는 것이다. 문화에 대한 광범위한 정의는 문화를 사상, 정치, 경제, 교육, 의례 등 다른 주변 요소들과 구분 짓기 어렵게 한다는 단점이 있다. 그러나 이 책에서는 광범위한 정의의 문화 개념을 수용함으로써, 중국 농촌이라는 삶의 환경에서 나타나고 있는 다양한 생활양식과 사고방식을 가능한 한 폭넓게 드러내고자 한다. 따라서 비록 중국 농촌 여성의 삶에 초점이 맞추어진 저서이긴 하지만, 독자들은 이 책을 통해 중국 농촌 사람들이 생계를 어떻게 꾸리고, 어떠한 기층 조직을 구성하고 있으며, 아이들의 양육은 어떻게 수행하고, 어떠한 종교적 의례를 치르며 살아가는가와 같은 사회 전반에 관한 정보를 적지 않게 얻을 수 있을 것이다.

《펑롱현 사람들》이라는 제목의 본 저서는 크게 3부 8장으로 구성된다. 먼저 제1부 '개혁기 중국 농촌과 여성 문제'에서는 개혁기 중국 농촌이라는 커다란 사회경제적 맥락 속에서 여성에 대한 문제 제기가 어떠한 학문적이고 현실적인 함의를 지니고 있는가를 살펴본다. 서구의 여성학에서부터 전통적으로 제기되었던 '여성 문제(The Woman Question)'가 개혁기 중국 농촌이라는 다른 조건 속에서는 어떻게 접근될 수 있는 것인지 분석해본다. 제1부는 두 개의 장으로 구성된다. 제1장 '중국의 근대화와 농촌 부녀(農村婦女)'에서는 중국의 근대화 과정에서 농촌 여성이 국가와 지식인의 공식적 담론 속에서 어떻게 특수한 존재들로 이해되어왔는가를 살펴본다. 이를 위해 먼저 중국 근대화의 특수성에 대해서 살펴보고, 그러한 근대화의 특수성 속에서 중국 여성은 어떠한 역할을 부여받으며 살아왔는가에 관해 논한다. 20세기 초부터 중국의 지식인들은 근대화에 대한 강렬한 열망 속에서, 농촌 여성을 국가발전을 위해 퇴치해야 할 전통적 존재들이거나 무력하고 후진적인 국가를 드러내는 상징으로 간주했다. 이러한 시각 속에서 농촌 여성은 언제나 비판 및 계몽의 대상이 될 수밖에 없었다. 본 장에서는 근대라는 특수한 정치적·역사적 환경 속에서 농촌 여성의 삶이 어떻게 담론적으로 구성되어왔는가를 살펴보도록 한다.

제2장 '잊혀진 혁명: 집단 주체로서 여성의 실종'에서는 개혁기 중국 사회에서 '집단적 주체로서 여성'에 대한 논의가 어떻게 사라지게 되었는가를 다룬다. 1949년 사회주의 혁명 이후 설립된 집단 지도체제에 기반을 둔 중국 농촌의 경제체제는 1978년 덩샤오핑의

개혁개방 선언 시기부터 조금씩 해체되기 시작하여 1980년대 중반부터는 전국적으로 개별 가구 중심의 경제체제가 자리를 잡게 된다. 이를 '가정연산승포책임제(家庭连产承包责任制)'라고 부른다. 경제 구조의 개혁은 단지 각 가정의 생산 방식을 변화시켰을 뿐 아니라, 여성에 대한 사회적인 태도에 있어서도 변화를 가져왔다. 개별 가족의 특수성이 강조되면서, 이제 주민들에게 여성의 문제는 남녀차별이나 구조적인 폭력의 문제라기보다 해당 가족의 사사로운 문제로 인식되기 시작했다. 이러한 경향은 2000년대에 들어서면서 개인의 능력과 그에 따른 책임을 강조하는 신자유주의적 논리를 통해 더욱 강화되었다. 이러한 문제들을 다루면서, 제2장에서는 개혁기 중국 농촌 사회의 변화된 환경이 여성해방과 관련하여 어떠한 효과를 발생시켰는지 살펴보도록 할 것이다.

제2부 '시장개혁과 새로운 문화적 실천'에서는 중국 농촌 사회에 시장화가 진행됨에 따라 여성들의 삶이 어떻게 변화해왔는지를 세 가지 측면에서 살펴본다. 먼저 제3장 '자유연애: 쾌락, 친밀감, 도덕성에 관한 질문'에서는 자유연애라는 사적인 경험에 관한 개별 사례 분석을 통해 중국 농촌의 젠더 문화, 나아가 오늘날 농촌 사회가 직면하고 있는 몇 가지 중요한 도덕적인 문제를 파악해본다. 농촌의 미혼 여성들에게 연애는 낭만과 자유의 경험이자 쾌락과 친밀감을 실천함으로써 성공적인 결혼으로 들어가는 사전 과정으로서 인식된다. 또한 부모의 강제로 인해 원하지 않는 결혼을 한 기혼 여성들에게 혼외 연애는 자신의 욕망과 쾌락을 처음으로 발견할 뿐 아니라 주변 사회의 억압적이고 가부장적인 현실에 눈을 뜨는 성찰의 계기

로 나타나기도 한다. 이처럼 제3장에서는 '자유연애'라는 새롭게 등장한 실천 방식을 통해, 개혁기 농촌 여성의 일상, 경험, 욕망, 그리고 각성의 세밀한 모습들을 이해해본다.

제4장 '신부대 관습을 통해 본 변화하는 딸의 의미'에서는 오늘날 농촌에서 본래 신부 부모의 몫인 신부대를 부모가 혼인하는 딸에게 모조리 전달해주게 된 관습적 변화의 함의가 무엇인지를 분석한다. 오늘날 농촌에서는 이른바 '한 자녀 정책'으로 딸 한 명만을 자녀로 둔 부모도 적지 않을 뿐 아니라 아들과 며느리가 늙은 부모를 모실 가능성이 점차 줄어들고 있다. 이러한 상황 속에서, 딸의 혼인을 앞둔 부모들은 더 이상 신부대를 남은 아들의 혼인이나 미래의 위험을 대비하기 위한 자산으로 간직하고자 하지 않으며, 오히려 딸의 혼인 이후에도 지속적인 관계를 바라며 신부대 전액을 딸에게 건넨다. 또한 물질주의의 범람과 딸의 사회적 가치에 대한 인식 변화 속에서, 부모는 혼인한 딸에게 신부대를 전달함으로써 딸이 혼인 후에도 남편의 가족들에게 더 존중받을 수 있도록 배려하는 것이다. 제4장에서는 이처럼 시장화가 진행되고 있는 중국 농촌의 사회문화적 환경이 어떠한 맥락 속에서 전통적인 혼인관습의 변화를 만들고 있는가에 대해서 살펴본다.

제5장 '오늘날의 현처양모(賢妻良母): 가족과 젠더 역할'에서는 개혁기 중국 농촌에서 자녀교육과 경제활동이 개별 가구의 선택에 따라 이루어지고 도시민과의 극심한 경쟁에 노출되는 상황 속에서, 지역적으로 어떠한 젠더 역할이 새롭게 등장하거나 강화되고 있는가에 대해서 살펴본다. 이제 '엄마' 혹은 '아내'라는 정체성은 아이를

낳거나 혼인함으로써 당연하게 이룩되는 것이 아니다. 교육기관과 매스컴을 통해서, '제대로 된' 엄마거나 아내이기 위해서 어떠한 소질을 지녀야 하는가에 관한 담론적 논의가 활발하게 펼쳐지며, 그 속에서 농촌 여성들은 매우 제한된 자원을 가지고 분투하는 삶을 살아가고 있다. 제5장에서는 '현처양모'라는 개념이 농촌 주민들이 늘 제시하는 여성의 이상형이지만, 그 이상의 구체적 내용이 시대적 조건과 지역적 환경에 따라서 달라질 수밖에 없다는 사실을 개혁기 중국 농촌의 사례를 통해 제시한다.

　제3부 '몸에 각인된 삶: 가족과 문화'에서는 토지에 뿌리내린 농민들의 공동체로서 개혁기 중국 농촌 사회 속에 지속되고 있는 여성과 가족 문화의 측면이 무엇인가를 살펴본다. 제3부는 모두 세 개의 장으로 구성된다. 먼저 제6장 '체현과 문화적 재생산: 중국 농촌 여성의 자살 문제'에서는 농촌 여성의 고통스러운 삶의 맥락들이 어떻게 그들의 몸에 체현되어왔으며 그것이 '자살'이라는 불행하고도 끔찍한 행위를 세대를 거쳐서 실천해왔는지에 대해서 살펴본다. 이를 중국 농촌에서 내가 만난 몇몇 여성의 사례를 통해 구체적으로 논의할 것이며, 그들이 자신이 해결하기 어려운 상황 속에 처했을 때 어떻게 가능한 실천 목록의 하나로서 자살을 잠재적으로 보유하게 되었는가를 탐색해볼 것이다.

　제7장 '두 여자 이야기: 좌절, 헌신, 자부심의 생애사'는 중국 농촌에서 어린 시절부터 노년까지 60여 년을 보낸 두 여성의 생애사를 통해, 개혁기 중국 농촌의 급변하는 흐름이 농촌 여성들의 삶과 사랑, 현재와 과거의 경험을 어떻게 다르게 주조하고 의미 부여해왔는

지를 살펴본다. 두 여자의 생애사는 대기근, 문화대혁명과 같은 중국 현대사의 중요한 시점들에 각자가 어떠한 경험을 개인적으로 해왔는지를 드러내줄 뿐 아니라, 농촌에서 여성의 삶이 구체적으로 어떠한 좌절과 헌신, 땀과 피 속에서 이루어져 왔으며, 그 과정에서 이들 각자는 딸, 아내, 엄마, 할머니로서, 또한 누군가의 연인이자 이웃이자 친구로서 자부심을 지니고 삶의 의미를 구성해왔는가를 보여준다. 질곡의 세월을 보낸 여성의 삶의 비교를 접함으로써, 독자들은 중국 농촌 여성의 삶과 문화가 시간의 흐름에 따라 어떻게 변화해가고 있는지를 간접적으로 체험할 수 있을 것이다.

제8장 "'자궁가족'을 넘어: 변화와 지속성'에서는 일찍이 인류학자 마저리 울프가 지적한 것처럼(울프 1988), 남편 집으로 시집온 젊은 여성이 자신이 직접 낳은 자식들을 더해가면서 점차 여성 자신의 세력권을 구축해나가는 '자궁가족' 현상이 오늘날 시장개혁과 도시 이주가 급격하게 진행되는 농촌 사회에서 어떻게 지속되고 또 변화해가고 있는지 살펴본다. 중년 이상의 농촌 여성들은 여전히 아들을 낳아 대를 이어야 한다는 생각을 굳건하게 가지고 있으며, 집안에 아들이 없으면 아들이 있는 집을 대개 부러워하지만, 막상 오늘날 농촌에서 자란 아들들은 혼인 이후 부모가 사는 마을을 떠나 도시에서 삶을 시작하고자 하며, 마을에 있는 늙은 부모를 부양하려고 하지 않는다. 가끔 도시로 나간 젊은 부부가 마을에 남은 부모를 모시고 가서 생활하기도 하지만, 그러한 삶에 대해 남은 농민들은 한편으로는 다행이라 여기면서도, 다른 한편으로는 오랜 삶의 터전을 떠나 삭막한 도시 생활을 하게 된 것을 안타깝게 여긴다. 나아가 제

8장에서는 오늘날 농촌에 빈곤하고 몸이 허약해진 나이든 노인들만 남게 된 현실을 조망한다.

이 책에서 다루는 농촌 여성들의 삶과 가족에 대한 풍부한 이야기들이 궁극적으로 중국이 어떠한 사회인지를, 그리고 여성과 문화의 관계가 무엇인지를 어렴풋이나마 우리에게 가르쳐줄 수 있기를 기대한다.

마지막으로 이 책이 나올 수 있도록 도움을 주신 분들께 간단하게 나마 감사의 말을 전하고 싶다. 펑롱현의 가족들, 친구들, 그리고 이웃들의 도움은 말로 표현하기가 죄송스러울 정도다. 특히 나의 중국인 어머니 쉬펑친과 고모 리페이민에게 마음 깊은 감사를 전한다. 비록 한국어라 읽기는 어려우시겠지만, 작년에 돌아가신 중국인 아버지가 살아계셨으면 얼마나 좋아하셨을까 싶다. 그리고 연구를 보완하고 한 권의 책으로 나올 수 있기까지는 아모레퍼시픽재단의 학술저서 지원이 큰 도움이 되었다. 도서출판 책과함께와 김현대 편집자에게도 고마움을 전한다.

2020년 11월
이현정

차례

개혁기 중국 농촌과 여성 문제

제1장

중국의 근대화와
농촌 부녀

1. 중국 근대화와 농촌 부녀의 타자화

20세기 초 중국은 외세의 침입 속에 각종 사회경제적 변화를 겪어야 했으며, 이에 새로운 사조와 물질문화가 적극적으로 분출·생성하는 역동적이고도 혼란스러운 상황을 맞이했다. 서구 식민주의자들의 침략으로 청 왕조가 몰락하고, 도시에는 노동자와 전문가 집단이 등장했으며, 전국적으로 외세에 저항하는 각종 운동과 반란들이 난무했다. 이러한 맥락 속에서 고향인 농촌을 떠나 도시에서 근대적인 교육을 받은 중국의 지식인들은 의화단 운동과 같은 농민들의 격동적인 움직임을 접하면서 농촌 사회와 농민을 주목하게 되었으며, 이들을 사회 변혁의 주체로 어떻게 성장시킬 수 있는가에 대해서 생각하기 시작했다. 특히 20세기 초 마르크시즘의 영향 속에서, 중국의 지식인들은 그들이 공산당을 지지하든 반대하든 상관없이 외세로부터 중국을 구하기 위해서는 농민들이 동원되어야 하고 개혁되어야 한다는 공통된 의견을 갖고 있었다(Han 2005). 지식인들은 구사회의 철폐를 통해서만이 신사회를 이룰 수 있다고 생각했는데, 이때 구사회는 바로 농민들로 이루어진 농촌 사회를 의미했다.

이러한 역동적인 변화 속에서 농민에 대한 이미지가 광범위하게 생성되었는데, 당시 상당수의 농민이 사회 변혁에 주체로서 참여하고 있었음에도 불구하고 농민에 대한 이미지와 담론은 근대화에 방해가 되는 봉건사회를 상징하는 것으로 일반화되었다. 지식인들이 만든 농민의 이미지는 무지, 순박함, 빈곤, 그리고 무력함과 같은 것들이었다. 신문물과 교육의 기회를 받은 지식인의 관점에서, 농민은 설령 그들과 같은 시공간을 겪고 있다고 하더라도 순전히 '전통'과 '구습'에 속하는 존재에 불과했다. 그리고 전통을 극복하는 것을 통해서만이 중국이 부국강병을 이룰 수 있다고 보았기 때문에 농민의 개혁이야말로 중국의 근대화에 필수적인 요소라고 생각했다. 이처럼 지식인들이 가지고 있던 농민들에 대한 시각은 당시 지식인들이 가지고 있었던 국가 근대화를 추구하고자 하는 정치적인 기획 속에서 만들어진 것이었다. 이러한 시각은 당시 외세의 침입과 지도자들의 무능으로 인해 고통에 허덕이고 있는 농민들의 처지를 충분히 이해하지 못하는 편향된 것이었지만, 적어도 농민이 변화되어야 할 존재라고 인식함으로써 이후에도 지식인들이 농민과 농업 개혁에 대한 의지를 지속시킬 수 있는 기반이 되었다. 지식인들은 농민이 무용하고 무시당하며 부정적인 역할에서 벗어나 유용하고 존경 받을 수 있으며 긍정적인 역할로 변혁되어야 한다고 생각했다(Han 2005).

20세기 초에 농촌 사회와 농민에 대해 지식인들이 가지고 있던 부정적인 이미지는 중국의 근대화가 어떠한 성격으로 진행되어왔는지를 이해하기 위해 충분히 강조될 필요가 있다. 어째서 당시의 지식인들은 농촌 사회와 농민에 대해 이처럼 '전근대적'이고 '전통적' 인 성격을 부여하고자 했던 것일까? 인류학자 마이런 코헨이 지적하듯이, 20세기 초 중국 지식인들이 농민과 농촌 사회에 대해 가지고 있던 이미지들은 정치적 의도를 지닌 일종의 '문화적 발명'이었다(Cohen 1993). 이러한 이미지의 핵심에는 전통적인 중국 문화, 특히 농촌 지역에 사는 농민들에 대한 재정의가 놓여 있었다. 지식인들에게 중국의 농민은 '후진적'이고 국가의 발전에 있어서 '방해물' 이었다. 도시가 새로운 문물과 사조를 받아들여 발전하고 있었다면, 그들의 눈에 농촌은 여전히 '봉건사회'에 속해 있었고 농민은 '미신' 속에 허우적대고 있었다. 이와 같은 지식인들의 농촌 사회와 농민에 관한 이미지와 담론은 수십 년간 지속되었으며, 그 과정에서 농민과 농촌 사회에 대한 광범위한 사회적 믿음이 형성되었다. 이러한 경향은 사회주의 혁명이 이루어지고 중화인민공화국이 성립된 이후에도 계속되었다.

그렇다면 농민 중에서도 여성 농민, 중국식 표현에 따르자면 '농촌 부녀'에 대한 이미지는 어떠했을까? 농민과 농촌 사회에 대한 문화적 발명을 만들어낸 20세기 초 중국 지식인들에게 '농촌 부녀'는 일반 농민과는 일면 구별되는 의미를 지니고 있었다. 한편으로 '농촌 부녀'는 일반 농민들 속에 포함되어 '전통'과 '후진성'을 드러내는 상징적 존재였다. 그러나 다른 한편으로 '농촌 부녀'는 농민으로서 가지고 있는 공유된 이미지를 넘어, 구습으로 인해서 '희생'되고 있는 안타깝고 불행한 사회적 약자의 모습을 대변하고 있었다. 따라서 '농촌 부녀'는 국가의 후진성과 무능력이 사회적 약자를 불행에 빠트리고 희생시키고 있다는 광범위한 담론을 불러일으키는 중요한 소재였다. 예컨대, 부모의 강요에 의한 혼인, 민며느리제, 각종 사회적 폭력과 같은 농촌 사회에 만연해 있는 관습과, 이러한 악습으로 인한 농촌 부녀들의 자살 사례들은 어떻게 농촌 사회의 전통과 구습이 사회악인가를 적나라하게 드러내줄 뿐 아니라, 중국이 구원받아야 하는 까닭을 사회적으로 상기시켰다. 따라서 도시의 지식인들은 농촌 부녀의 억압적인 삶에 대해 자주 인용함으로써 중국이 근대화가 되어야 할 필요성에 대해서 역설할 수 있었다.

다음은 나중에 중국공산당을 중심으로 사회주의 혁명을 이끈 마오쩌둥이 혁명 훨씬 전인 1919년에 발화한 내용이다.

중국에서는 '유교' 의식에 기반한 비뚤어진 관습이 수천 년 동안 널리 퍼져왔기 때문에 여성은 정치, 법, 교육, 비즈니스, 사회관계, 오락, 개인 등 삶의 어떤 영역에서도 지위가 없었습니다. 여성은 항상 남성과 매우 다른 대우를 받았으며 사회의 어두운 구석으로 밀려났습니다. 그들은 행복을 거부당했을 뿐만 아니라 많은 종류의 비인도적인 학대를 당했습니다. 여성이 자살하는 사건과 같은 일이 진실이 분명하고 여성해방을 큰

소리로 요구하는 지금과 같은 시점에 일어난다는 것은 우리나라 사회의 악이 얼마나 심각한지를 보여줍니다(Mao 1999〔1919〕: 81).

이러한 농촌 부녀에 대한 이미지는 공산당이 사회주의 혁명에 성공하고 중화인민공화국을 성립한 이후에도 계속되었다. 농촌 부녀의 삶을 개선하는 것은 근대화를 추구하는 국가가 이룩해야 할 첫 번째 과업으로 등장했다. 중화인민공화국 성립과 동시에 공산당이 가장 먼저 행한 것이 혼인법의 개정이라는 점은 의미심장하다. 사회주의 중국의 당면 목표는 무엇보다 근대화를 통한 부국강병의 수립이었다. 20세기 초부터 진행되어왔던 담론의 흐름 속에서, 부국강병을 위해서는 무엇보다 전통을 타파하는 것이 일차적으로 수행해야 할 과업이라고 여겨졌으며, 처음 시도된 것이 바로 전통의 억압 속에서 희생되고 있는 농촌 부녀들을 불행으로부터 구원하는 것이라고 여겨졌다.

그러나 여기에서 주목해야 할 점은, 과연 농촌 부녀의 해방을 외쳤던 20세기 초의 지식인과 사회주의 중국의 공산당 지도부가 중국의 농촌 부녀의 삶에 대해 실질적으로 이해하고 고려하고 있었는가 하는 점이다. 과연 이들은 농촌 부녀를 그들과 같은 근대화가 진행되는 시공간에서 살아가지만 다른 사회경제적 조건 속에서 고통을 받는 이들로서, 나아가 그들 역시 더 나은 삶을 위해 고군분투하는 역사적이고 사회적인 주체로서 바라보았던 것일까? 분명히 마오쩌둥과 중국공산당 지도부는 본래 노동자를 혁명 주체로 바라보았던 마르크시즘을 변용하여, 농민을 혁명의 주체라고 바라보는 관점을 채택했다. 그리고 중국의 사회주의 혁명이 성공할 수 있는 배경에는 실제로 공산당에 의한 토지개혁과 이에 대한 농민의 광범위한 지지가 놓여 있었다. 그러나 사실상 남성으로 대변된 '농민' 일반과 달리, '농촌 부녀'는 이들의 담론과 정치적인 기획 속에서 여전히 구습의 체현자에 불과했다. '농촌 부녀'들은 모두 전통과 구습의 후진성과 억압으로 인해 고통 받는 존재들로 담론화되었으며, 그들의 삶을 개선하는 것은 외부에서 등장한 도시 지식인들의 대리 혁명을 통해서 가능한 것이었다. 이러한 시선 위에서, 공산당은 중화인민공화국의 성립과 동시에 가장 농촌 부녀를 억압하고 있다고 여겨지는 혼인법을 개정했으며, 자신들을 '구원자'로 자처하고자 한 것이다.

이러한 맥락 속에, 이번 장에서는 중국의 근대화 과정에서 농촌 부녀가 어떻게 타자화되어왔는가에 대해 살펴보고자 한다. 지금까지 20세기 초의 지식인의 담론에 대해 다루었다면, 다음 절에서부터는 이러한 타자화의 경향이 사실상 사회주의 혁명과 심지어 개혁 이후에도 다른 방식으로 계속되어왔음을 보일 것이다. 타자화는 지식인들의 담론과 이미지화에 의해서도 이루어졌지만, 실제 이들의 일상 속에서 만들어지는 여러 형태의 소외와 강요를 통해서도 만들어졌다. 마지막으로, 중국의 근대화가 농촌 부녀를 타자화해온 양상을 분석하는 것을 통해 중국 근대화의 성격에 대해서 논의해보고자 한다.

2. 사회주의 체제 속 농촌 부녀의 현실

개혁개방 이후 남녀는 비록 많이 평등해졌지만, 여성은 더 많은 사상적 압력을 받고 있어요. 과거 생산대 시절(1953년경부터 1978년 개혁개방 전까지 농촌 집체화가 이루어졌던 시기)에는 남성은 밖에서 일했지만, 여성은 몸이 좋지 않으면 집에 가만히 머무를 수 있었어요. 그렇지만 지금은 그럴 수 없어요. 남자가 시내에 나가서 돈을 벌면, 여자는 집안일을 해야 할 뿐 아니라 농사도 지어야 한답니다. 생산대 시절에는 만일 어린아이가 있으면 밖에 나가서 일하는 대신 집에서 아이를 돌보거나 식사준비를 할 수 있었어요. 그 당시에는 가난하건 부유하건 집집마다 별 차이가 없었고 모두 똑같았죠. 그런데 지금은 노력하지 않으면 다른 사람을 쫓아갈 수가 없고 경제조건이 다른 사람만큼 되지를 못해요. 그러니까 항상 긴장해야 하고, 노력해서 다른 사람들을 따라가야만 해요. 과거와 비교한다면, 나는 오늘날의 여성들이 더 강하기를 요구받고 있다고 생각해요.

가난한 농민 여성의 관점에서 개혁 이전과 이후 중 어느 시기가 그나마 덜 고단하고 살기 좋을까? 인간의 삶이라는 것이 늘 어느 한쪽에만 치우칠 수 없고, 고통 속에서도 즐거움이, 그리고 기쁨 속에서도 슬픔이 뒤범벅되어 있음을 생각한다면, 이러한 질문은 몹시 어리석은 것일 수 있다. 그렇지만 2000년대 중반, 중국 허베이성 펑룽현에서 주민들과 여러 해를 함께 지내는 동안, 나는 혹시 이들이 개혁 이전의 사회주의적 삶을 그리워하지는 않을지 궁금해하지 않을 수 없었다. 적어도 내가 관찰하기에 개혁 이후의 펑룽현은 시장화

열기 속에서 활기가 넘치고 매 순간 적극적인 생활 태도가 요구되는 변화와 성장의 장소였지만, 동시에 지나친 경쟁과 실패 이후의 좌절 감으로 인해 우울, 시기, 그리고 피로감이 가득한 곳이었다. 이웃 사 람들 사이에는 좋은 이야기가 오가기보다는 질투와 경쟁심을 드러 내는 나쁜 말이 오갔고, 경제적 능력에 따라 새롭게 지어지는 이웃 집 건물이나 새롭게 들이는 가재도구를 보면서 남몰래 쓸쓸함을 삼 키는 사람도 적지 않았다.

　한참 동안 내게 개혁 이전의 삶이 얼마나 곤궁했는가를 이야기하 던 리꿰이민(李桂民)은 개혁 이후의 삶에 관해 물어보자 이번엔 대 뜸 개혁 이후에 여성들이 갖는 심리적 압박이 더 크다고 말했다. 리 꿰이민에게 "그렇다면 개혁 이전으로 돌아가기를 원하냐"는 질문을 했을 때 "결코 그렇지 않다"고 답했지만, 동시에 그녀는 시장개혁 이후 삶이 주는 고단함에 대해서도 비판을 아끼지 않았다.

　리꿰이민의 말처럼, 만일 개혁 이전과 이후의 삶을 농촌 여성의 관점에서 바라본다면, 설령 과거로 돌아가고 싶지는 않다고 하더라 도 간단히 오늘날의 삶이 더 낫다고 단순화할 수는 없다. 일반적으 로 중국의 집단주의 체제에 대해 가지고 있는 상상과 달리, 과거 집 단주의 생산체제에서도 남성과 여성의 역할은 완전히 통합되지 않 았으며 여성은 아이를 돌보고 집안일을 하는 역할을 여전히 맡고 있 었다. 또한 누가 봐도 G2라는 대국의 지위에 오르고, 물질적인 풍요 가 있는 오늘날의 중국 사회가 과거의 가난하고 집단주의 체제였던 당시보다 나으리라고 여기기 쉽지만, 앞으로 살펴보듯이 농촌 여성 에게는 반드시 그렇지 않을 수도 있다. 물질적인 부는 인간의 삶을 행복하게 하는 데 근원적인 요소일 수는 있지만, 그것이 여타의 사회적인 조건이나 환경과 조화를 이루지 않는다면 그 자체만으로 개인의 행복을 보장해줄 수는 없기 때문이다.

중국 근대화의 특성과 농촌 부녀의 삶

오늘날 중국은 미국과 함께 전 세계 양대 최대강국 중 하나라는 위상을 드러내며 거대한 외교적인 힘을 발휘하고 있다. 1978년 개혁개방 정책을 받아들인 이후 중국의 경제적인 성장은 눈부신 속도로 진행되어왔으며, 지난 수십 년간 중국에서 만든 물건을 사용하지 않는 세상 사람들이 거의 없다고 할 정도로, 전 세계 공업 생산의 대부분을 중국이 차지해왔다. 오늘날 중국은 공산품 생산에서 벗어나 점차 바이오와 전자 부문으로 생산 영역을 확장시켜가고 있으며, 선진국의 대열에 들어서려는 노력을 기울이고 있다. 그러나 이러한 외교적이고 경제적인 성장과는 달리, 중국의 미래에 대해 우려하는 목소리도 만만치 않다. 중국 내부에는 여전히 민족 간, 지역 간 불평등이 뿌리 깊게 자리 잡고 있으며, 나날이 빈부 격차가 심해지고 있다. 또한 전 지구적으로 보편적인 민주주의 흐름 속에서 중국이 고집하고 있는 공산당 일당독재가 갖는 정치적 부담은 중국의 발전에 장애물로 작용하고 있다.

유럽 및 대부분 개발국가에서 근대화가 자본주의 체제를 적극적으로 수용하는 과정에서 이루어졌다면, 중국의 근대화는 서구 제국주의 지배에 대한 반감 속에서 시작부터 반(反)자본주의와 반(反)서양을 표방하는 사회주의 이데올로기를 핵심 내용으로 해왔다. 사회주의 발전전략을 통해 근대로 이행했다는 점에서 중국은 한국을 비롯한 자본주의 발전전략을 통해 근대로 이행한 국가들과는 다른 궤도를 그려왔다. 예컨대, 자본주의 산업화 과정에서 근대가족의 특질로 간주되어온 성별 분업에 근거한 '가정중심성(domesticity)'이나 '친밀성(intimacy)'은 집체에 기반을 둔 생산체제를 운영해온 중국에서는 중요한 사회적 가치로서 다루어지지 않았다. 오히려 개혁 이전의 중국에서는 남녀평등의 기치 아래, 여성 역시 남성처럼 집 밖에서 일할 것이 장려되었고, 아이 양육보다 국가의 생산력 발전에 헌신하는 것이 더 중요하다고 생각되었으며, 남성적인 태도와 적극성이 강조되는 등 전반적으로 여성의 남성화가 진행되었다(Yang 1999).

1978년 개혁개방을 기점으로, 중국은 적극적으로 시장경제를 받아들이고 전 지구적 자본 관계에 능동적으로 편입하는 것을 선택함으로써 그간의 반자본주의적·반서구적 지향성을 급격히 포기했다. 중국 지도층은 지금도 중국을 '사회주의 국가'라고 표방하고 있으며, 여전히 공산당이 인민에 대한 통제력을 강압적으로 행사하고 있기 때문에 시장개혁을 추구하고 사영 자본의 발전을 허락해왔다고 하더라도 중국을 과연 '자본주의 사회'라고 볼 수 있는가에 대해서는 논쟁할 여지가 있다. 그렇지만 마오쩌둥이 지배했던 시기(이후부터 '마오 시기'라 일컬음)와 개혁 이후 시기에 나타나는 중국 사회주의 근대화는 분명히 다른 모양새를 띠고 있다.

마오 시기의 사회주의는 그 시작부터 '근대화'를 국가의 기본적인 정치적 목표로 삼고 있었다. 중국의 사회주의 혁명이 발생하기 전,

20세기 초부터 마오쩌둥을 비롯한 중국의 마르크스주의자들은 서구의 근대화론자들과 마찬가지로 사회진화론적 시각 속에서 역사의 불가역적 진보를 믿었다. 특히 과학적 진보에 대한 믿음에 기초한 우생학적 관점은 마오 시기 사회주의의 핵심적인 가치 정향 중 한 가지였다(Greenhalgh 2005). 마르크스-레닌주의의 이론에 따라, 공산당의 간부들은 더 빨리, 효과적으로 사회 진보를 달성하기 위해서는 사회주의 혁명과 공산당에 의한 국가권력의 독점이 불가피하다고 보았다. 따라서 공산당 일당 지배체제는 중화인민공화국 설립과 동시에 당연시되었다.

마오 시기 근대화는 국가에 의한 '반자본주의적'이고 '반서구적'인 새로운 가치관의 확립과 확산이라는, 유럽과 다른 발전국가의 근대화와 분명히 구별되는 특징을 가지고 있었다. 중국의 공산주의자들은 사회주의 혁명의 궁극적인 목표가 자본주의 사회에서 양산될 수 있는 모든 억압과 차별을 철폐하는 인간해방이라고 선언했다. 또한 자본주의 사회가 만들어내는 인간소외 및 계급차별, 그리고 민족국가 간의 착취와 통제를 격렬하게 비판했다. 국가적 기획과 각종 대중운동 속에서 인민들은 사회주의적 인간형으로 주체적으로 자기변혁하도록 요구되었다. 이처럼 개혁 이전 시기의 중국 근대화는 무엇보다 중국의 사회주의가 서구 자본주의를 능가하는 더 우월한 체제라는 것을 증명하고자 하는 국가적 노력이었으며, 자본주의 근대화 비판은 그러한 노력을 가능하게 하는 내용적 근간이었다. 따라서 중국의 근대화가 자본주의 근대화에 대한 비판을 내재한 '근대화에 반대하는 근대화 이론'이었다는 지적은 일면 타당하다(왕후이 2000:

238).

그렇지만 마오 시기 중국의 사회주의 근대화가 자본주의 근대화에 대한 비판을 핵심적인 성격으로 가지고 있었다고 해서 반드시 자본주의적 근대화보다 덜 폭력적인 과정이었던 것은 아니다. 농민의 관점에서 볼 때, 마오 시기 공산당이 추구한 근대화는 부르주아지와 프롤레타리아트 간의 대립 및 '자유로운' 임노동 관계로 인한 노동 소외는 없었어도, 도시 거주민과 농촌 거주민을 제도적으로 분리하는 호구제 실시를 통해 도시민과 농민 간의 '계급적' 차별 강화 및 집단적 생산체제로 인한 궁핍과 노동 착취를 핵심적인 특징으로 하고 있었다. 그뿐만이 아니었다. 부르주아지의 이익을 대변하는 합법적인 폭력 기구는 아니었을지 몰라도, 중국 사회주의 국가는 냉전체제 속에서 자본주의 국가와의 이데올로기 경쟁에 몰두하느라고 인민들의 삶과 복지는 늘 뒷전이었다. 소수의 공산당 지도부에 의해 장악된 국가권력은 대약진운동(1958~61)과 문화대혁명(1966~76)의 사례에서 볼 수 있듯이, 끔찍한 정치적 혼란과 죽음을 야기하는 폭력의 스펙터클을 만들어냈으며 수십 년이 흐른 뒤에도 언어로 표현하기조차 어려운 고통의 기억을 인민들의 마음속에 각인시켰다(Kleinman and Kleinman 1994).

개혁 이전 사회주의 체제에서의 농촌 여성의 삶은 크게 두 가지로 특징지을 수 있다. 한 가지는 국가에 의해 집 밖으로 나오라고 호명된 '남성화된 여성'으로서의 삶이다. 여성은 집 안에서, 남성은 바깥에서 활동하는 것이 규범이었던 이전 봉건사회에 대비하여, 여성을 바깥으로 불러내는 국가의 정책은 전 세계의 여성해방론자들에게 갈채를 불러일으켰지만, 반드시 여성에게 이로운 것이라고 할 수는 없었다. 왜냐하면 중국공산당의 정책이 여성 스스로 바깥으로 나가고자 한 주체적인 선택의 결과라기보다는, 그동안 기층사회를 지탱하고 있던 가부장적 가족관계를 허물고자 한 국가에 의해서 강제된 것이었기 때문이다(Yang 1997). 공산당은 집 안에 가두어놓았던 여성의 역할을 집 밖으로 끌어냄으로써 여성을 가부장적 가족관계에 종속된 것이 아닌 국가의 신민으로서 살아가기를 강요했다. 즉, 여성을 집 바깥으로 끌어냄으로써 공산당은 기존의 남녀구별에 근거한 가부장적 권력을 무너뜨리는 데 상당히 성공했다.

다른 한 가지는 사회주의 체제에서 농촌 여성은 어디까지 국가의 부를 축적하는 노동력으로 도구화되었다는 것이다. 그것이 육체적이건 정신적이건 간에 농촌 여성의 노동은 자신이 의도하고 욕망하는 삶을 구축하고 스스로 성장하기 위한 원천으로 사용된 것이 아니라, 어디까지나 국가와 잔존한 남성중심적 가족의 명령에 의해 사용되는 도구가 되도록 강요되었다. 이러한 상황 속에서 아무리 중국이 발전한다고 하더라도, 여성은 그들의 주체성을 강화하고 자신의 능력을 확장할 수 있는 기회를 확보하지 못하고, 국가와 당의 신민으로 살아갈 수밖에 없었다.

개혁개방과 자본주의적 근대화

마오쩌둥이 죽고, 1978년 시작된 개혁개방 정책은 중국의 자본주의 체제로의 편입을 적극적으로 지지함으로써 중국 근대화의 성격을 크게 바꿔놓았다. 마오 시기 사회주의에 대한 비판은 크게 두 가지 점에서 수행되었다. 하나는 사회주의적 집체화가 생산의 비효율성을 낳았다는 것, 그리고 다른 하나는 마오쩌둥 지도체제의 통치방식이 전국적으로 정치적 박해와 비민주적 절차를 양산했다는 것이 그것이었다.

첫 번째 문제의 해결은 농촌 인민공사의 해체와 각 농가가 책임지고 생산을 하도록 하는 농가연산승포제(農家联产承包制)의 실행으로 나타났다. 집단적 생산체제가 개인과 개별 가구의 노동의욕을 떨어뜨리고 결과적으로 자본주의 체제와의 경쟁에서 이길 수 없다는 사실이 공식적으로 확인됨에 따라, 인민공사의 해체는 당연한 결과로 나타났다. 이제 농민들은 정해진 기간만큼 국가로부터 일정 면적의 토지를 경작지로 사용할 수 있는 권리를 가질 수 있었다. 농업 기술의 발전과 새로운 노동 및 산업 시장의 등장 속에서 농민 가구의 성원들은 토지에만 머무르지 않고 하나둘씩 현금 벌이를 위해 도시로 이주하기 시작했다. 집단 생산체제의 해체는 가족과 지역의 삶을 총체적으로 변화시켰으며, 농민들의 이주로부터 촉발되어 도시와 농촌 간의 관계를 변화시켰다.

두 번째 비판 지점이었던 공산당의 비민주적인 통치에 대해서 개혁 사회주의의 지도부는 대답하기를 거부했다. 그리고 곧이어 발생한 1989년 천안문 사건의 우울한 결말은 공산당 지도체제가 정치부문에서의 개혁을 전혀 원하지 않는다는 사실을 전 인민과 세계에 확인시켰다. 세계 언론들은 중국 청년과 지식인들의 봉기를 봉건적이고 전제적인 억압에 대항하는 자유의 외침으로 보았지만, 중국공산당은 이들의 목소리를 일축했다. 물론 천안문 사건은 덩샤오핑을 비롯한 지도부들이 그간 시도되었던 개혁의 방향과 구체적 전략들을 재고하도록 만들었으며, 공산당의 통치 성격을 변화시키는 데 중요한 역할을 했다. 그러나 당시 제기되었던 비민주적인 통치에 대한 지식인과 학생들의 불만은 해결되기보다는 억압되었으며, 이 사건을 계기로 공산당 지도부는 더욱 정치적으로 보수적인 태도를 드러냈다(Fewsmith 2001).

이처럼 개혁기 사회주의의 지도자들은 마오 시기의 사회주의가 중국의 근대화를 추구하는 데 장애가 된다고 보고 문제점을 해결하고자 했다. 그러나 문제점을 해결하는 과정에서 마오 시기 사회주의가 고집했던 자본주의적 근대화에 대한 비판을 포기했을 뿐만 아니라, 자본주의 사회가 특수한 물적 조건 속에서 발전시켜온 민주주의 및 공공성의 원칙마저도 수용하기를 거부했다. 개혁기 공산당 간부들은 오로지 자본주의 사회가 발전시켜온 물질주의적 효율성을 추구하는 경제 체제를 중국 사회에 이식하는 데에 몰두했다. 이제 개혁기 사회주의의 근대화 담론 속에서 차별 철폐와 평등 추구와 같은 '인간해방' 혹은 '더 나은 인간 사회'에 대한 비전은 언급되지 않았다. 역설적으로 마오 시기의 사회주의로부터 이어받은 유산은 자본주의 국가들과의 경쟁에서 승리해야 한다는 정치적 강박과 그를 위한 국가주의적 돌진이었다. 단지 차이라면 덩샤오핑의 '흑묘백묘론(黑猫白猫論)'이 상징하듯, 실용주의적인 노선을 강화했을 뿐이다.

자본주의적 관계와 물질주의적인 원칙이 지배하는 새로운 사회주의는 이미 1950년대부터 국가의 엄격한 호구제로 형성된 도농 간의 급격한 격차와 사회안전망의 부재 속에서, 인민들 간의 평등한 경쟁을 불가능하게 했을 뿐만 아니라 새로운 체제에 대응하지 못하는 다수의 '낙오자'들을 생성했다. 마오 시기 사회주의의 고통이 국가의 전제군주적인 지배와 폭력의 결과물이었다면, 개혁기의 고통은 무엇보다 직업, 의료, 교육, 주거 등 그간 국가가 담당하고 있던 공공성을 갑자기 자본의 이윤 논리에 맡겨버리고 국가가 최소한의 책임조차 지지 않는 급작스러운 상황에 기인했다. 이러한 변화에 직면하여 남다른 재산, 정치적 권력, 관시(關係)를 가지지 못한 농민들은 맨몸으로 이러한 충격을 맞이해야 했다. 물론 국가가 제공한 개혁개방의 화려한 수사 속에서 농민들은 더 이상 배고프지 않고 자신의 토지를 가질 수 있게 될 개혁이 또 다른 고통의 시작일 것이라고 의심하지 않았으며 국가 지도부의 결정을 열렬히 환영했다.

개혁개방이 농민을 포함한 모든 계층에게 물질적인 풍요를 가져다주고 이전보다 노동과 직업의 자유를 허락한 것은 사실이지만, 정치경제적인 변화는 단순히 정치적이고 경제적인 문제에 그치지 않았다. 특히 농민 여성들에게 개혁개방은 가부장적 가족 내에서 발생할 수 있는 여성 차별과 폭력에 대해 이제 국가와 사회가 관여하지 않는 것을 의미했다. 개혁개방 정책은 국가로부터 독립된 개별 가구의 다양한 결정과 권한을 다시 인정함으로써 오늘날 중국 농촌 사회에 전통적인 의례와 관습을 부활시켜왔다(김광억 1993; 장수현 1999). 그러나 이것은 단순히 과거 '전통'의 부활을 의미하지는 않는다. 개혁 이후의 근대화는 기존 마오 시기 근대화가 견지하고 있었던 '평등'이나 역사적 진보를 위해 필수적인 '농민·노동자의 계급의식과 주체성' 같은 자본주의적 서구와는 구별된 근대적 가치에 대한 믿음을 통째로 포기했던 것이다. 또한 전통적인 의례와 관습의 부활은 젠더 중립적인 것이 결코 아니었으며, 여성이 다시금 가부장적 권력 관계 속에 불평등하게 배치되는 것을 의미했다.

그 결과 개혁기 중국의 농촌 여성들은 자본주의 물결 속에서 농민이자 여성으로서 갖는 취약한 사회경제적 조건에 덧붙여, 전통과 가부장적 가족 관계 내에서 경험하는 일상적인 차별과 젠더 폭력에 맞닥뜨리게 되었다. 또한 앞으로 살펴보겠지만, 사회주의라는 이름의 국가가 끊임없이 이들 농민에게 던지는 '낙후함'과 '무능력'의 가치 판단과 호명 속에서 기존에 가졌던 국가발전의 신민으로서의 자부심마저 잃어버린 혼란의 길을 걸어가고 있다.

3. 시장화, 전통의 부활과 젠더 문제

앞서 언급했듯이 사회주의, 자본주의, 그리고 전통의 복잡한 결합 속에 이루어진 중국의 근대화 과정은 시장화가 전통의 부활과 맞물리게 되는 독특한 상황을 창출했다. 그리고 궁극적으로 이러한 상황은 중국 농촌 사회에 젠더 문제를 심각하게 생성시키는 배경이 되어 왔다. 이번 절에서는 구체적으로 오늘날 농촌 사회에서 시장화가 농촌 부녀의 삶과 관련하여 어떠한 문제들을 발생시키고 있는가에 초점을 맞추어 살펴보고자 한다.

시장화와 농촌 부녀의 심리적 부담

이미 사십 년째에 이른 '개혁'은 중국 어디에서나 이제 당연하게 받아들이는 상황이 되었지만, 점차 증가해가는 사회경제적 간극은 농촌 각 가정에 상당한 고통과 어려움을 생성해왔다. 2000년대 중반 첸장촌(前江村)에 머무는 동안, 나는 결혼한 여성들의 상당수가 우울과 불안을 경험하는 것을 관찰할 수 있었는데, 그들의 감정은 걱정, 긴장, 경쟁심, 분노, 슬픔, 질투, 외로움, 좌절감 등이 뒤섞여 있었다. 이러한 부정적인 감정들은 때때로 심각한 수준이 되어 외부의 도움을 얻을 수 없다면 정상적인 활동이 어렵거나 전문적인 치료를 받아야 하기도 했다.

혼인한 여성들의 가장 큰 걱정거리는 몇 가지 핵심적인 가족적 의무와 관련되어 있었다. 즉, 아이를 학교에 보내는 것, 아들의 혼인을 위해 새집을 마련하는 것, 그리고 가족 중의 환자를 돌보는 것 등이다. 또한 주민들은 '합당한 삶의 질'이라고 인식하는 물질적인 수준에 대한 기대가 증가하고 있었다. 예전에는 모두 흙집에 살았지만 이제 흙집에 사는 것은 바람직하지 않으며, 심지어 게으름이나 낭비의 소산으로 여겨지기도 했다. 흙집에 새롭게 타일을 붙이고 샤워실을 설치한 현대식 가옥으로 바꾸고, 커다란 컬러텔레비전과 전자동세탁기를 갖추는 것 등은 마을 전체를 휘도는 자연스러운 변화였다. 이러한 변화에 따라가기 위해 개별 가구는 점점 더 많은 경제적인 능력이 필요했다. 대부분 가구에서 이러한 경제적인 능력은 농사일하는 것만으로는 획득할 수 없기에 상당수의 사람에게 사회경제적 변화의 조류는 욕망을 생성할 뿐 아니라 심리적인 부담을 양산했다.

혼인 전 신축가옥을 짓는 과정을 돕는 신붓감(2006년)

또한 비슷한 물질적 수준을 향유하던 예전과 달리 우후죽순 월등하게 잘살게 되는 이웃들을 보면서 경쟁심, 질투, 시기와 같은 불편한 감정들을 가지게 되었다.

어린아이가 있는 엄마들은 대부분 자녀를 고등학교나 대학을 보낼 수 있을지에 대해 걱정했다. 농촌에서도 물질적인 풍요 속에 먹고 사는 것이 가능해지자 자녀의 교육열이 높아졌다. 마을에서 50대 이상의 여성들은 소학교(小学校: 중국의 초등학교)를 졸업하지 않은 경우도 상당하지만, 이들도 자녀는 적어도 고중학교(高中学校: 중국의 고등학교)까지는 보내야 한다고 생각했으며, 남녀 가릴 것 없이 공부를 잘하면 대학에 들어갈 수 있기를 원했다. 이미 자신들이 초중(初

신축가옥의 내부(2012년)

中学校: 중국의 중학교)이나 고중을 졸업한 젊은 세대는 더 말할 것도 없었다.

그러나 1990년대부터 이루어진 중국 교육기관의 구조적 변화 속에서 성공하는 데 필요한 교육 연한은 계속 증가해왔다(Kipnis 2011). 예컨대, 오늘날 50~60대가 학교에 다니던 시절에는 초중학교를 졸업하는 정도의 학력이어도 마을에서 의사를 할 수 있었다. 그 이후에 30~40대는 적어도 전문대학을 나와야 농촌에서 의사직을 맡을 수 있었다. 이처럼 교육 연한이 증가하면서 증가한 교육적 책임은 개별 가구의 몫이 되었다. 중국 정부는 모든 중국인에게 9년의 의무 교육 기간을 부여했지만 이러한 의무는 사실상 학비와 기숙사비가 턱없이 비싼 고중학교까지는 포함하지 못했다. 아무리 인구가 밀집한 마을이라고 하더라도 기껏해야 소학교가 있을 뿐이고, 초중학교나 고중학교를 다니기 위해서는 시내로 나가야 하는데, 마을을 떠나 기숙사 생활에 필요한 비용을 대는 것은 농민의 생활수준에 비하면 턱없이 비싸기 때문이다. 더군다나 양질의 사립학교들이 등장하면서 학교 간의 경쟁도 심화되었다. 이러한 상황에서 농촌 부모들은 하늘까지 치솟는 학비와 다른 비용으로 인해 부담을 느끼지 않을 수 없었다. 내가 만난 마을의 엄마들은 불안을 자주 표출하곤 했는데, 그들의 가난뿐만 아니라 교육 체계에 대한 무지로 인해서 자기 아이의 미래를 망가뜨리지는 않을까 염려해서였다.

아들이 있는 엄마들의 경우에는 아들을 위해 새집을 마련할 수 있을지, 혹은 아들이 신부를 찾을 수 있을 만큼 물질적 부를 가질 수 있을지에 대해서 걱정했다. 그들의 걱정은 2000년대 중반 농촌의 현실을 반영하고 있었다. 면담 자료에 따르면, 마을에서 혼인하지 않은 여성의 절반 정도는 신랑감이 농업 외의 다른 사업을 할 만큼의 경제적인 자원이 있지 않다면 농민 남성과 결혼하기를 원하지 않았다. 그들은 차라리 도시로 가서 도시에서 일하는 남성과 만나기를 바랐다. 그 까닭인지는 몰라도 마을의 젊은 남성들은 농사일 외에도 추가적인 수입을 위해서 마을 바깥의 시내나 큰 도시에서 일하거나 새로운 사업을 열었다. 어떤 경우에는 현금 벌이를 위해 국경을 넘어 다른 나라, 심지어 아프리카 대륙까지 가서 일하기도 했다. 그러나 이처럼 자신의 활로를 개척하는 데 적극적이고 성공적인 젊은 남성들은 그렇지 못한 남성들과 그들의 가족에게 심리적인 압박을 주었다. 혼인한 후에도 젊은 남성들의 삶은 크게 다르지 않았다. 집안의 늘어난 소비와 미래의 경제적 필요 때문에 남편들은 도시에서 몇 년 동안 일하는 것이 일상적이었으며, 그에 따라 아내들은 밭일과 아이 및 시부모 돌봄을 홀로 해야 했다. 가축을 키우는 경우에는 가축 돌봄도 아내의 몫이 되었다. 농촌 여성은 높은 노동 부담에 시달려야 했으며, 외딴 마을로 시집을 온 경우에는 아는 사람도 없는데 남편과도 함께 살지 못하는 상황으로 인해 외로움과 불행감을 느끼는 경우가 많았다.

혼인한 지 얼마 되지 않은 밍화(明华)가 자살한 것은 바로 이러한 맥락 속에서였다. 20대 초반 밍화는 결혼을 하자마자 남편과 헤어져야 했는데, 남편은 현금 벌이를 위해 베이징에서 건설업 노동자로 참여하고 있었기 때문이었다. 그녀는 시부모와 함께 살았다. 부부에게는 아직 아기가 없었지만, 남편과 시부모는 남편이 도시로 나가 미리 돈을 벌어두어야 나중에 그들이 새집을 짓고 새 사업을 마련할 수 있을 것으로 생각했다. 비록 처음에는 밍화도 더 나은 미래를 위해 남편과 몇 년 동안 떨어져 사는 것에 동의했지만, 그녀는 점차 남편 없이 시부모와 사는 것에 외로움을 느꼈다. 그녀의 시부모는 그녀를 친절하게 대해주었지만 그녀의 외로움은 쉽사리 가시지 않았다. 그리하여 남편이 설날에 돌아왔을 때 밍화는 남편에게 베이징으로 돌아가지 말라고 사정했다. 그녀는 자신의 말이 진심이라는 것을 강조하기 위해 "제발 가지 말아요, 가버리면 나는 자살할 거예요"라고 협박조로 말했다. 그러나 남편은 그녀의 과격한 말이 농담이라고 생각하고 문 앞에 서 있는 그녀를 남겨두고 베이징으로 떠났다. 물론 그 순간이 그녀를 볼 수 있는 마지막이라고 그는 생각하지 못했다. 자신의 말에도 불구하고 홀연히 떠나버리는 남편을 바라보며 슬품을 견디지 못한 그녀는 같은 날 농약을 먹고 자살했다. 놀라서 베이징으로 가던 남편이 돌아왔지만 이미 너무 늦은 다음이었다.

마오 시기 동안 활약했던 풀뿌리 의료 체계가 개혁 이후에 무너져 내린 것도 중국 농촌에서 가족에게 부담을 늘리는 요인이다. 2000년대 중반까지 대다수의 농촌 주민들은 보험이 없었으며, 의약품에 관한 기준도 마련되지 않았다. 마오 시기에 초중학교 졸업의 학력을 가진 사람들이 몇 년간 훈련받아 지역에 배치된 '맨발 의사'들이 있었지만 이들이 담당할 수 있는 것은 기본적인 치료나 약 판매에 한정되어 있었고, 병원은 이미 시장경제 체제에서 농촌 주민들이 쉽게 구매할 수 있는 서비스를 제공하지 않았다. 만성적인 증상을 위한 의료는 적어도 다달이 몇 백 위안이 드는데 이는 연간 몇 천 위안의 수입을 얻는 농촌 가구에 엄청난 부담이 될 수밖에 없었다. 이러한 맥락에서 남편이나 다른 가족이 아파서 돌보느라 따로 일할 시간을 낼 수 없는 여성의 경우에는 돈을 벌어야 한다는 부담이 이중적으로 주어졌다. 또한 만일 아픈 사람이 그녀 자신일 경우에 여성의 건강이 다른 가족들의 문제보다 덜 중요하다는 젠더 이데올로기로 인해 그녀는 자신의 병을 치료하는 것에 대해 돈을 쓰는 데 죄책감을 느끼는 경향이 있었다.

2000년대 초기 안징(安景)이 두 번 자살을 시도한 경우는 바로 이러한 문제들과 연관되어 있었다. 그녀의 남편은 도시의 이주노동자였는데 일하다가 류머티즘을 얻게 되었다. 그러나 도시에서는 농민공에게 보험이 허락되지 않아서 치료를 받지 못하고 바로 집으로 귀가했다. 병이 든 그녀의 남편은 일할 수 없었고, 그가 도시에서 벌어

마을의 의사가 환자를 진단하고 있다(2006년).

온 돈은 모두 그의 병 치료에 들어갔다. 이러한 상황에서 출로를 찾기 어려운 안징은 우울증을 얻게 되었다. 더욱이 그녀는 이미 남편이 도시에 가 있는 동안 집과 밭에서 하루 종일 일하느라 지쳐 있었다. 그녀에게는 두 명의 학교에 다니는 아이들이 있었다. 과도한 노동과 우울증으로 고통받으면서 결국 해결방법을 찾지 못한 안징은 농약을 마시고 자살을 시도했다. 다행히 그녀는 친척에게 구조되어 가까운 도시에 있는 정신병원으로 옮겨갔지만, 그곳에서 그녀는 우울증으로 진단받고 지속적인 치료를 받을 것을 권고받았다. 그러나 의료적인 진단은 그녀를 낫게 해주거나 삶에 대한 욕망을 다시 불러일으키는 데 도움을 주지 못했다. 거꾸로 그녀는 정신병에 걸려 아무 일도 하지 못하면서 집안의 빚만 늘게 하는 자기 자신이 가족들

제1부 개혁기 중국 농촌과 여성 문제

에게 더 큰 부담이 된다고 생각하여 더욱더 죽는 게 낫다고 생각했다. 2006년에 그녀는 병원에서 처방받아온 약 먹기를 중단하고 또다시 자살 생각을 하기 시작했다.

밍화와 안징의 예는 오늘날 중국 농촌의 변화하는 사회경제적 환경이 농촌 여성의 태도에 두 가지 측면에서 영향을 주고 있다는 것을 보여준다. 먼저 시장개혁은 농촌 가구에 경제적인 압박을 증가시켰고 부정적으로 가족의 삶과 관계에 영향을 주었으며 심지어 혼인한 여성에게 매우 심각한 피해를 주었다. 다음으로 이러한 심리적으로 억압적인 환경 속에서 지역적인 젠더 이데올로기와 젠더 관계는 혼인한 여성들이 그들의 필요와 욕구를 희생하도록 강요했으며 그것은 심지어 그들이 자살을 해결방법으로 떠올릴 수밖에 없게 하기도 했다. 특히 여성이 이혼이나 다른 곳으로 떠나는 것보다 자살을 선택하는 것은 얼마나 가부장적 가족적 가치를 중시하는 지역의 젠더 이데올로기가 혼인한 여성들에게 강한 구속으로 작용해왔는가를 보여준다.

남성 특권의 부활과 젠더 폭력

마을 주민들은 오늘날 중국 사회의 가장 큰 도덕적 문제가 '제3자(第三者)', 즉 남편의 혼외관계라고 이야기한다. 남성의 혼외관계는 더 이상 비도덕적이거나 반동적인 행위로 비판받지 않으며 오히려 남성의 부나 매력의 상징으로 간주되고 다른 남자들의 부러움을 산다는 것이다. 실제로 마을에는 혼외관계를 하고 있다고 공공연하게 소문난 사람들이 몇 명 있었다. 그들 중에는 이웃 마을에 다른 여성과 함께 거주하는 '두 번째 집'을 가지고 있기도 했다. 또한 마을에서 나는 부부싸움이 종종 아내의 몸에 심각한 상해를 입히는 물리적 폭력으로 치닫는다는 것을 발견했다. 이처럼 개혁개방 이후 개인적인 삶에 대한 공산당의 법적·정치적 지배가 약화되었을 때, 여성에 대한 다양한 형태의 폭력(예컨대, 여아에 대한 학대, 남아선호, 아내폭력, 첩살이 등)은 농촌 사회에서 다시 등장하고 있었다.

황 씨의 아내인 화잉(花英)은 마을 주민들에게 부지런하고 좋은 성격의 여성으로 기억되고 있었다. 그녀는 혼인한 이후 아들과 딸, 두 아이를 낳았다. 아직 아이들이 성인이 되기 전이지만 안타깝게도 화잉은 남편의 멈추지 않는 혼외관계로 인해 결국 견디지 못하고 자살을 선택할 수밖에 없었다. 황 씨는 그의 두 번째 아이가 단지 두세 살이었을 때 다른 여자를 만나기 시작했다. 그의 아내는 그의 혼외관계를 7년 이상 참으며 남편이 마침내 좋은 남편이자 책임감 있는 아버지가 되기를 희망했다. 그러나 혼외관계를 그만두기는커녕 황 씨는 어느 날부터인가 집에 돌아오지 않았다. 소문에 따르면 그가 이웃 마을에 새로운 가정을 꾸렸다고 했다. 화잉은 홀로 가정과 농사일을 꾸려나가야 하는 육체적인 부담과 심리적인 고통에 더해 경제적인 빈곤이라는 어려움에 직면했다. 농촌 여성의 관점에서 남편의 혼외관계는 단순히 감정적인 문제를 넘어서 현실적으로는 경제적인 문제이다. 혼외관계는 남편의 집안 경제로의 기여를 극도로 감소시키거나 제거하고, 결국 가족들의 빈곤과 암울한 미래를 낳을 수 있다. 그녀의 남편이 집을 떠나자 화잉은 가족들을 보살필 수 있는 수입을 마련할 수 있는 유일한 어른이었으며, 집에는 아직 어린

두 아이들과 그녀가 돌보아야 하는 병든 70대 시어머니가 있었다. 1996년 어느 하루, 42살인 화잉은 집에서 시신으로 발견되었다. 그녀는 간수를 마시고 자살했다.

단단(丹丹)은 혼인한 지 몇 년 뒤에 자살을 시도했는데, 시가족 및 남편의 폭력에 견딜 수가 없어서였다. 그녀는 시부모와 같이 살고 있었는데, 시부모와 그녀의 큰아주버니와 그의 아내, 그리고 혼인하지 않은 시누이까지 대가족이었다. 그녀의 시아버지와 시누이는 그녀를 잘 대해주었지만, 그녀의 시어머니와 큰아주버니는 그녀에 대한 나쁜 소문을 어디선가 듣고서는 그녀의 남편에게 전달하는 나쁜 습관이 있었다. 형과 어머니로부터 아내에 관한 나쁜 소문을 들을 때마다 남편은 그녀에게 심각하게 다칠 정도로 폭력을 행사했다. 심지어 어떤 때는 낫이나 칼과 같은 치명적인 무기를 사용하기도 했다. 그녀의 남편은 늘 자신의 폭력을 정당화했는데, "만일 아내를 그렇게 때리지 않는다면 그녀가 나쁜 태도를 바꾸지 않을 것이고 결국 자기 가족의 체면을 깎아 먹을 것"이라고 말했다. 단단은 극심한 고통과 절망 속에서 농약을 마시고 자살을 시도했다. 다행히 그녀는 생명을 잃지는 않았지만 그 이후에도 남편의 폭력은 계속되었다. 내가 그녀를 2006년 중반에 만났을 때, 그녀는 남편의 폭력 때문에 생긴 허벅지에 난 10센티가 넘는 긴 흉터를 보여주었다.

마을에서 발견할 수 있는 여성을 향한 폭력의 형태는 다양하다. 남편에 의한 폭력이 가장 광범위하지만 시부모나 다른 시가족에 의한 학대도 적지 않다. 폭력은 아이들과 심지어 어린 영아들에게까지 행해지는데, 2000년대 중반까지 영아 매매는 드물긴 해도 마을에서 발견할 수 있는 현상이었다. 마을에서 만난 한 여성은 자신이 낳은 첫 번째 아이가 딸이라는 것을 안 시가족이 그 아이를 낳자마자 빼앗아 다른 곳으로 팔았을 뿐 아니라, 두 번째 아이가 딸이자 이번에는 가족에 의해서 방치되고 있다며 말할 수 없는 심적 고통을 고백했다.

물론 이러한 가부장적 특권과 젠더 폭력은 모든 가족에게 발생하는 것은 아니며 마을 안에서 매우 적은 수의 가족에게만 해당하는 일이다. 대부분의 마을 주민들은 젠더 폭력과 관련된 태도들이 비정상적이고 잘못되었으며 비인간적이라고 생각한다. 그러나 그들은 어디까지나 '집안일(家庭事)'라고 생각하여 개입하는 것을 주저한다. 과연 개혁 이후에 이러한 젠더 폭력이 더 많아졌는가에 대해서 정확히 확인할 길은 없지만, 적어도 마을에는 집단체제가 무너진 이후에 이러한 문제들을 해결할 공식적인 기관이나 힘을 가진 사람이 부재한다. 사람들은 불행을 안타까워하지만 '남의 가정사'에 개입할 엄두를 내지 않는다. 마오 시기에 부부간의 다툼이나 여성에 대한 차별을 감독했던 부녀주임은 그녀의 역할을 단지 계획생육에만 한정시키고 있다. 이러한 상황 속에서 개별 여성들은 가정폭력에 직면할 때 다른 해결책을 찾기가 어렵다. 극단적으로 이들에게 자살은 고통을 피하는 한 가지 방법으로서 나타난다.

이처럼 가부장적 가족관계와 지역의 젠더 이데올로기는 과도하게 농촌 여성을 통제하고 다른 가족을 위해 끊임없이 여성에게 양보할 것을 요구하고 있다. 더욱이 개혁 이후 개별 가족의 삶이 국가적 간섭에서 벗어나고 외부에서 개입할 수 없는 '사생활'의 영역으로 간

제1부 개혁기 중국 농촌과 여성 문제

주되면서부터 가부장제와 젠더 폭력은 주변에서 쉽게 지지 자원을 찾기 어려운 농촌 여성의 삶을 고통스럽고 외롭게 하는 원인이 되기도 한다.

농촌 잔류여성의 문제와 중국 근대화의 실체

2015년, 중국의 도시 인구가 마침내 농촌 인구를 넘어서게 되었다. 이처럼 중국에서 도시 인구수가 농촌 인구수를 초월하게 된 것은 1990년대만 하더라도 70퍼센트 이상이 농민이었던 농촌 대국 중국에서 놀라운 변화가 아닐 수 없다. 이처럼 도시 인구가 많아지게 된 원인은 두말할 것도 없이 농민공의 증가 때문이다. 중국 농민공의 수는 2018년 통계로 2억 8000만 명에 이르며 2세대, 3세대까지 생성하고 있다. 농민공의 등장은 한편으로 개혁 이후 농업만으로 생계를 유지하기 힘든 농민에게 새로운 활로를 열어준 것으로 생각될 수도 있지만, 다른 한편으로 급속하게 세계 경제에 편입되어 부상하고자 하는 중국 국가가 싼 노동력을 통해 근대화를 추구하려는 시도로 이해해야 한다.

중국의 개혁정책은 산업화 및 도시화를 추구하는 과정에서 임금노동을 중시해온 대신에 농업노동 및 농산물의 가치를 하락시켜왔으며, 이러한 도농 차별적인 정책 속에서 현금이 필요한 농민들은 주로 도시 이주를 통해 임금노동에 참여해왔다. 마을에서 관찰한 바에 따르면, 20대부터 50대까지 남성들은 다른 사업이 없다면 모두 가까운 시내 혹은 먼 도시에 나가서 현금 벌이를 하고 있었다. 이들이 외지에 나가는 기간은 각각 다양했는데, 가까운 지역의 건설 현장으로 출퇴근을 하기도 했지만 7년에서 10년에 이르는 장기간 외지 생활을 하는 경우도 적지 않았다. 그러나 농민 여성들의 경우, 타지로의 신체 이동을 제약하는 사회적·문화적 조건으로 인해 혼인하기 이전의 젊을 때를 제외하면 남성과 비교하여 상대적으로 임금노동으로부터 배제되어왔으며, 대신 남성이 떠난 농촌에서 농업노동 및 가족노동을 떠맡아왔다.

마을에서 여성의 도시 생활은 '도덕적인 문란함'이라는 위험에 노출되는 것으로 상상되었다. 또한 집안에 아이나 노부모가 있는 경우에는 여성이 집에 남아 돌보는 역할을 떠맡는 것이 당연하게 여겨졌다. 그에 따라 상당수의 여성은 홀로 농촌에 남아서 농사일과 더불어 돌봄 노동에 참여해야 하는 이중적인 부담을 떠안게 되었다. 이러한 개혁기 농촌의 성별 노동 분업 양상은 집체화를 통해 적어도 농업 및 가족노동을 공식적인 사회적 가치로서 인정해온 마오 시기에 비해 농촌 여성이 수행하는 노동을 가치폄하하고 비가시화하는 불평등 구조를 고착시키는 데 기여해왔다.

농촌에 홀로 남은 잔류여성의 문제는 그 자체만으로도 중국 사회가 얼마나 불평등한 젠더 구조 속에서 근대화가 이루어지고 있는가를 보여주고 있지만, 나아가 중국의 근대화가 일반적으로 상상되는 것과는 달리 '진보'보다는 '착취'의 성격을 띠고 있다는 점을 드러낸다. 그러나 그 착취의 성격에 있어서 중국의 근대화는 서구의 근대화와도 분명한 차별점을 보인다.

첫째, 서구의 근대화는 부르주아지 이데올로기와 농민들을 도시의 자유로운 임금노동자로 만드는 과정을 통해서 '친밀성에 기초한 핵가족'을 이상적인 가족 형태로 구축했다. 그러나 중국의 사례를 보자면, 1950년대부터 실시해온 호구제를 통해서 도농 간 거주 이동을 금지했고, 개혁 이후에도 싼 노동력에 대한 필요에 따라 부분적이거나 제한적으로 농민의 도시 이주를 허용해왔다. 이러한 상황에서 농민 가족은 가족 분열을 경험할 수밖에 없었다. 남성이나 혼인하지 않은 여성이 농민공의 물결에 참여했다면, 혼인한 여성의 경우에는 농촌에 남아 농사일을 담당하고 아이와 늙은 노부모를 돌보는 일을 담당해야 했다. 앞서 밍화의 사례에서처럼 그녀는 혼인하자마자 가족의 생계와 (아직 낳지도 않은) 아이의 미래를 위해 남편과 몇 년씩 떨어져 살아야 했으며 그것은 결국 밍화의 우울증과 자살로 귀결되었다.

나아가 핵가족의 친밀성은 점차 농촌 주민들 간에 중요한 가치이자 욕망으로 나타나고 있지만, 동시에 그 친밀성은 가족 내 약자에 대한 사회적인 제재나 보호가 없는 상황에서 오히려 가정폭력과 고독사를 내버려두는 효과를 만들어냈다. '친밀한 폭력'이라는 개념이 가능하다면 바로 중국 농촌에서 발생하는 여러 가지 형태의 가정폭력에서 그 사례들을 발견할 수 있다. 이처럼 중국 농촌 사회에서 핵가족의 이상과 친밀성은 매우 왜곡되고 뒤틀려진 방식으로 작동하고 있다.

둘째, 19세기 유럽에서 경험한 것과 대비하여 21세기 농촌 중국의 근대화는 개인화 정도에 있어서 분명한 차이를 보여준다. 앞서 강조한 바와 같이, 전통과 사회주의, 그리고 자본주의의 중층적인 구조 속에서 이루어진 중국의 근대화는 같은 중국인이라도 그가 어느 집단에 속해 있는가에 따라서 근대화를 다르게 경험할 수밖에 없었다. 예컨대, 개혁기 혼인한 농촌 여성들은 근대화 과정에서 남성과 비교하면 개인화의 기회를 거의 지니지 못하고 있다. 개혁기 중국의 근대화는 남성과 아이들이 싸고 자유로운 노동력이 될 수 있기 위해 여성들은 농촌에 남아 아이를 양육하고 가족을 돌보는 역할을 떠맡도록 강제했기 때문이다. 개혁 이후에 다시 강하게 부활하고 있는 가부장적인 가족 이데올로기는 값싸고 자유로운 노동자가 가능하기 위한 물적인 조건을 농촌 여성이 책임지는 것을 당연하게 여겨왔다. 따라서 개인화의 기회를 거의 지니지 못한 농촌 여성의 관점에서 본다면 근대화와 개인화의 관계는 근대성에 대한 하나의 신화에 불과할 수 있다.

셋째, 앞서 언급한 바처럼, 중국의 근대화는 전통의 관습이 그대로 내재한 상태에서 자본주의적인 경제 관계가 덧씌워진 방식으로 이루어지지만, 동시에 노동자의 힘이 민주주의의 권력으로 환원되지 못하고 여전히 공산당 일당독재의 권한 속에 머물게 됨으로써 그 부담이 철저하게 농촌 여성의 어깨에 내려앉는 양상으로 전개되고 있다. 대표적인 것이 부양 부담의 문제이다. 서구 근대화의 경우에는 자본주의적인 경제 관계와 더불어 민주주의라는 정치 제도의 활성화가 이루어져 왔고, 그 결과 노동자의 부양 부담을 해결하기 위해 교육과 의료와 같은 부분을 국가나 사회가 책임짐으로써 이들이 자유로운 노동자로서 활동할 수 있는 기반을 마련할 수 있는 장을 열어왔다. 그러나 중국의 경우에는 다수의 농민이라고 하더라도 그 다수가 어떠한 정치적인 세력을 형성할 수 있는 기로를 가로막아놓았기 때문에 노동자들이 가족 재생산을 위해 필요한 사회공공시설이나 제도의 마련이 농촌에서는 전혀 이루어지지 못했다.

이러한 상황은 중국 농촌 사회에 노인과 어린아이의 돌봄을 중심으로 큰 사회적 문제를 낳고 있으며, 농촌 여성의 심리적이고 육체적인 부담을 가중하고 있다. 2001년부터 중국은 이미 정식으로 고속 노령화 단계에 들어섰다. 앞으로 20년 동안 고령자 인구의 연 평균 증가속도는 3퍼센트를 넘을 것이다. 2050년이 되면 중국의 노령자 인구 총수는 4억 명을 넘을 것이고 노령화 수준도 30퍼센트 이상을 넘을 것이다. 이와 대응하여 중국 사회의 급격한 도시화, 공업화 운동 중에 대량의 농촌 청장년자가 도시로 쏟아져 들어와 농촌 가정의 형해화, 와해와 노령화 현상이 아주 심각하게 될 것이다. 또한 농촌 지역에서 어린아이의 교육은 매우 형편없는 수준이다. 조금이라도 실력 있는 교사들은 너나 할 것 없이 보다 환경과 수입이 좋은 시내로 나가려고 하고 있고, 아이들은 심지어 부모 중 한 사람이 농민공으로 떠나 있는 상황에서 제대로 돌봄의 기회를 얻지 못하고 있다. 그렇지만 이러한 문제에 대해서 현재 국가는 그다지 신경을 쓰지 않으며 인민들도 딱히 해결할 방법을 찾지 못하고 있다.

제2장

잊혀진 혁명:
집단 주체로서 여성의 실종

1. 개혁기 중국 농촌의 젠더정치학

《지연된 혁명(The Revolution Postponed)》에서 마저리 울프(Margery Wolf)는 1980~81년 두 해 동안 중국을 방문했던 경험을 바탕으로 중국공산당이 추구해온 여성해방 정책의 실재를 보고한다(울프 1991). 그녀에 따르면, 중국공산당은 가부장제로 인한 여성의 억압적 상황을 개선하고자 했지만 그들 자신조차 인식하지 못하는 뿌리 깊은 문화적 장벽 때문에 여성혁명(feminist revolution)을 달성하는 데 실패했다. 즉, 지도자들의 의도는 좋았지만 스스로 가지고 있는 가부장적 시각을 극복할 수 없었기 때문에 사회주의 중국에서 남녀관계의 변화를 만들어낼 수 없었다는 것이다.

따라서 중국에서 여성혁명은 '지연된 혁명'이 되어버리고 말았다고 울프는 주장한다. 그녀가 관찰한 바에 따르면, 1980년대 초 여성혁명이 '지연되는' 방식은 도시와 농촌에서 각기 다르다. 먼저 도시에서 '동일노동 동일임금(同勞同酬)'이라는 공산당의 구호는 사실상 공허한 외침으로 여성은 남성과 같은 종류의 직업군에 속하지 못하며 항상 주변부 일자리에 머무르고 있다. 여성의 낮은 임금과 열악한 처우는 '여성'이기 때문이 아니라 그녀의 '직업적 특성'에 기인한다고 여겨지며 쉽게 정당화된다.

반면 농촌에서는 여성의 생산 활동 참여를 국가가 적극적으로 독려하는 듯이 보이지만, 실제로 여성들은 전일제가 아닌 시간제로 농업노동에 참여할 수 있을 뿐이며 새로운 기술교육으로부터 항상 제외된다. 이러한 배제와 차별의 논리는 무엇보다 여성이 집 밖으로 나오는 것을 꺼리는 강력한 젠더 관념—마을 사람들의 표현 중에는 "여자들은 수레 끄는 동물을 무서워해요", "여자들은 감히 나무에 올라가지 못해요", "여자들은 아이들이 잘 있나 보기 위해 뛰어다니거나 일찍 집에 돌아가 버려요", "월경 중인 여자가 논에 들어가면 싹이 시들어버려요" 등(울프, 1991: 98~100)—에 의해서 보존되고 강화된다. 무엇보다 남계친(男系親)에 기초하고 부거제(夫居制) 원칙을 따르는 마을 공동체에서 '시집가면 다른 집안에 속해버릴' 사람에게 시간과 노력을 들이는 것은 낭비라고 여겨진다.

이 장에서는 울프가 《지연된 혁명》에서 답하고자 했던 핵심적인 질문—"과연 중국 사회주의는 여성해방에 기여해왔는가?"—를 중국 개혁개방 40년이라는 새로운 역사적 국면 속에서 다시 한 번 질문해보고자 한다. 다시 말해,《지연된 혁명》이 1949년 사회주의 혁명 이후 약 30년이 지난 1980년대 초의 시점에서 중국의 여성 현실을 보고하고 결론적으로 여성혁명의 '지연'(완곡한 표현으로서의 '실패')을 주장했다면, 이 장에서는 1978년 개혁개방으로부터 40년이 지난 2019년의 시점에서 그동안의 여성의 삶이 어떻게 변화되었으며 그러한 변화의 여성주의적 함의는 무엇인가를 논할 것이다.

이 장에서 대답하고자 하는 핵심적인 질문은 다음과 같다. 개혁개방 정책 아래 40년간 살아온 중국 농촌 여성들은 울프가 목격했던 당시에 비해 남녀평등의 측면에서 더 나은 상황 속에 처해 있다고 할 수 있을까? 다시 말해, 1978년부터 시작된 공산당 정부의 시장개혁 정책은 농촌 여성들에게 더 풍부한 자원과 기회를 제공하고 농촌 지역의 여성이 남성과 더 평등한 생활을 할 수 있도록 환경을 마련해주었던 것일까? 아니면 시장개혁이 양산한 새로운 상황들은 오히려 농촌 여성의 삶을 더욱더 차별과 배제의 영역 속으로 밀어 넣은 것일까? 간단히 그 결론부터 말하자면, 중국의 개혁개방 정책은 물질적 궁핍을 상당히 해결하고 사회경제적 기회를 확장함으로써 농촌 여성들의 삶을 이전보다 개선한 것도 사실이지만, 젠더 형평성의 측면에서 바라보자면 오히려 그 이전보다 성별 간 계층화가 고착되었으며 불평등이 강화되었다고 할 수 있다.

이 장에서는 특별히 개혁기 중국 농촌에 나타난 두 가지 형태의 젠더정치학에 주목하고자 한다. 첫째, 국가가 주도하는 시장개혁하의 노동구조 재편 속에서 나타나는 '농업 및 가족노동의 여성화·비가시화(非可視化)' 경향이다. 중국의 개혁개방 정책은 산업화 및 도시화를 추구하는 과정에서 임금노동을 중시해온 대신에 농업노동 및 농산물의 가치를 하락시켜왔으며, 이러한 도농 차별적인 정책 속에서 현금이 필요한 농민들은 주로 도시 이주를 통해 임금노동에 참여해왔다. 그러나 농민 여성들의 경우, 타지로의 신체 이동을 제약하는 여러 가지 사회적·문화적 조건으로 인해 남성과 비교할 때 상대적으로 임금노동으로부터 배제되어왔으며, 대신 남성이 떠난 농촌에서 농업노동 및 가족노동을 떠맡아왔다. 이러한 개혁기 농촌의 성별 노동 분업 양상은 집체화를 통해 적어도 농업 및 가족노동을 공식적인 사회적 가치로서 인정해온 마오 시기에 비해 농촌 여성이 수행하는 노동을 가치폄하하고 비가시화하는 불평등 구조를 고착시키는 데 기여해왔다.

둘째, 국가 개입의 약화와 시장개혁 정책의 결과 나타난 '가부장적 가치의 부활'과 '새로운 여성성 규범의 등장'이다. 가족 및 여성 개인의 삶을 공산당이 규정한 가치에 의해 국가가 직접적으로 개입하고 판단·처벌했던 마오 시기와 달리, 개혁기 농촌에서는 기존에 공산당에 의해 비판되었던 가부장적 가치와 태도들이 경제적 부 또는 부계 친족 이데올로기를 통해 다시 정당화되어왔다. 예컨대, 과거에 억제되었던 성매매, 첩살이, 여아 방치와 같은 현상들이 조금씩 확산되어왔다(Jaschok and Miers 1994; Lee 2012). 또한 소비문화의 확산과 도농 간의 문화적 위계 속에서 여성성의 규범화는 시장의 논리 속에서 남성과 다른 생물학적 본질주의를 강화하는 방식으로, 즉 여성의 '신체적 아름다움'과 '자녀양육자로서의 모성'을 강조하는 방향으로 진행되어왔다.

그렇다면 이와 같은 젠더정치학이 농촌 여성들에게 일상적으로 어떻게 경험되어왔는가에 관해서 현장연구 자료를 통해 구체적으로 살펴보고자 한다. 이후에 오늘날 농촌에서 나타나는 젠더정치학의 양상이 궁극적으로 중국 사회의 여성해방과 관련하여 어떠한 함의를 갖는가를 논의할 것이다.

2. 농업노동 및 가족노동의 여성화 · 비가시화

중국공산당의 사회주의 혁명이 농촌 지역의 여성에게 미친 가장 커다란 영향은 농촌 여성을 더 이상 '집안에 속한 존재'로 보지 않고, 오히려 이들이 '집 밖에서 일하는 것이 당연하다'고 여기는 사회적 관념을 확산시켰다는 것이다(울프 1991 ; Whyte and Parish 1984 ; Johnson 1983). 중국공산당은 1950년대의 농촌 집체화(集體化, collectivization) 과정을 통해 여성의 노동 및 생산 활동에 관한 가장(家長)의 결정권을 제한하고 그동안 '집 안'에 갇혀 있던 여성의 사회적 생산 활동 참여를 이끌어왔다. 이제 누가 어떠한 종류의 노동에 참여하고, 노동에 따른 보상의 형태가 어떠해야 하는가에 관한 결정은 '가장'이 아닌 국가가 지정한 각 생산단위—생산소대, 생산대대 및 인민공사—에 의해 이루어졌다. 또한 생산성 제고를 위해 가사 및 돌봄 노동이 집체가 운영하는 식당, 탁아소, 유치원, 양로원 등의 부속기관에 의해 담당됨에 따라 그동안 단순히 여성의 생물학적 본성의 결과로 간주되었던 가족노동, 즉 '집안일'과 '돌봄'이 사회경제

제1부 개혁기 중국 농촌과 여성 문제

적 가치로서 인식되기 시작했다. 국가에 의해 주도된 이러한 변화들은 '남자는 집 밖에서, 여자는 집 안에서(男主外女主內)'로 요약되었던 전통적인 성별 분업 방식에 도전했으며, 가족과 공동체 내에서 여성 노동의 사회경제적인 가치가 인식되도록 하는 데 기여했다.

물론 이러한 여성 노동의 사회화 과정은 공산당이 내건 여성해방의 정치적 구호만큼 평등하고 일관되게 이루어지지는 않았다. 예컨대, 다양한 성차별적 편견 속에서 농촌 여성은 언제나 남성에 비해 더 적은 보수의 작업에 배당되었으며, 같은 종류의 노동을 수행하더라도 남성보다 적은 작업점수(工分)를 받았다. 또 여성 가족 성원의 작업점수를 관리하고, 어떠한 물품으로 교환될 것인가를 결정하는 일은 여전히 '가장'의 몫이었다(Croll 1983 ; Stacey 1983 ; 울프 1991).

1978년 중국공산당은 여러 가지 정치적 · 경제적 부작용을 생성해온 집체화를 중단하기로 결정하고 시장경제 체제로의 이행을 선언했다. 농촌 생산의 단위였던 인민공사 체제는 1983년에 공식적으로 해체되었고, '가정연산승포책임제'라는 정책 아래에서 개별 가구가 생산의 단위로서 새롭게 지정되었다. 이제 농민들은 가구별로 경작할 농작물의 종류를 결정할 수 있었으며, 국가에 수확물의 일부를 납부한 뒤에는 나머지를 자유롭게 시장에 팔 수 있게 되었다. 농업 이외의 부수입 활동도 가능해졌다. 농민들은 추가적인 현금 수입을 위해 생계형 곡물 생산 이외에도 묘목이나 약재 등 상업 작물을 기르거나 돼지, 양, 닭, 오리 등의 가축을 키우기 시작했다(Jacka 1997). 또한 농촌의 상공업 진흥 정책 속에서 가구 단위의 사업체인 개체호(個體戶)나 지방정부의 지원을 받아 세워진 향진기업(鄕鎭企

業)이 등장했다. 그 결과, 적어도 1980년대까지만 하더라도 농촌은 도시만큼 개혁의 물질적 혜택을 누릴 수 있었다(Davin 1988).

그러나 1990년대 들어오면서 장쩌민(江澤民)이 이끄는 공산당은 국가의 경쟁력을 확보한다는 목표 아래 도시 중심의 발전 정책에 집중했으며, 농촌은 점차 도시를 위해 희생해야 하는 주변지로 규정되었다. 정부는 공산품의 가격을 상승시키는 대신 도시의 상공업 발전에 복무할 저임금 노동력 확보를 위해 농산물의 가격을 낮추었다. 이제 농민들은 일 년 내내 열심히 일해도 도시 노동자 한 달 월급이면 구매할 수 있는 공산품조차 살 수 없는 상황에 이르렀으며, 농가의 일 년 소득은 한 명의 아이를 중학교에 보내기조차 버겁게 되었다. 이러한 상황 속에서 농촌의 주민들은 차라리 고향을 떠나 다양한 형태의 도시 이주노동자로 살기를 선택해왔다(정종호 2000; Cho 2013; Zhang 2001; Jacka 2005).

2004년부터 2013년까지 저자가 관찰한 바에 따르면, 첸장촌 내의 거의 모든 가구가 비농업 부문에 종사한 적이 있는 가족 성원을 포함하고 있다고 해도 과언이 아니다. 적어도 가족 중 한 사람(거의 대부분 남자)은 베이징이나 톈진(天津)과 같은 대도시를 비롯하여 가까운 현(縣)정부 소재지에서 이주노동자로 일하고 있거나, 적어도 버스를 타면 한 시간 이내 출퇴근할 수 있는 건설 현장이나 탄광에서 일용직으로 임금을 받으며 일한다. 아직 혼인하지 않은 젊은 남성 가운데는 아프리카 대륙을 포함하여 먼 해외에 가서 일하는 사람도 있다. 마을에 남아 있는 남자들도 대개 농업 외의 다른 직업이 있다. 이들 중에는 원래부터 비농업인구로서 학교나 국가기관에 정식으

건축자재를 실어 나르는 차(2012년)

로 출근하는 사람들도 있고, 계약직 교사(民班教師)나 정부기관의 사무원으로 일하는 사람들도 있다. 혹은 구멍가게(小商店)나 음식점을 운영하거나 두부, 건축자재, 제수용품을 제작하는 등 개체호 성격의 상공업 활동을 수행하기도 한다. 또 주변 산지를 대상으로 증대하는 광산업과 관련하여 갱도에 직접 들어가거나 철가루세척장(洗鐵廠)과 같이 외지 출신의 사업자가 농민을 고용하여 운영하는 사영기업체에 출근하는 사람들도 있다. 이처럼 상당수의 주민들이 국가의 분류에 따르면 여전히 '농민'이지만 대부분 '농업'에만 종사하지 않으며 현금을 벌 수 있는 다른 노동에 참여해왔다.

이처럼 농민 남성들이 현금 수입을 벌어들일 수 있는 다른 사업 활동을 모색하거나 가족을 떠나 도시의 이주노동자로 살게 되면서 농촌에는 과거와는 다른 새로운 형태의 성별 노동 분업이 형성되어

마을의 소매상(2012년)

왔다. 남편이 떠나버린 후 농촌에 남은 여성들은 무엇보다 분배받은 토지를 경작하고 노부모와 어린 자녀 등 남은 가족을 돌보는 역할이 기대된다. "남자들은 강하고 여자들은 약하다(男强女弱)"라는 전통 관념과 교육 기회의 차이에 기인한 부족한 직업적 능력과 자질, 그리고 돌봄과 아이 양육이 여성의 몫이라는 뿌리 깊은 젠더 관념은 개별 가구가 새로운 활로를 개척해가는 과정에서 어쩔 수 없이 여성이 마을에 남도록 추동한다(康芳民 2008; 周福林 2006; Jacka 1997). 그리고 개혁기 중국에서 '돈'이 갖는 막강한 힘과 '도시'가 상징하는 여러 가지 혜택과 권한으로 인해 도시에서 현금을 벌어들이는 남성 이주노동자들은 높은 사회경제적 가치를 실현하는 주체들로 사회에서 평가받는다. 반면 여성들은—설령 남성들보다 더 고된 노동을 수행하고 있다고 하더라도—단지 현금으로 쉽게 환원되지 않는 농업노동과 가족노동을 하고 있다는 이유로 남편에게 의존하여 "빈둥거리며 시간이나 때우고 있는(游手好閑)" 존재로 치부되는 경향이 있다(高小賢 1994; 孟憲范 1993; 吳旭 2008).

[사례 1] 꿰이민(桂民), 50대 중반, 여성, 고졸

꿰이민은 마을 사람들로부터 여장부(女强人)라고 불리는 사람으로, 10년이 넘도록 마을의 부녀주임(婦女主任)을 맡을 정도로 일처리를 잘하기로(能干) 소문이 나 있다. 그런데 2006년 겨울, 그녀는 다음 해 부녀주임 일을 맡지 않기로 결정했다. 그 이유는—그녀 자신의 말에 따르면—"남녀불평등적인 결정(男女不平等的決定)" 때문이다. 마을에는 행정을 담당하는 총 네 명의 간부들—촌장(村長), 회계(會計), 민병대장(民兵隊長), 부녀주임(婦女主任)—이 있다. 그런데 이 중에서 오로지 부녀주임만 절반격인 천 위안(한화 약 18만 원)의 월급을 주기로 촌위원회에서 결정했다는 것이다. 위원회 측에서는 부녀주임의 월급이 적은 까닭이 마을의 재정이 부족하고 또 최근에는 아이를 많이 낳지 않아 부녀주임의 일이 줄어들었기 때문이라고 설명했다. 그러나 꿰이민은 그것은 진정한 이유가 아니며 오직 부녀주임만을 여성이 맡기 때문에 이러한 차별적 결정을 한 것이라고 굳게 믿었다. 꿰이민이 오랫동안 맡아온 부녀주임 직책을 그만둔 것은 그녀의 가족이 처한 특수한 상황도 관여했다. 그녀의 남편은 원래 상점을 운영하다가 최근에 마을의 건축자재 사업에 관여하기 시작했는데, 꿰이민은 남편이 외지에 나가 있을 동안 상점을 맡아보아야 할 뿐만 아니라 농사일을 도맡아 해야 했다. 또한 며느리가 몇 년 전 사고로 죽은 뒤부터는 시어머니, 남편, 아들, 손자를 위해 매일 세 끼의 식사준비 및 빨래와 청소를 해야 했고, 엄마를 잃은 어린 손자를 돌보아야 했다.

꿰이민은 집체화 당시 뭇 남성들보다 더 많은 작업점수를 얻을 만큼, 웬만한 남성에 못지않은 신체적·정신적 능력을 가지고 있는 여성이다. 그러나 개혁개방의 변화된 정치체제 속에서 꿰이민은 다른 누구보다도 가장 심각한 '피해자'가 되었다. 꿰이민이 혼인할 당시만 해도, 비농업인구와 결혼하는 것은 가장 빠른 신분 상승이라고 여겨졌기 때문에 그녀는 다른 요소를 전혀 고려하지 않고 당시 국가가 운영하는 공장에서 일하던 남편과 혼인했다. 그런데 10년이 채 되지 않아 남편은 개혁정책의 하나로 실시된 국영기업의 구조조정 속에서 공장에서 퇴출되었으며, 원래부터 비농업인구였던 그는 농사일을 잘하지도 못했다. 남편이 외아들이었기 때문에 꿰이민은 시어머니를 함께 모시고 살아야 했는데 시어머니 또한 비농업인구 출신으로서 농사일뿐 아니라 집안일조차 제대로 할 줄 몰랐다.

그녀는 새벽 4~5시면 일어나서 밭에 나가 거름을 주고 닭과 돼지들에게 먹이를 준 뒤, 돌아오는 길에는 땔감용 나뭇가지와 반찬을 만들 야채를 밭에서 가져와서는 커다란 아궁이에 불을 때고 아침 준비를 한다. 아침 준비와 함께 하루 종일 가족들이 마실 끓인 물을 준비하고, 시어머니, 남편, 아들이 아침을 먹는 동안 옆에서 손자에게 밥을 먹인다. 가족들이 다 먹고 그릇과 젓가락을 그대로 둔 채 자리에서 일어나면 그때서야 손자를 시어머니에게 맡기고 남은 반찬으로 밥을 먹는다. 그리고 곧장 설거지를 했으며, 커다란 독에서 물을 떠다가 어린 손자와 가족들의 옷가지를 손수 빨아 빨랫줄에 넌다. 그리고 남편이 외출하는 동안 그녀는 손자를 데리고 상점에 나가서 물건을 판다. 남편이 돌아오면 시어머니와

새벽부터 일어나서 아침 준비를 하는 꿰이민(2005년)

함께 점심을 간단히 먹고, 그녀는 손자를 다시 남편이나 시어머니에게 맡긴 채 작업복으로 갈아입고 밭으로 나가 농약을 뿌리거나 비료를 치는 등 시기에 맞는 농사일을 한다. 저녁 시간이 되면 그녀는 돌아와 아궁이에 불을 때고 가족들을 위해 저녁 준비를 한다. 만일 도시를 왕래하는 아들이 집으로 돌아오는 밤이면 그를 위해 발 씻을 물을 데워주고, 방바닥을 걸레로 닦고 이불을 간다. 꿰이민은 저녁식사 때면 항상 상점에서 맥주 한 병을 가져다가 마시는데 이러한 태도는 마을 여성들에게서 거의 볼 수 없는 '기이한' 장면으로 자기 자신에게 베푸는 유일한 호사(豪奢)인 셈이다.

꿰이민의 경우는 일찍 세상을 떠난 며느리로 인해 어린아이 양육까지 해야 하는 좀 특수한 상황이긴 하지만 일반적으로 남편이 외지에 나가 있거나 다른 사업을 하는 경우에 여성들은 농업노동과 가족노동을 거의 전적으로 떠맡고 있다. 혼인한 남성들과 달리 여성들은 집안 형편상 어쩔 수 없는 경우가 아니라면 이주노동에 적합한 존재로 여겨지지 않는다. 남편이 기본적인 수입 마련을 해결하고 있는 한 혼인한 여성들은 무엇보다 출산하거나 아이를 양육할 것이 우선적으로 기대된다. 따라서 남편과 함께 온 가족이 새로운 삶의 터전을 찾아 떠나는 경우를 제외하고는 혼인한 여성이 혼자 외지에 나가 일하는 경우는 매우 드물다.

혼인하지 않은 여성의 경우, 도시로 나가 일한 경험이 있는 사람들이 절반가량 된다. 상당수의 혼인하지 않은 여성들이 대도시에 나가서 일하는 것을 꺼리는 이유는 비슷한 또래의 남성에 비해서 교육의 기회를 덜 받아 일자리의 제한이 있기 때문이기도 하지만, 이와 더불어 '성적(性的) 오염'에 대한 사회적인 편견과 그로 인한 개인적인 두려움 때문이다. 설날(春節)과 같은 긴 명절 때면 대도시에서 일하는 여성들이 고향을 방문하곤 하는데 시대적 유행(時尙)을 드러내는 그녀들의 옷가지와 화장법은 '도시화' 및 '진보'의 상징으로 마을 젊은이들 사이에 부러움을 자아낸다. 그러나 동시에 이들은 가족을 제외한 이웃 사람들로부터 성적 타락을 의심하는 눈초리를 감당해야 한다. 따라서 마을의 혼인하지 않은 젊은 여성들은 도시의 화려함과 자유를 갈망하기도 하고 또 자기만의 현금을 손에 쥘 수 있는 기회에 매혹되기도 하지만, 혼인 전에 "정숙하지 못하다(不貞潔)"는 낙인이 찍힐까 두려워 쉽게 마을을 떠나기가 어렵다.

[사례 2] 핑핑(苹苹), 20대 초반, 여성, 중졸

핑핑의 부모는 원래 국가 소유의 공장에서 일하는 노동자였다가 1990년대에 퇴출되어 마을로 내려온 뒤 마땅한 일거리를 찾지 못해 빚이 매우 많다. 2004년 당시, 부모는 오일장(五天場)에 나가서 열심히 옷을 팔았지만, 남들보다 장사 수완이 좋지 않아 생계를 잇기조차 힘든 형편이었다. 딱히 공부에 흥미가 없었던 핑핑은 중학교 졸업 이후 고등학교에 가는 대신 차라리 베이징으로 가서 돈을 벌기를 결심했다. 주변 사람들도 이러한 핑핑의 결정이 빚진 부모와 학교에 다니는 남동생이 있는 집안 사정으로 볼 때 현명하다고 생각했다. 이웃의 관시(關係)를 통해 핑핑은 운 좋게 베이징에 위치한 '일하러 온 농촌의 젊은 여성(打工妹)'을 위한 비정부단체를 소개받았으며, 그곳에서 도시노동에 필요한 기본적인 훈련(글쓰기와 컴퓨터 사용법)을 받았다. 그리고 마침내 베이징의 한 의류상점에서 판매원으로 일하게 되었다. 핑핑은 취직한 뒤 처음 두어 달 동안은 부모에게 몇 백 위안의 돈을 부쳤다. 그러나 그 이후로는 높은 베이징의 물가 때문에 자신의 집세와 식비를 내고는 남는 것이 없어 보낼 수가 없었다. 딸의 경제적 도움만을 기다리던 핑핑의 어머니는 딸이 "베이징에서 일하면서도 자기만 좋은 것을 사먹고 돈 한 푼 안 부친다"고 늘 불평했다. 핑핑이 결국 마을로 돌아왔을 때 나는 그녀의 베이징에서의 경험이 어떠했는가에 관해 물었다. 핑핑은 어머니의 불평에 대해 익히 알고 있었으며, 사실 자신은 맛있는 것은커녕 월급을 제대로 받지 못해 거의 굶으면서 지내야 했다고 억울해했다. 마을에 돌아온 지 얼마 되지 않아 핑핑은 근처 마을 출신의 남성과 혼인해서 아이를 낳았다. 그녀의 남편은 얼마 후 돈을 벌기 위해 도시로 떠났으며, 핑핑은 현재 아이와 함께 시어머니와 살고 있지만 시어머니와 사이가 별로 좋지 않아 친정에 자주 와서 지낸다.

펑펑의 사례는 농민 여성이 특별한 기술을 갖추지 않은 채 무작정 대도시로 갔을 때 반드시 본인과 가구의 경제적인 이득으로 나타나지는 않을 수 있다는 것을 보여준다. 이 경우, 도시에 갔다 온 젊은 여성은 가족을 위해 여러 가지 위험을 무릅쓰고 도전했음에도 불구하고 결과적으로 현금 벌이를 수반하지 않기 때문에 무능력하다고 평가되며 오히려 본인과 가족의 체면을 손상했다는 비난을 면치 못한다. 물론 많은 학자들이 보고하는 바와 같이, 첸장촌의 젊은 여성 중에도 도시에서 성공적으로 일거리를 찾아 정착하고, 심지어 도시에서 배우자를 만나 결혼하는 경우가 적지 않다(Gaetano and Jacka 2004; Jacka 2005; Yan 2008). 그러나 펑펑의 사례가 보여주듯이, 농촌 여성의 도시 이주노동은 반드시 기대에 부응하는 방식으로 이루어지지만은 않으며 턱없이 부족한 교육 기회와 도시 생활에서 부닥치게 되는 예상치 못한 어려움으로 인해 실패로 끝나기도 한다.

[사례 3] 펑란(鳳蘭), 40대 후반, 여성, 중졸
펑란은 같은 마을 출신의 남편과 결혼했으며 두 명의 아이가 있다. 그녀는 자식들도 돌보지 않는 뇌졸중에 걸린 고모를 보살피는 등 주변 사람들로부터 인정이 각별한 사람으로 알려져 있다. 2005년, 남편이 일하다가 기계사고로 다리를 다쳐서 절룩거리게 되었으며, 그 이후부터는 일하지 못하는 자신을 탓하며 술만 늘었다. 남편이 일할 수 없는 상황 속에

서 농사일만으로는 생계와 자녀의 학비를 마련할 수 없었기 때문에 펑란은 본인이 직접 돈벌이에 나서기로 결심했다. 현재 은퇴한 간부인 펑란의 사촌언니가 그녀의 사정을 딱히 여겨 근처 도시의 보모(保姆) 일을 알아봐주었다. 보모 일을 시작하기로 한 첫날, 처음으로 낯선 도시에 가는 것을 두려워하는 펑란을 위해 그녀의 사촌언니와 내가 버스를 타고 동행했다. 보모로 일하기로 한 집은 은퇴한 남자 교수의 집이었는데, 그의 아내는 일찍 죽고 자식들은 멀리 살았으며 그는 노화와 만성적인 질병으로 거동이 불편했다. 펑란은 그 집에서 식사준비와 각종 집안일, 그리고 병간호를 맡게 되어 있었다. 그 날 저녁, 멀리서 찾아온 며느리가 우리 모두에게 직접 요리를 하여 식사 대접을 했다. 펑란은 차려진 음식들을 보면서 자신은 이런 음식을 하지 못한다고 과연 이곳에서 보모 일을 제대로 할 수 있을지 걱정했다. 그녀의 사촌언니는 배우면 된다고 그녀를 안심시켰다. 결국 펑란은 6개월 만에 "일도 재미없고 외롭다"면서 보모 일을 그만두고 마을로 돌아왔다.

펑란의 사례는 개혁기 노동의 성별 분업적 성격이 어떻게 중년 여성의 노동 기회를 제한하거나 박탈하는가를 잘 드러낸다. 즉, 집체화 속에서 남성과 똑같은 농업노동에 참여했던 농민 여성들은 개혁기의 노동구조 재편 속에서 더 이상 남성과 동일한 종류의 노동에 참여할 것이 허락되지 않는다. 특히 도시의 상공업 및 서비스 분야는 대체로 '다루기 쉽고 보기 좋은' 미혼의 젊은 여성 노동력만을 원하기 때문에 펑란과 같이 중년의 여성들이 현금 벌이를 위해 갈 수 있는 곳은 보모직과 같이 매우 제한된 분야밖에 없다. 또한 성별에 근거한 노동 분업은 단순히 남녀의 역할을 구분할 뿐 아니라 노동의 사회경제적 가치를 위계화하기 때문에 보모직은 남성들이 택하는 노동의 형태와 달리 그 보수도 매우 낮다.

이러한 모든 차별을 감수한다고 하더라도 여전히 문제는 남는다. 평란이 남자 교수의 입맛에 맞는 음식 준비에 자신 없듯 설령 일상적으로 수행해온 가사일 및 돌봄 노동과 관련된 분야에 종사한다고 하더라도 도시의 상이한 생활방식은 농민 여성의 오랜 노동 경험을 순식간에 무가치한 것으로 만들어버리곤 한다. 즉, 도시 지식인의 취향에 맞는 서비스를 제공하지 못하는 평란은 마을에서 항상 수행하던 요리와 청소와 병간호를 하면서도 언제나 잘 하지 못하고 배워야 하는 '무능력한 노동자'일 뿐이다. 따라서 혼인한 중년 농민 여성의 입장에서 이주노동은 가족으로부터 떨어지고 집안에서의 역할을 포기할 것을 감내한다고 하더라도 현실적으로 기대했던 성과를 만들어내기가 힘들며, 농민 여성으로서의 좌절감을 심화시키는 경험으로 인식되곤 한다.

3. 가부장적 가치의 부활과 새로운 여성성의 요구

마을 주민들의 관점에서 개혁과 더불어 또 다른 큰 변화는 더 이상 인민들의 일상에 직접적으로 관여하는 정치운동과 간부들이 없어졌다는 점이다. 공산당은 여전히 인민들을 판단하고 처벌할 수 있는 절대적인 권한이 있지만, 문화대혁명의 종결과 더불어 거의 모든 대

중조직 활동과 정치 캠페인은 사라졌다. 또한 지방 간부들에 대한 공산당의 경제적 지원이 대폭 감소함에 따라 이제 지방 간부들은 스스로의 경제적 활로를 개척하기에 바쁘고 인민들의 개별적 삶에 개입할 여유가 없다.

공산당 간부에 의한 개입의 감소는 농촌 여성들의 삶에 커다란 변화를 가져왔다. 마오 시기에는 부부싸움마저도 부녀주임의 중재 대상이었고, 혼외관계나 남아선호사상은 심지어 공개적인 자아비판의 문제이기도 했다. 비록 울프는 마오 시기에도 공산당이 부계 친족에 근간한 가부장적 뿌리를 완전히 제거하지 못했다고 지적하고 있지만, 개혁개방 이후 30년이 지난 지금 '여성억압'이나 '남녀평등' 같은 구호는 마을 여성들에게 구태의연하게 받아들여지고 있으며, 그들의 삶은 개별적으로, 즉 남편 및 시가족과의 역학관계에 의해서 결정된다. 그리고 이들 간의 사회적 역학관계의 성격을 규정하는 데 있어서 '경제적 부'만큼 강력한 힘을 가진 영향 요인은 없는 것처럼 보인다.

[사례 4] 수옌(素娟), 20대 중반, 여성, 중졸

수옌은 향(鄕) 정부에서 고위직으로 일하는 아버지와 농민이지만 마을에서 바느질을 제일 잘 한다고 소문날 정도로 솜씨가 좋은 어머니를 둔 20대의 젊은 여성이다. 그녀의 부모들은 수옌이 학력이 낮고 할 줄 아는 것이 없어서 좋은 집안에 시집가지 못할 것을 걱정했지만, 사실 그녀는 '피부가 하얗고 예쁘고 날씬해서' 마을의 많은 미혼 남성들로부터 인기가 많았다. 수옌은 2006년 당시 딱히 좋은 일자리를 찾지 못하고 마을 근처의 주유소에서 푼돈을 벌고 있었는데, 그때 이미 마을에서 가장 잘사는 황 씨의 아들과 부모 몰래 연애를 하고 있었다. 장사 수완이 좋은 황 씨와 그의 아내는 농민이지만 일찍이 마을 큰길가에 음식점을 내고 도박꾼들에게 장소를 제공해 큰돈을 벌었으며, 광산업이 유행하자 철가루세척장을 사들여서 더 많은 부를 축적했다. 그러나 황 씨와 그의 아내는 마을 주민들에게 평이 매우 좋지 않았다. 사람들은 "자기 딸을 진심으로 위하는 사람이라면 그 집에 시집보내지는 않을 것"이라고 말하곤 했다. 무엇보다 황 씨는 자신의 부를 이용하여 부인 외의 숱하게 많은 여자와 혼외관계를 가질 뿐 아니라 부인을 때린다고 소문이 자자했다. 또한 황 씨의 부인은 그런 남편과 맞설 만큼 '성격이 독하다'고 알려져 있었는데, 직접 만나서 이야기해본 바에 따르면 도박과 여자에 빠진 남편 때문에 자살을 시도한 적도 있었다. 이러한 집안 사정을 알면서도 수엔은 돈이 많은 황 씨의 아들에게 시집가기를 열렬하게 원했으며, 2009년 부모의 격한 반대를 무릅쓰고 결국 그와 결혼했다. 두 사람이 결혼하자마자 수엔의 시부모와 남편은 수엔의 친정부모를 무시하고 사돈으로 대우하지 않았는데, 향 정부의 고위관리로서 나름의 경제력과 정치적 권한을 지니고 있는 수엔의 아버지로서는 매우 모욕적인 일이었다. 수엔은 혼인한 이듬 해 아들을 낳았다. 수엔의 시어머니는 손자를 전혀 돌보아주지 않았으며, 다른 젊은 여성들처럼 부수입을 얻을 수 없는 그녀는 경제적으로 완전히 남편과 시부모에게 종속되어 있었다. 더욱이 언젠가부터 수엔의 남편은 아버지의 부를 이용해 다른 여자들과 혼외관계를 갖는다는 소문이 퍼지기 시작했다. 그녀는 자신의 '불행'에 대해 전혀 내색하지 않았지만 이웃들은 그녀가 자주 남편과 큰소리로 다툰다는 것을 잘 알고 있었다.

  수옌은 부모의 강요에 의해 황 씨의 아들과 혼인한 것이 아니었다. 황 씨의 가족이 가진 부를 욕망하긴 했지만 그렇다고 돈에 팔려간 것도 아니었다. 오히려 수옌은 부모가 격렬하게 반대했는데도 스스로의 감정을 좇아 그와 연애했고 그를 사랑했기 때문에 결혼했다. 이러한 측면에서 두 사람의 혼인은 사회주의 혁명 속에서 공산당이 추구했던 '자유로운 남녀 간의 결합' 그 자체였다.

  그러나 두 사람의 혼인 후 수옌의 시부모와 남편이 수옌을 대하는 태도는 마치 1949년 사회주의 혁명 당시 공산당이 비판했던 '봉건적 관습'을 재현하고 있는 것처럼 보인다. 남다른 부를 누리는 수옌의 시아버지와 남편은 아무런 도덕적 자책감도 없이—심지어 아내의 격렬한 항의 속에서도—혼외관계를 지속하고 있었다. 그러나 이러한 태도는 단지 수옌의 남자 가족들의 문제만은 아니다. 마을 남자 중에는 드물긴 하지만 부인 외의 첩(小老婆)을 두고 이중살림을 하는 경우가 있다. 그러나 공산당이 더 이상 개인의 사생활에 개입하지 않는 상황 속에서 이들의 가부장적 태도는 단지 '집안의 사사로운 문제(家庭事)'로 치부될 뿐이다. 첸장촌의 주민들은 '제3자의 문제(第三者問題: 혼외관계)'가 마을의 도덕적 기풍(風氣)을 망가뜨리고 있다고 이구동성으로 말한다. 그러나 개인 면담을 해보면 이미 상당수의 마을 사람들(특히 남성들)은 혼외관계가 의심할 바 없는 도덕적 잘못이라기보다는 개인적인 능력에 따라 선택할 수도 있는 사안이라고 생각한다.

가부장적 가치의 부활은 단지 남편의 혼외관계와 이중살림에서만 나타나지 않는다. 마오 시기 동안에 각종 캠페인과 간부들의 개입으로 억제되었던 다양한 남성 중심적인 태도와 행위들이 개혁개방과 더불어 하나둘씩 표면 위로 떠오르고 있다. 집안의 대(代)를 이을 남자아이를 선호하는 태도가 예전에는 좀 더 암묵적인 방식으로 나타났다면, 이제는 좀 더 노골적으로 여아를 차별하는 방식으로 나타난다. 이러한 행동들은 엄연히 불법이지만 혼외관계, 첩살이, 여아 방치, 아내 구타 등과 마찬가지로 '집안 문제'로 간주되며, 이웃 사람들은 감히 개입하려고 하지 않는다. 그런 의미에서 여성의 삶은 마오 시기의 사회주의보다 훨씬 더 남편과 그의 남계친에 의해 결정되는 가부장적 성격을 띠고 있다.

한편, 수옌이 마을 최고의 부잣집에 시집갈 수 있었던 이유가 무엇보다 그녀가 '피부가 하얗고 예쁘고 날씬'했고 마을 남성들에게 욕망의 대상으로 나타날 수 있었다는 점이 강조될 필요가 있다. 시장개혁과 더불어 여성의 '신체적 아름다움'은 도시뿐 아니라 농촌에서도 여성의 사회적 가치를 평가하는 결정적인 기준이 되고 있다. 특히 '하얀 피부(皮膚白)'와 '날씬한 몸(身體瘦)'은 마을에서 가장 흔히 드는 보편적인 여성에 대한 미의 기준인데, 이는 마오 시기에서 중시되었던 (남성 못지않은) '신체적 강인함과 정신력'과 비교해볼 때 상당히 다르다(Yang 1999). 이러한 가치 기준은 중국의 상품경제 및 서구화된 소비문화에 기인하고 있었지만, 농민 여성의 입장에서 보면 여성의 신체가 얼마나 '도시 여성'과 가까운가를 측정하는 문화적인 위계 장치이기도 하다.

'하얀 피부'와 '날씬한 몸'은 화장품 몇 개와 식사량 조절로 이루어 질 수 있는 것이 아니다. 농촌 사회에서 '하얀 피부'와 '날씬한 몸'을 갖기 위해서는 들이나 밭에 나가 노동하지 않을 수 있거나 적어도 노동하는 것을 거부할 수 있어야 하며, 또한 육체적인 노동에 필요 한 배부름을 포기할 뿐 아니라 잔치나 의례에서나 맛볼 수 있는 귀 한 지방질 음식에 대해 초연할 수 있어야 하기 때문이다. 아직까지 첸장촌의 대부분의 여성들이 가족노동과 농업노동에 종사하고 있고 이로부터 면제될 수 없는 상황에서 이러한 신체적 요구는 모순적일 뿐만 아니라 대부분에게 성취가 불가능한 목표이다. 그럼에도 불구 하고, 마을의 20~30대 젊은 여성들에게 있어, 이러한 도시적 미적 기준들은 관계의 질과 자존감에 영향을 끼치는 매우 중요한 요인으 로 나타난다.

마오 시기에는 '남성화된 여성'이 국가의 이상형이었다면, 개혁기 에 국가가 요구하는 여성은 '여성적' 성향과 역할을 충실히 수행하 며 '남성과는 본질적으로 다른' 존재이다. 특히 한 자녀 정책 및 소 비문화의 발달 속에서 개혁기에 무엇보다 강조된 여성성은 '자녀 양 육자로서 모성'이다. 중국 사회의 지배적 담론 속에서 나타나는 '모 성' 개념은 매우 모순적이다. 한편으로 '모성'은 여성이라면 당연히 가질 수밖에 없는 자연적이고 타고난 성질을 지칭하고 있다. 그러 나 다른 한편으로 모성 개념은 '더 나은 중국 시민이 되기 위해' 자 녀 양육이 이루어져야 하는 방식을 끊임없이 문제 삼으면서 그러한 생물학적 본성이 사실상 지대한 노력 없이는 성취될 수 없다는 점을 역설적으로 강조하고 있다.

중국의 도시에서 모성의 강조는 마오 시기와 비교하여 여성을 다시금 '집 안'으로 들여보내고, 새롭게 젠더화된 성별 분업에 따라 여성을 노동 시장으로부터 배제하는 효과를 만들어왔다. 그러나 어차피 사회경제적 가치로부터 배제되는 농업과 가족노동에 종사해온 첸장촌 여성들에게 자녀교육은 사회적 노동으로부터 배제되는 문제라기보다는 도시 여성에 대한 모방을 통해 확인되는 바람직한 젠더 정체성의 획득과 농민이라는 낮은 사회경제적 지위로부터 탈피하고자 하는 지위 상승의 문제로 인식된다. 즉, 첸장촌 여성들이 갖는 자녀교육에 대한 열렬한 관심은 무엇보다 주변 이웃들에 비해 도시 엄마들의 기준과 방식을 재빨리 수용함으로써 '앞서가는 여성/엄마'가 되고자 하는 욕망과 적어도 자식에게는 농민이라는 낮은 지위를 물려주지 않겠다는 강한 계급의식과 관련된다(Kipnis 2011).

[사례 5] 메이리(美麗), 20대 중반, 여성, 초중

메이리와 그녀의 남편은 모두 첸장촌 출신이지만, 7년 전 결혼하자마자 대도시인 친황다오(秦皇島)로 이주한 뒤 그곳에서 가게를 운영하며 살고 있다. 두 사람은 일 년에 한 번 설날 연휴에만 부모와 친척들을 만나러 고향 마을을 방문한다. 그녀는 자신과 남편 모두 농촌보다 도시 생활이 더 적합하기 때문에 농촌에 다시 돌아올 생각이 없다고 말한다. 농촌의 삶이 무엇이 적합하지 않은가 하는 나의 질문에 대해, 메이리는 조금의 머뭇거림도 없이 농촌에서는 아이를 제대로 교육할 수 없다고 이야기했다. 도시의 아이들은 어렸을 때부터 유치원에 다니고 전문적인 선생님들이 가르쳐주지만, 농촌의 아이들은 그저 배만 부르면 그뿐 재능이나

소질 계발의 기회가 없다는 것이다. 메이리는 누구나 발전을 하기 위해서는 더 큰 세상에 나가서 살아야 하는데 아직까지 첸장촌 사람들은 개방되지 못해서 도시는 위험하고 외롭다고 생각하고 그래서 발전이 더디다고 했다.

맨 처음 도시 이주의 목적이 무엇이었는지는 알 수 없지만, 이미 10년 가까운 세월이 지난 지금 메이리는 도시 이주 선택의 이유를 자녀교육의 맥락 속에 위치시키고 있다. 그리고 이를 통해 그녀는 자신이 자녀교육에 관심을 쏟는 '좋은 엄마'라는 사실을 강조할 뿐 아니라, 도시 생활을 첸장촌에서의 삶과 비교하여 위계 짓고 있다.

메이리와 마찬가지로 마을 주민들은 농촌 사람들은 자녀교육에 관심이 없고 아이들에게 함부로 대한다는 데 모두 동의한다. 그리고 가능하다면 자녀들이 공부를 잘 해서 도시에 있는 학교에 다니고 도시민들과 같이 화려한 삶을 살기를 기대한다. 따라서 젊은 부부 중에서 아빠가 혼자 충분히 생계를 책임질 수 있다면 엄마는 바깥 노동을 하기보다 집안에서 아이를 돌보고 교육할 것이 기대된다. 그리고 이처럼 며느리가 자식 양육에만 집중할 수 있도록 허락해주는 시어머니는 '선진적(先進的)'이라고 간주된다. 아이가 뱃속에 있을 때부터 교육이 시작된다고 믿으며, 임신 기간에 바깥출입을 자제하며 오로지 집 안에서 한 땀 한 땀 수를 놓는 등 고전적인 방식으로 태교를 하는 여성도 마을에 점차 늘고 있다. 물론 여전히 가난한 집에 시집온 여성들은 출산 직전까지 농사일과 집안일에서 면제되기가 어렵다.

첸장춘과 같은 가난한 농촌의 맥락에서 "좋은 대학을 보내기 위해 자녀교육에 애쓴다"는 것은 소수의 가정을 제외하고는 사실상 매우 비현실적인 선택이다. 우수한 교육 능력을 지닌 교사들은 농촌에 오려고 하지 않기 때문에 이 지역 출신이 대학을 가고자 한다면 중학교 때부터 도시에 있는 사립학교를 보내거나 적어도 현(縣) 중심지에 있는 '일중(一中)'에 반드시 보내야 한다. 그러나 도시의 사립학교를 보내는 것은 비싼 학비와 기숙사비 때문에 일반 농민의 수입으로는 거의 불가능하다. 또한 좋은 대학들이 베이징이나 상하이와 같은 대도시에 대부분 몰려 있는 반면에, 학생들은 자기가 거주하고 있는 지역의 학교를 지원할 경우 입학시험에서 추가적인 점수 혜택이 주어지기 때문에 농촌 지역의 학생들은 아무리 성적이 우수하다고 하더라도 대도시 출신의 학생들보다 경쟁에서 이기기가 어렵다. 이처럼 중국의 대학입시는 그 자체로 도농 차별구조를 실현하고 재생산하는 또 다른 장치로 작동한다.

메이리의 아이는 부모의 도시 이주 결정으로 인해 아마도 훨씬 다양하고 질 좋은 교육 자원들을 접할 수 있을 것이다. 이는 메이리의 열망과 행복감을 어느 정도 달성해주는 측면이 있다. 그러나 메이리의 남편은 술을 마시면 아내를 때리는 버릇이 있고, 외딴 도시에서 남편의 폭력에 대해 항의해줄 그녀의 가족은 존재하지 않는다. 이처럼 여성으로서 산다는 것 자체가 의미하는 여러 가지 젠더 위계와 여성에 대한 가부장적 폭력의 위험을 마을 여성들은 대부분 잘 알고 있으며, 따라서 그들은 혼인 때문이든 돈벌이 때문이든 가족과 친척, 친구들이 있는 고향 마을을 떠나기가 쉽지 않다고 느낀다. 그리고 이상적인 모성을 체현한 모습은 주변의 부러움과 칭찬의 대상은 될지언정 정작 여성 본인에게 상당한 희생과 고통을 감내하기를 요구한다.

[사례 6] 샤오화(小華), 50대 중반, 여성, 고중

샤오화는 문화대혁명 시기에 학생시절을 보낸 까닭에 공부를 꽤 잘했으나 고등학교를 졸업하고 대학에 가지 못했다. 그러나 이후 정부에서 제공한 몇 개월 동안의 의사 훈련과정에 선발되어 마을의 의사가 될 수 있었다. 샤오화는 마을의 혼인하지 않은 젊은 여성들이 가장 존경하고 부러워하는 여성 중의 하나이다. 젊은 여성들은 그녀가 농사일 외에도 의사로서 현금을 벌어들일 뿐 아니라, 세 명의 자식을 모두 베이징과 톈진의 대학에서 공부시키는 모범적인 어머니라고 말했다. 또 남편과의 사이도 좋았다. 그러나 실제로 만나본 샤오화는 마을 사람들의 예상과는 전혀 다른 우울한 삶을 살고 있었다. 샤오화는 밤마다 아무도 없는 커다란 방 안에서 오로지 텔레비전을 보면서 자식들의 전화가 오기만을 기다렸다. 더 머물다 가라고 나를 여러 번 설득하던 그녀는 아이들이 전화도 자주 하지 않는다며 외로움과 분노를 노골적으로 드러냈다. 의사 생활은 어떠냐는 나의 질문에 대해, 그녀는 이제 마을 사람들은 어디가 아프면 큰 도시나 적어도 향(鄕)에 있는 병원으로 가기 때문에 의사로서 일도 별로 없다고 했다. 그녀는 사이가 좋은 편이었던 남편을 몹시 그리워했다. 자식들 셋이 모두 도시에서 공부를 하고 있기 때문에 남편은 현재 자녀들의 학비 마련을 위해 5년째 베이징에서 건설 일용직 노동을 하고 있었다. 남편에게 자신은 더 이상 혼자 살기 싫으니 이제 그만두고 돌아오라

고 했지만, 남편은 대학 학비와 아들 장가보낼 밑천 걱정을 하면서 1~2
년 더 있다 오겠다고 했다고 한다.

샤오화의 삶은 마을 주민들에게 여성으로서 '가장 성공적'이라고
평가되며 부러움과 동경의 대상이지만, 농민 여성으로서 그녀의 성
공—현금 수입이 보장되는 의사직과 남편과의 화목, 그리고 자녀교
육의 성취—은 국가가 조장한 공간별·성별 위계 속에서 엄청난 개
인적 희생을 요구하고 있으며 그녀에게 만족감을 주지 못한다. 결혼
생활은 이미 5년째 그녀를 홀로 농촌에 내버려둔 채 그녀의 인내와
희생만을 요구하고 있다. 아무리 이웃 사람들이 그녀를 부러워해도
덩그러니 혼자 집을 지켜야 하는 그녀는 남편의 부재로 인한 우울과
무관심한 자식에 대한 분노로부터 쉽게 벗어나기가 힘들다.

4. 사라진 집단적 실천 주체로서의 '여성'

개혁기 중국의 사회주의는 농촌 여성들의 여성해방에 기여해왔는
가? 연구자가 마을의 여성들에게 마오 시기와 개혁기 중국 농촌에
서 여성으로서의 삶을 비교해달라고 요청했을 때, 그녀들은 거의 모
두 조금의 망설임 없이 개혁기가 여성들에게 더 살기 좋다고 이구
동성으로 말했다. 마오 시기는 '배고픔'으로 상징되는 반면, 개혁개
방은 '물질적 풍요'와 더불어 '어디든지 갈 수 있는 자유'를 의미한
다. 사람들은 말한다. "겨우 이불 한 채를 자전거에 싣고 시집을 와

야 했던 마오 시기와 달리, 지금은 몽골로 베이징으로 심지어 비행기를 타고 외국으로도 신혼여행을 가는 세상"이다. 이처럼 개혁개방의 성과들은 '누가'의 문제가 삭제된 채로 마치 중국인 모두에게 가능한 현실인 양 이야기된다. 비행기를 타고 외국으로 신혼여행을 간 사람은 마을에서 단 한 사람도 없었지만 마치 그것이 누구에게나 있을 수 있는 일인 것처럼 농촌 주민들에게 개혁개방은 과거에 대한 선별된 기억들과 중국 발전에 대한 정부의 화려한 선전 속에서 의심 없이 희망적인 현실 조건으로서 받아들여지고 있다.

그러나 본 장에서 살펴본 바와 같이, 적어도 젠더 형평성의 측면에서 바라보자면 중국의 개혁개방 정책은 또 다른 방식으로 성별 간 계층화를 조장하고 불평등을 강화해왔으며 그 점에서 마오 시기보다 더 나을 바가 없다. 울프는 마오 시기 동안 중국 사회가 공산당의 결연한 외침과는 달리 여전히 가부장제를 뿌리 뽑지 못했으며 그러한 의미에서 여성혁명이 '지연'되어왔다고 주장한다. 이에 비해 개혁기의 도농 차별적이고 성차별적인 일련의 정책과 지역적 효과들은 마오 시기에 시도된 여성혁명의 문제의식과 성과들조차 완전히 잊어버린 듯이 진행되고 있다.

마오 시기는 정치적 캠페인과 집체화를 통해 적어도 여성이 남성과 같은 종류의 노동에 참여할 수 있다는 것을 공식화하고, 또한 가사 및 육아의 사회화를 통해 기존에 여성적 역할이라고 간주되었던 가족노동에 사회경제적 가치를 부여했다. 그러나 개혁기 중국 사회는 농민 여성들을 사회경제적으로 가치가 부여되는 임금노동의 영역으로부터 배제하는 한편 이들이 주로 담당하는 농업노동 및 가족

노동의 가치를 폄하시킴으로써 도리어 여성 노동이 공식적으로 인정받을 수 있는 가능성을 축소시킨다. 또한 마오 시기에는 대중조직 활동 및 공산당 간부의 직접적인 개입을 통해 가족 안에서 이루어지는 여성에 대한 차별과 폭력들이 적어도 사회적으로 문제시되고 억제될 수 있었다면, 더 이상 간부들이 일상에 개입하지 않는 개혁기 농촌에서 가부장적 차별과 폭력은 개별 가족의 사적인 문제로 간주되며 여성 스스로 감당해야 하는 사안으로 변모하고 있다. 이에 덧붙여, 시장화와 소비문화는 농촌 여성들에게 자신들의 삶 및 노동의 방식과 괴리된 여성성의 규범을 요구함으로써 적지 않은 여성들을 불안과 우울의 경험 속으로 밀어 넣는다.

　적어도 허베이 북부 농촌에서 관찰되는 바에 따르면, 개혁기 중국 사회의 가장 심각한 문제라고 여겨지는 것은 시장화 정책이 수반하는 개별화 전략 속에서 더 이상 '여성'이 하나의 실천적 주체로서 사고되지 못한다는 점이다. 마을 안의 사회경제적 위계와 차별 속에서 여성과 관련하여 나타나는 여러 가지 문제들은 더 이상 젠더 문제로 인식되기보다는 집안 혹은 계급의 문제이거나 세대나 연령의 문제, 심지어 개인의 문제로 치환되어버린다. 또한 각 개별 여성의 입장에서 보더라도 자신의 고통은 젠더뿐 아니라 지역, 계급, 연령 등과 중층적이고 복합적으로 연관되어 있기 때문에 특별히 젠더 의식이 투철한 경우가 아니라고 한다면 오히려 '농민', '세대', 혹은 단순히 '운명(命運)'의 문제로 인식되는 경향이 있다. 그러나 본 장에서 살펴본 바와 같이, 개혁개방 정책이 추구해온 일련의 변화들은 계급적으로—자본가적 지위를 누리는 여성에서부터 (수옌의 시어머니) 가족의 생계를 위해 이주노동을 선택할 수밖에 없는 가난한 농민(펑란)에 이르기까지―그리고 연령적으로―중학교를 졸업하자마자 도시로 현금 벌이를 찾아 떠난 여성(핑핑)으로부터 각종 집안일에 덧붙여 손자를 돌보아야 하는 여성(페이민)에 이르기까지―다양한 농민 여성들에게 또 다른 형태의 여성으로서의 차별과 억압을 강제하고 있다. 이러한 측면에서 여성해방에 대한 문제의식은 현재 중국 농촌 사회에서 더욱더 유효하고 필요해 보인다.

시장개혁과
새로운 문화적 실천

제3장

자유연애:
쾌락, 친밀성, 도덕에 관한 질문

1. 중국 사회의 변화와 성적 쾌락

근대 이후 중국에서 성적 쾌락이 사회적으로 수용되기 시작한 것은
개혁개방 이후의 일이라고 해도 과언이 아니다. 중국에서 17세기 이
후에는 성에 대한 거의 모든 관용이 사라졌으며 경직된 태도가 유지
되어왔다. 청나라(1644~1910)는 유교의 금욕주의를 강요하고 백성
들의 성행위를 제한했다. 만주국에서 성이란 전통적인 젠더 역할에
한정된 것이었으며, 아이들의 출산을 유일한 성적 목적으로 간주했
다. 혼인과 관련 없는 성행위는 금지되었지만, 매매춘이나 일부다처
제 결혼은 허락되었다. 성행위는 낭만적인 사랑이 아니라 부부간의
사랑이나 고마움과 관련되어 있었다. 아이들과 노인의 성관계는 부

정되었으며, 문학 작품이나 사회생활에서 성적 표현은 처벌되었다. 남자의 사정은 건강을 해친다고 여겨졌다. 성은 사회적으로 인정되는 매우 제한된 영역과 방식 속에서만 합리적이고 가치 있는 것으로 규정되었다. 이러한 틀 속에서 성은 언제나 육체적이 아닌 영적으로 표현될 것이 요구되었다. 국가는 결혼과 출산을 장려했지만, 성적인 즐거움을 추구하는 행위는 억압되었다.

성애와 관련하여, 1911년 청 왕조가 멸망한 후 세 가지 변화가 나타났다. 첫 번째는 서양 지식인에 의해서 '낭만적인 사랑'의 개념이 도입된 것이다. 서구 사회에서는 민주주의 및 피임법의 등장으로 재생산과 성행위가 구분되었는데, 이 과정에서 '낭만적 사랑'의 개념이 싹트게 된다. '낭만적 사랑'은 언뜻 보기에는 '백마 탄 왕자'처럼 마치 철없는 어린아이가 꿈꾸는 비현실적인 몽상처럼 여겨지지만, 사실상 그보다는 여성과 남성 간의 친밀감을 강조함으로써 서로가 자신을 성찰하고 타인의 선택을 존중하는 성장의 경험을 중요시하는 개념이었다(기든스 1996).

봉건 왕조의 몰락 이후 나타난 두 번째 변화는 1949년 중화인민공화국의 성립과 동시에 엄격한 일부일처제가 시행된 것이다. 1949년 중화인민공화국은 전통적인 혼인의 방식과 성격을 변화시키기 위해 적극적으로 간섭했다. 1950년의 혼인법은 후처제도, 조혼, 일부다처제 및 혼인이나 매춘 등의 방법으로 자녀를 파는 것을 법으로 엄격하게 금지했다. 마을지도자들과 기업 조합의 간부들은 젊은 사람들에게 결혼 연령을 늦추도록 권면했다. 또한 농촌 사회에서 수행되어온 전통적인 의례를 비난하고 축제들을 없앴는데, 그에 따라 혼인

의례에서도 검소한 결혼식이 장려되었고 결혼지참금이 없어졌다.

세 번째 변화는 성에 대한 정치적인 예속이다. 공산당이 추구한 농민과 프롤레타리아트 중심의 생산성에 대한 강조는 개인 간에 이루어지는 성적 행위나 담론, 에로티시즘 등을 반동적이고 퇴폐적인 부르주아 문화의 유산으로 간주하고 비판 및 억압했다. 성과 노동은 엄격히 대립되었으며 노동의 가치가 숭상되는 반면 성은 억압되었다. 가족은 국가와 사회를 위해 노동하고 봉사해야 하는 단위로 자리매김했으며, 애인이나 부부간이라고 하더라도 공식적인 혼인 및 자녀를 낳는 것과 관련 없는 쾌락은 어디까지나 억제되어야 하는 것으로 여겨졌다.

성을 억압하는 문화는 이른바 문화대혁명 시기(1966~76)를 거치면서 극심해졌다. 의복, 직업, 심리적인 차별에서 성 차이는 완전히 부정되었으며, 결혼은 평가절하되었다. 혁명 영웅들은 모두 총각이었고 과부들이었다. 부부간의 감정은 이들이 계급투쟁에 얼마나 헌신하는가에 따라서 평가되었다. 남편이 당의 명령을 따르지 않는다면 그의 아내는 그와 이혼할 것이 기대되었다. 문화대혁명 시기에 낭만적인 사랑은 부르주아적 감상주의라며 경멸받았다. 음악, 시각 예술, 그리고 문학에서 섹스와 관련된 것들은 모든 문화와 즐거움의 영역에서 사라졌다. 생식을 위한 부부관계는 허용되었지만 개인적인 친밀감은 외부에 의해 심각하게 방해되었다. 그러나 반대 방향으로 극단적인 현상도 같은 시기에 나타났다. 1968년 문화대혁명 때, 예를 들어 일부 지역에서는 불법 매춘부들이 등장했으며 무분별한 성행위와 청소년들의 집단 성관계가 활발하게 나타났고, 성병 발병

률이 증가했으며 손으로 쓴 에로틱한 글들이 떠돌아다녔다.

이처럼 청 왕조 이후 개혁개방까지 중국에서 성은 전반적으로 젠더, 혼인, 생식, 사랑, 그리고 일상생활을 규제함으로써 이성애적이고 혼인과 관련된 성행위 이외에는 억압되었다. 그리하여 겉으로 보기에 이 시기에 중국에 성은 존재하지 않는 것처럼 보인다. 아이러니한 것은 이 시기에 중국에서 인구가 가장 많이 증가했다는 것이다. 마오쩌둥은 인구의 규모가 국력을 상징한다고 보았고 더 많은 자녀를 낳을 것을 권장했다. 서구 자본주의 사회에 대한 경쟁력은 더 많은 인구를 통해서 달성될 수 있다고 보았다. 그러나 그의 주장은 맬서스의 인구이론이 등장함에 따라 과도한 인구 증가가 생산력 발전을 침해할 것이라는 반대 주장에 의해서 중국 내에서도 비판받기 시작했다. 이러한 비판은 마오쩌둥이 죽은 1976년부터 이른바 '한 자녀 정책'이라고 알려진, 중국에 전례 없는 인구계획 정책을 수립하게 되는 계기가 되었다.

개혁개방을 통해 들어온 시장문화는 그동안 마오쩌둥 시기에 억압되었던 성을 해방하는 데 이바지했다. 이는 남성에게도 그동안 노동에 대한 숭상으로 인해 제한되어 있었던 성적 자유를 허락했다는 면에서 의미가 컸지만, 여성들에게는 중국 역사상 전례 없는 일이었다. 중국 전통사회는 여성의 성행위를 오로지 아이를 낳기 위해 행해지는 것이라고 간주했으며, 만일 여성이 쾌락을 위해 성을 원한다는 것을 알게 된다면 혼인과 사회의 안정성이 위협받으리라고 생각했다. 이러한 관점은 마오 시기에 노동을 중시하고 성을 억압하는 문화 속에서 지속되었다. 여성의 성과 성적 쾌락은 마치 존재하지

제2부 시장개혁과 새로운 문화적 실천

않는 것처럼 사회에서 감추어졌다.

그러나 여성의 성적 쾌락에 대한 부인은 개혁개방 이후 젊은 도시 여성들에 의해서 반박되고 있다. 처음에는 개방을 통해 유입되어온 서구 자본주의의 문화적 영향 속에서 좀 더 자유롭고 다양한 여성들의 옷차림이 하나둘 등장했지만, 점차 중국의 여성들은 외부 영향을 넘어 자신의 몸을 드러내놓고 다니는 것에 대해서 주체적인 즐거움을 느꼈다. 과거에 금지되었던 비키니, 미니스커트, 그리고 다양한 형태의 성적 매력을 발산하는 옷차림은 이제 사회적으로 허용될 뿐만 아니라 여성들에게 당당하게 선택되었다. 심지어 2000년대 이후 길거리나 공공장소에서 키스나 포옹 같은 애정 행위를 하는 여성들은 자신들의 행위를 더 이상 감추어야 한다거나 사회적 비난의 대상으로 바라보지 않는다. 이처럼 개혁개방은 여성의 성적 자유와 더불어 성적인 주체성에 있어서 새로운 활로를 열어주었다. 여성의 성적 표현이나 행위가 도덕적 오염과 관련되어 있다는 생각이 중국 사회에서 완전히 사라진 것은 아니지만, 점점 더 많은 여성이 그러한 사회적 시선보다 성과 관련된 자신의 자유와 권리를 추구하고 있다.

수십 년 동안 사회주의 혁명과 노동에 대한 숭상의 문화 속에서 파묻혀 있던 성의 영역은 남성에게도 이제 적극적인 일상의 문제이자 심지어 남성성과 관련된 중요한 문제로 나타났다. 개혁 이전에 성적 관심 자체가 사회적으로 억압되었다면, 이제는 성적 능력과 매력이 남성성의 중요한 기준으로서 등장하기 시작했다. 성적 능력은 남성성의 중요한 요소로 간주되는 것이다. 이에 따라 발기불능이나 조루증으로 남성의학과를 찾는 남자들이 많아지고 있으며, 그들은 자신의 성기에 대한 강도나 성교의 지속에 대한 파트너의 불만 토로에 직면해야 하는 상황에 놓여 있다(Zhang 2007).

거꾸로 서구의 사상적 조류와 문화적 유입 속에서 부부간의 성이라고 해서 반드시 용납되는 것이 아니라는 생각이 등장했다. 성생활에서의 아내의 권리와 부부강간이라는 개념이 여성 신문과 잡지에서 현대 사회의 문제로 논의되기 시작했다. 이제 당의 명령이나 당에 대한 순결함을 넘어서 개인은 자신의 감정에 따라 성생활과 이혼을 선택할 수 있게 되었으며 자신의 선택에 당당한 것이 주체적인 삶이라고 여겨지게 되었다.

개혁 이후 중국 사회에 성적 개방이 이루어지게 된 배경 중의 하나는 1980년대 이후로 중국에 광범위하게 퍼지게 된 성학(sexology)과 관련된 어휘가 사회적으로 널리 알려지게 된 것에 부분적으로 기인하고 있다. 이러한 새로운 어휘들은 성과 성교육에 대한 담론과 사회적 인식을 촉진하는 데 큰 영향을 미쳤다. 1979년에 단지 6권에 불과했던 성학과 관련된 책자들은 1991년이 되면 적어도 216권에 이르게 된다(Pan 1993). 중국의 성에 관해 꾸준히 연구해온 중국 인민대학 사회학자 판티엔수(潘天舒)의 조사에 따르면, 총 65가지 항목에 관한 결혼 만족도에 관한 설문에서 아내들은 성적 만족이 세 번째로 중요한 요소라고 언급했으며, 남편들은 네 번째로 꼽았다. 이혼했거나 혼외관계가 있는 답변자의 경우에는 성적 만족이 두 번째 혹은 세 번째 가장 중요한 요소라고 답했다. 또한 영적인 측면에서 혼인이 그들에게 만족스럽지 못하다고 한 사람들도 성적 생활의 요소를 가장 중요한 것이라고 꼽았다. 결혼에서 성의 중요성은 자녀교육, 집안일, 경제적 수입, 거주 지역, 일상적 대화, 남편과 부부 사이에 공유하는 일상적 활동보다 더 중요한 것으로 나타났다(Pan 1993).

지금까지 살펴본 바와 같이, 개혁기 중국에서 성에 대한 개념과 성도덕은 어떤 혁명적인 시도나 공식적인 국가의 정책에 의해서라기보다는 점진적인 외부의 문화적 유입과 사회적 수용 속에서 성과 관련된 다양한 사상 및 실천에 대한 억압의 감소 및 관용의 증가를 통해서 변해왔다. 그에 따라 오늘날 혼전 섹스에 대해서 잘못되었다고 생각하거나 혼외 연애를 부도덕하다고 보는 사람들, 그리고 성이 사적인 문제가 아니라 국가적인 문제라고 생각하는 사람들은 점차 줄어들고 있다.

2. 자유연애: 젊은 마을 여성들의 연애관

평롱현에는 중매쟁이를 통해 양가 어른들의 의견을 따라 소개한 뒤 혼인하는 중매혼이 일반적이지만, 잠시만 대화를 나눠보더라도 20대 젊은 여성들은 혼인과 상관없이 '연애'에 대한 낭만적인 생각을 지니고 있음을 알 수 있다. 아마 많은 사회에서 비슷한 모습을 발견할 수 있겠지만, 평롱현의 20대 젊은이들은 동성의 친구들과 어울릴 때면 이성 친구에 관한 이야기로 꽃을 피운다. 사실 중국 농촌에서는 20대만 되면 충분히 혼인할 수 있다고 보기 때문에 혼인할 나이가 된 여성들이 혼인보다는 연애를 하는 풍토에 대해서 나이든 어른들은 지나치게 '개방'되었다며 혀를 끌끌 차기도 한다(Yan 2005). 사실 20대 여성과 남성들이 혼인에 대한 거부감을 가지고 있는 것은 아니다. 단지 부모 세대가 해왔던 것처럼 어른들끼리 이야기를 통해 소개받고 몇 번 만난 뒤 하는 혼인은 '재미가 없다(沒意思)'고 생각하며 혼인하기 전에 즐거운 경험을 가지고 싶은 것이다.

2006년 어느 하루, 나는 주요 정보제공자이자 친밀한 친구인 옌메이(艶美)와 함께 첸장촌 마을 어귀에서 네 명의 젊은 여성들과 함께 이야기를 나눌 기회가 있었다. 리화(丽华)는 올해 30살로 마을 사람들의 기준에서 보면 '노처녀'라고 할 수 있었다. 그녀의 아버지는 마을에서 약국을 운영하고 있었기 때문에 농사만을 짓고 사는 사람들에 비해 리화의 가족은 경제적으로 넉넉한 편에 속했다. 그녀는 외동딸이었고, 약국에서 아버지의 일을 돕곤 했다. 또 다른 사람은 수옌(素娟)으로 그녀는 옌메이의 이종사촌이며 특히 미모를 자랑하고 있었고, 고중학교를 졸업한 이후에는 대개 집안일을 돕거나 간혹 마을 어귀에 있는 주유소에서 아르바이트를 하면서 용돈 벌이를 했다. 마지막 한 사람인 산잉(三英)은 옌메이, 수옌과 함께 첸장촌에 사는 젊은 여성으로 그들은 나이 차가 나지만 모두 같은 학교에 다닌 동네 친구들이었다. 리화를 제외한 세 사람은 모두 20대 초반이었는데 나이 차가 나더라도 서로의 이름을 불렀다.

2000년대 중반 첸장촌에는 남성이건 여성이건 미혼의 젊은이들이 많지 않았다. 대부분은 베이징이나 친황다오와 같은 근처 대도시에 다공(打工: 품팔이)을 하러 갔기 때문이었다. 이들은 명절 때나 고향에 방문할 것이었다.

네 명의 젊은 미혼 여성이 모이자 제일 먼저 산잉이 자기 남자친구 이야기를 꺼냈다. 사실 나는 마을에 거주하면서 그동안 산잉이 어떤 젊은 남자의 오토바이 뒤에 타고 다니는 모습을 여러 번 보았다. 산잉의 남자친구는 '오토바이족(摩托车族)'이라는 것을 드러내듯 농촌에서는 흔히 보기 어려운 검은 가죽 잠바의 '야성적'인 복장을 하고 있었다. 농촌이라는 특성상, 누군가의 움직임이나 만남은 쉽게 다른 사람 눈에 띄게 마련이다. 그러나 오토바이를 타고 마을 어른들 앞을 지나갈 때도 두 사람의 연애는 거리낌이 없는 듯했다. 오늘날 젊은이들은 농사일에 거의 참여하지 않기 때문에 젊은이들이 밭에서 일하는 복장을 차려입고 있는 모습을 발견하기란 쉽지 않다. 이들은 기회가 되면 시내나 도시로 나가서 도시의 젊은이들이 입는 스타일의 옷을 구해서 입는다. 또한 마을의 젊은이들은 미래에 마을에서 계속 살리라고 생각하지 않는다. 언젠가 대도시로 나가거나 적어도 시내에서 사업을 하려는 꿈을 가지고 있다.

오토바이는 농촌 사람들에게 중요한 이동 수단이기도 하지만 젊음의 표현 수단이기도 하다. 2000년대 중반에 마을에서 오토바이는 매우 중요한 교통수단이다. 마을이 인접해 있는 큰 도로에는 포장이 제대로 되어 있지 않는 구역에도 늘 거대한 화물차를 비롯하여 자동차들이 달리지만, 막상 마을 주민 중에 자동차를 소유하고 있는 경우는 드물다. 그러나 만일 어느 집에서 잔치를 열거나 혼례라도 올릴 때면 시내에서 몰려든 자동차가 마을 곳곳 빈자리에 세워져 있는 것을 발견할 수 있다. 마을 안에는 자가용이 아직 익숙한 풍경은 아니지만, 시내에 거주하는 주민들에게 자동차는 이미 익숙한 교통수단이다. 2010년대에 들어오면서 마을을 지나가는 큰 도로들이 포장이 이루어지고, 심지어 탕산(唐山)과 친황다오를 연결하는 고속도로가 펑룽현 근처를 지나가면서 마을 사람들도 오토바이 대신 하나둘씩 자동차를 구매하기 시작하는 것을 관찰할 수 있었다.

마을에서 자동차가 없는 사람들이 주로 이용하는 교통수단은 버스와 오토바이이다. 버스는 마을 어귀에 서며 두 종류인데, 그중 큰 버스는 매시간 한 대씩 선다. 이 버스는 이 지역의 유일한 정규 버스로 사람들이 많이 타는 출퇴근 시간이면 그들이 싣고 가는 짐까지 합쳐져서 꽉꽉 들어찬다. 이것 외에도 더 짧은 거리를 운행하는 버스가 있는데, 공식적으로 운행하는 것은 아니고 개인적으로 운행하는 버스이다. 이 버스는 30분마다 한 번씩 마을 앞에 서는데 규모는 시간당 한 번씩 오는 버스보다 작다.

노인들은 일반적으로 버스를 타고 다니지만 젊은이들과 남자들, 심지어 여자들도 오토바이를 주된 운송수단으로 생각한다. 이른 새벽이면 장에 물건을 팔러 가는 사람이나 출퇴근을 하는 사람들이 오토바이를 타고 가는 모습을 볼 수 있다. 아이들은 어렸을 때부터 엄마나 아빠의 오토바이에 같이 타고 다니다가 일찌감치 오토바이 운전을 배운다. 젊은이들은 오토바이를 타고 다니면서 이곳저곳 놀러 다닌다. 큰길가에 나가보면 시시때때로 한 떼의 오토바이들이 몰려오는 것을 자주 발견할 수 있는데, 대개 남자들이고 뒤에 여자를 태운 경우도 종종 있다. 이들이 오토바이를 타는 모습은 옆에서 보아도 꽤 위험해 보인다. 헬멧과 같은 어떠한 안전장치도 하지 않고 타는 것이 일반적인데 농촌의 도로에 신호등과 같은 시설이 설치되어 있지 않은 경우가 많아서 언제 갑자기 큰 차가 나타날지 알 수 없다. 또 도로 전체가 포장된 것이 아니고, 최근에는 광산 개발 등으로 인해 대형 트럭들이 철광석을 싣고 다니다 보니 군데군데 도로가 패여 더 위험하기 짝이 없다. 아주 드물게 거위 떼나 양 떼가 지나가는 경우에는 삑삑거리며 가축들을 재촉하는 경고음을 울리는 자동차가 있기도 하지만 그렇다고 가축들이 빨리 움직이는 법은 없다.

온종일 오토바이를 타고 돌아다니는 산잉의 남자친구는 같은 마을에 사는 청년이다. 산잉과 남자친구는 둘 다 이곳저곳 다니며 즐기는 것을 무척 좋아하는데, 주로 여러 명의 남녀가 함께 오토바이를 타고 어디론가 가서 노는 듯했다. 이들은 일주일에 하루 이틀은 옆 마을에 새로 생긴 '왕바(网吧)'에 가서 인터넷을 한다. 장이 열리는 곳에 가서 구경하거나 산사나무 열매를 꿰어 당을 입힌 탕후루(糖葫芦)와 같은 군것질을 하기도 한다. 산잉은 남자친구가 활발하고 거침이 없어서 좋다고 했다. 이런 '남성적'인 성격은 대부분의 젊은 여성에게 이상적인 모습으로 여겨지지만, 다른 여성에게는 산잉의 남자친구가 보이는 행동이 무책임하거나 위험하다고 생각되기도 한다. 마을에서 연애 감정은 상당히 분명한 젠더 관념에 기대어 있다. 남성은 활발하고 두려움이 없고 주도적인 성격을 가질 때 남성스럽다고 여겨지고, 여성은 반대로 씩씩하더라도 순종적인 모습이 여성스럽다고 여겨진다.

엔메이는 남자친구가 없었지만 마을 사람들의 기준으로 '혼인 연령'이 되었기 때문에 그 후 몇 년 동안 몇 사람과 선을 보았다. 엔메이는 고중학교를 졸업하고 근처 소학교에서 비정규직 보조 교사 일을 하거나 시내에 있는 요양원에서 회계 일을 맡아 하며 집안에 생활비를 보태고 있었다. 만일 젊은 여성이 대학을 가거나 도시에서 그럴듯한 직장에 취직한다면 혼인을 미룰 수 있다고 여겨지지만 아르바이트는 혼인을 미룰 만큼 가치 있다고 여겨지지 않는다. 한 살이라도 더 젊을 때 선을 보는 것이 더 좋은 신랑감을 얻을 수 있다고 생각되기도 한다. 그렇지만 선을 너무 자주 보아서는 여성의 '가치'가 떨어진다고 생각하기 때문에 옌메이는 조심하고 있었다. 옌메이는 '명운(命运)'을 믿었다. 즉, 자신에게 어울리는 사람이 언젠가 나타날 것이라고 믿고 있었고, 그러한 운명은 개인의 선택이나 노력에 의해서도 바뀔 수는 없다고 생각했다.

수옌도 마을의 한 젊은 남자와 연애를 하고 있었다. 그 남자도 산잉의 남자친구 못지않게 거칠고 무뚝뚝하며 활발한 '남성적인' 스타일이었다. 그런데 주변 친구들은 수옌이 그 남자와 사귀는 것에 대해 탐탁해하지 않았다. 그 남자는 마을에서 가장 부유한 집안의 아들인데 '바람둥이(花花公子)'로 잘 알려져 있었기 때문이었다. 바람둥이 기질은 그 아버지를 닮아서 생긴 것이라고 마을 사람들은 생각했다. 사람들은 아버지의 바람기 때문에 그 어머니가 우울증에 걸리다 못해 자살 시도를 여러 번 했다는 것을 알고 있었다. 내가 직접 면담한 결과에 따르면, 수옌 남자친구의 어머니는 남편이 마을 안에서 손꼽을 정도로 돈을 잘 버는 사람이라는 것에 대해서는 자랑스러워하면서도, 남편의 잦은 혼외관계와 폭력적인 태도로 인해서 심각한 불행감을 느끼고 있었다. 그녀는 여러 번 손목을 긋는 등 자해를 시도했으며 어떻게 해서든 남편의 나쁜 태도를 바꿔보려고 했지만 남편의 혼외관계는 없어지지 않았다. 그녀의 말에 따르면, 남편이 심지어 부인의 자살 시도조차도 심각하게 생각하지는 않는다고 했다.

　그 집은 큰길가에 있는 집으로 커다란 음식점을 운영하고 있었다. 개혁개방 이후에 큰길가에 있는 음식점은 만일 음식 맛이 괜찮다면 상당한 수입을 올릴 수 있었다. 외지에서 오는 사람들이 많을 뿐 아니라, 특히 지방의 간부들과 사업가들은 이처럼 외지에서 오는 사람들과 함께 모임을 할 일이 많았기 때문이다. 그럴 때마다 중국 사람들은 늘 음식점에 모여서 같이 음식과 술을 마시면서 회의를 하는데, 그것은 한편으로는 회의하는 것이기도 하지만 다른 한편으로는 부드러운 분위기 속에서 인맥 관계를 쌓는 일이기도 했다. 음식점의 주인인 남자는 과거의 기준으로 보자면 촌장을 맡을 만큼 마을 사람들에게 신임을 얻고 있지 않았지만, 주변의 광산업에 참가하면서 큰 수입을 벌어들이게 되었고, 마을의 가장 큰 부자가 되자 능력을 인정받아서 마을의 촌장을 맡게 되었다. 개혁기에 들어서면서 지도자에 대한 마을 사람들의 신임이 그 사람이 가지고 있는 정치적인 성향이나 폭넓은 친족 관계에 따라서 결정되기보다 경제적인 능력에 따라 좌우되는 것을 보여주는 사례라고 할 수 있었다. 그는 촌장을 맡으면서부터 더욱더 위세가 등등해져 마을 사람들을 대표하여 여러 가지 사업들을 이끌었으며, 그 일로 인해 더욱 부자가 되었을 뿐 아니라 마을 사람들에게 더 큰 지도력을 가질 수 있게 되었다.

　그렇지만 아무리 위세가 등등하다고 해도 무엇보다 시부모 될 사람들의 성격이 강하고 부부간에 서로 화목하게 지내고 있지 않다는 것을 잘 알고 있었던 수옌의 부모님과 친척들은 모두 수옌이 그 집에 시집가는 것을 반대했다. 친구들도 수옌이 그 집 아들을 좋아하고 시집가고 싶어 하는 것을 이해하지 못했다. 더욱이 수옌은 비록 학력은 초중학교 졸업으로 공부를 많이 하지는 못했지만, 마을에서 손꼽히게 예쁘고 날씬해서 인기가 좋은 여성이었다. 따라서 어떤 집의 아들이라도 수옌이 결혼하겠다고 하면 결혼할 수 있으리라고 사람들은 생각했다. 더욱이 수옌의 외삼촌은 향 정부에서 부서기를 맡고 있어 사회적 지위가 높고 인맥이 넓었기 때문에 사람들은 수옌이 얼마든지 더 좋은 집안의 사람을 소개받아 혼인할 수 있다고 보았다. 간혹 신부대를 더 많이 받기 위해 부잣집에 시집을 보내고자 하는 부모들이 있긴 하지만 수옌의 부모는 그런 사람은 아니었다. 그러나 수옌은 끝끝내 그 집에 시집가고 싶어 했는데, 그 이유를 수옌은 그 남자를 '사랑'하기 때문이라고 말했다. 수옌은 그 남자만을 원했고, 또 자신이 원하는 것을 무엇이든 해줄 수 있을 것처럼 보이는 '경제적인 능력이 있는' 그 집에 시집가기를 원했다. 친척들이 말리거나 친구들이 설득하려 해도 소용이 없었다. 결국 수옌은 그 남자와 결혼했다.

리화는 남자친구가 아프리카에 가 있었다. 두 사람은 떨어져 있는 햇수를 포함하여 7년을 사귀었다. 남자친구가 아프리카에 가 있는 기간은 이미 3년이 넘었지만 리화는 다른 사람을 사귈 생각을 해본 적은 없다고 했다. 너무 먼 곳이라서 찾아오지도 못하고 연락하는 것도 뜸하지만, 리화는 약국을 하는 아버지의 일을 도와드리면서 그 남자친구를 기다리고 있었다. 아마도 그녀는 나중에 아버지의 약국을 이어받을 것이다.

리화의 남자친구가 아프리카같이 먼 곳에 가서 일하는 것은, 이 지역에서는 리화와 결혼하고자 하는 마음을 드러내는 한 가지 방식이었다. 혼인하기 위해서 신랑과 신랑의 부모는 신부의 부모에게 전달할 신부대를 마련해야 하기 때문이다. 만일 남자 쪽 집안이 가난하다면 당사자가 외지에 가서 현금을 벌어와야만 한다. 오늘날 적어도 신부대와 신축한 집을 마련할 수 없는 사람에게 딸 둔 부모는 혼인에 동의하지 않는다. 그리고 농촌 여성들도 신부대와 신축 가옥을 마련할 수 없는 사람에게 시집가는 것은 마치 자신에게 어떤 흠이 있는 것처럼—예컨대, 혼전 순결을 잃었다든지—명예롭지 못하다고 생각한다.

낭만적인 사랑에 대한 기대 때문에 혼전 성관계는 농촌에서도 상당히 이루어지고 있으며 사랑하는 사이에는 흠이 되지 않는다고 생각한다(Yan 2003). 마을에서 관찰한 바에 따르면, 이러한 낭만적인 사랑 관념을 확산시키는 주된 매체는 텔레비전이다. 농촌이라는 문화적으로 척박한 환경에서 친구들과 만나서 수다를 떨거나 이웃 마을에 있는 인터넷 카페를 가지 않는다면 딱히 유흥을 즐길 방법이 많지 않다. 젊은이 중에는 도박성의 마작이나 푸커(Four Card)를 즐기는 사람도 적지 않지만 도박은 마을에서 좋은 일로 여겨지지 않고, 혼인하지 않은 젊은 남성과 달리 혼인하지 않은 젊은 여성 중에는 참여하는 사람이 많지 않다. 그렇기에 여성들은 저녁식사를 마치면 집안일을 돕고 나서 대개 텔레비전 드라마를 본다. 오늘날 중국에서 방영되는 텔레비전 드라마는 시대 혼종적이다. 일본 식민지배 당시의 공산당 해방군에 관한 연애물도 있지만, 21세기 상하이의 젊

마작을 하며 유흥을 즐기는 젊은이들(2006년)

은이들의 환락을 그린 드라마도 있다. 전통 사극도 있다. 젊은 여성들은 주로 현대물을, 나이 든 여성들은 전통 사극이나 과거를 배경으로 한 드라마를 본다.

농촌에서 텔레비전은 그 시대의 문화를 반영할 뿐 아니라 이끄는 역할을 하고 있다. 오늘날 젊은이들은 윗세대보다는 훨씬 더 외지에 가본 적도 많고 다양한 물질주의적인 경험을 누리긴 하지만, 그들이 접할 수 있는 새로운 정보나 소식은 주로 텔레비전이나 휴대폰을 통해서이다. 도시와 달리 다른 문화적 장치나 기관의 혜택을 받을 수 없는 농촌의 젊은이들은 텔레비전과 휴대폰을 통해서 모든 정보를 얻을 뿐 아니라 마음의 양식을 획득한다. 그들은 텔레비전과 휴대폰을 통해서 시대의 문화에 적합한 주체들로 양성된다. 그리고 젊은이

집안의 컬러텔레비전과 컴퓨터(2013년)

들을 중심으로 점차 컴퓨터를 구매하고 인터넷을 사용하는 사람들이 하나둘씩 늘어가고 있다.

텔레비전 드라마에 나타나는 사랑은 한편으로는 지고지순하고, 다른 한편으로는 물질적인 사랑이다. 이러한 설정은 궁극적으로 낭만적인 형태의 사랑을 미화하는 방식으로 그려져 있다. 낭만적인 사랑은 사랑하는 사람을 위해서라면 자기 자신을 아까워하지 않고 희생할 수 있을 만큼 상대방에 대한 열정을 갖는다.

전통적으로 사랑의 개념은 단지 혼인의 지속성과 일상생활에서 서로를 돕는 것을 뜻했다. 무엇보다 혼인을 먼저 하고, 그다음에 사랑에 빠지는 것이라고 여겨졌다. 그러나 오늘날 젊은이들은 대부분 낭만적인 사랑을 믿으며 낭만적인 사랑으로 인해 혼인하지 않은 상태에서의 섹스나 혼외 섹스를 할 수 있다고 생각한다. 물론 이러한 생각은 개인마다 차이가 있으며, 속마음을 드러내지 않는 사람들도 많다. 그렇지만 마을 주민들의 공통된 의견에 따르면, 과거에는 여성은 남자가 그녀와 결혼해준다고 약속을 해야만 섹스하는 데 동의했다. 그렇지 않으면 여성으로서의 가치가 몹시 떨어질 것이고, 집안의 체면을 손상할 것이기 때문이다. 또한 성적 목적이 아이를 낳는 것일 때만 그녀는 성적 생활에 있어서 적극적일 것이었다. 그러나 오늘날 여성들은 낭만적 사랑을 주된 성적 목적으로서 생각하기 시작했다. 펑롱현에서도 젊은 여성들에게 낭만적인 사랑에 대한 관념은 널리 퍼져 있으며, 혼전 성관계에 대해서도 사랑한다면 그럴 수 있다고 생각하는 여성들이 늘고 있다. 낭만적인 사랑의 개념은 이처럼 중국 농촌에서 성관계 및 혼인의 성격을 변화시켜가고 있다.

3. 혼인의 네 가지 방식과 절차

전통적으로 중국의 혼인은 부모의 주도로 치러지는 일이었으며, 혼인은 무엇보다 대를 잇고(传统接代), 기본적인 생존 조건을 마련하며(穿衣吃饭), 집안을 관리하고 식사를 함께 하는(管家做饭) 목적이 있었다. 중국의 인류학자 페이샤오퉁(費孝通)이 강조했듯, 토지에 뿌리를 내리고 살아가는 중국인들에게 가장 중요한 것은 생계를 꾸리고 대를 잇는 일이었는데, 혼인은 이러한 농민의 일상생활을 기본적으로 가능하게 해준 제도적 장치였다(페이샤오퉁 2011[1948]). 외부 세계로부터의 자극이 많지 않고 농업으로 생계를 꾸려나가는 농민에게 '하루하루를 살아가는 일(过日子)'은 가장 기본적이고 우선적인 목표였으며, 부부란 남녀 간에 역할과 위계의 차이가 있을지언정 함께 가정을 꾸리고, 아이를 낳고, 생계를 위한 노동을 함께 하고, 일하기 어렵거나 병든 노인을 돌보는 역할을 공동으로 하는 관계였다. 이러한 생활환경 속에서 중국인에게 혼인은 '애정의 반려'이기 전에 '생활의 반려'를 찾는 일이었다.

개혁 이후 중국인의 혼인 관념과 방식은 서서히 변해왔는데, 무엇보다 시장경제 도입 이후에 증가한 물질적 부와 대중매체의 발달로 인한 물질주의적 가치관의 확산이 주요한 원인이 되었다고 할 수 있다. 개혁 이전에 법적인 부부가 되기 위해서는 인민 정부에 신고하고 혼인증을 받아오면 되었다. 집마다 차이가 있지만 신랑이 자전거를 타고 신부를 데리러 왔으며, 신부는 이불 한 채와 식사용 그릇, 그리고 젓가락 두 벌을 신혼살림으로 준비했다. 신부의 집이 경제적으로 여유가 있으면 음식을 하는 데 사용할 기름과 새로 만든 옷가지를 가져오기도 했다. 혼례에 친척과 이웃이 초대되어 함께 식사했지만 선물이 과도할 경우 당 간부로부터 비판과 지도의 대상이 되었기 때문에 부조와 잔치는 검소하고 간략하게 이루어졌다. 이처럼 개혁 이전의 혼인은 국가의 개입 속에서 통제되고 지도되는 방식으로 수행되었다.

이에 반해, 개혁 이후의 혼인은 사적 경제가 가장 활발하게 작동하는 영역이 되어왔다. 중국인들은 경제발전이 얼마나 급속하게 이루어졌는가를 강조하기 위해 신혼부부가 준비하는 주요 세 가지 물품(三大件)의 변화과정을 언급하곤 한다. 그에 따르면, 도시의 경우 1960년대에 시계, 자전거, 라디오였던 것이, 1980년대에는 텔레비전, 냉장고, 세탁기로, 1990년대는 에어컨, 비디오카메라, 컴퓨터로, 그리고 2000년대에 들어서면 집, 자동차, 돈이 들어 있는 통장으로 변해왔다고 한다. 최근 대도시의 젊은이들은 고급세단과 별장식 아파트마저 혼인 시에 준비하기도 한다. 물론 이러한 기준은 농촌과는 동떨어진 것이다. 펑롱현과 같은 가난한 농촌에서는 신혼부부가 준비하는 주요 세 가지 물품이 도시에 크게 미치지 못한다.

이러한 주요 혼인 물품의 변화는 급속한 경제발전을 보여주기도 하지만, 오늘날의 혼인이 개혁 이전과는 달리 얼마나 물질주의적인 가치관에 의해 영향을 받고 있는지를 드러낸다. 과거와 그 성격은 다르지만 중국인에게 혼인은 여전히 '애정의 반려'일 뿐 아니라 변화하는 사회 환경에 적합한 '생활의 반려'를 찾는 일이다.

개혁기 중국에서 이루어지는 혼인은 크게 네 가지 방식으로 이루어진다. 각각 부모강제혼인(包办婚姻), 중매혼인(介绍結婚/相亲), 연애혼인(恋爱結婚), 자유연애혼인(自由恋爱結婚)이 그것이다. 부모강제혼인이 줄어들고 연애혼인이 점차 늘어나는 것이 일반적인 경향이지만, 최근 들어서서 새로운 형태의 부모강제혼인이 늘어나고 있다. 중매혼인은 상대적으로 큰 변동 없이 절반 수준을 유지해왔다. 중매혼인의 비중이 크게 변화가 없는 까닭은 "혼인 당사자의 집안 수준이 서로 비슷한 수준인가?(門堂戶對)"라는 점이 여전히 혼인을 결정하는 데 있어서 중요한 가치로 인식되고 있기 때문이다. 혼인에서 부부간의 애정이 무엇보다 중요하게 생각되지만, 대부분 중국인에게 혼인은 당사자의 결합을 넘어 가족 간의 결합이라고 여겨진다.

중화인민공화국의 혼인법은 부모강제혼인을 금지했지만, 현지조사를 통해 확인해보면 1980년대까지도 농촌에서는 여전히 부모강제혼인이 이루어졌음을 알 수 있다. 결혼식을 하기 전에 한 번이라도 상대방의 얼굴을 보는 경우는 그나마 낫고, 그렇지 않은 경우도 적지 않다. 이처럼 부모의 강요로 혼인이 이루어지는 까닭은 무엇보다 혼인 시에 신랑의 가족이 신부의 가족에게 보내는 '신부대(彩禮)'라는 중국의 보편적인 관습 때문이다. 딸을 시집보낼 때 부모는 농촌에서는 쉽게 구하기 어려운 높은 금액의 현금을 신랑의 집안으로부터 받기 때문에 부모는 더 많은 돈을 줄 수 있는 집안에 딸을 보내려고 한다. 또 대를 이어야 한다는 생각이 강하기 때문에 가난한 농민일 경우 딸을 시집보내면서 받은 돈으로 며느리를 얻어 아들을 혼인시키고자 한다. 부모강제혼인은 2000년대에 들어서면 거의 사라지게 되는데, 그 요인은 여러 가지에서 찾을 수 있다. 일단 텔레비전 등 대중매체의 영향 속에서 부모강제혼인이 구시대적이고 잘못된 것이라는 사고가 광범위하게 이루어지고 있으며, 계획생육(计划生育) 정책으로 자녀가 한 명이나 두 명밖에 없는 부모에게 이제는 아들뿐 아니라 딸도 귀하게 여겨지기에 남녀차별이 줄어들게 되었다. 또한 시장화 정책으로 인해 부모가 현금이 필요하다면 딸의 신부대를 통해서가 아니라도 벌어들일 수 있는 새로운 기회들이 생겨났기 때문이다.

최근 들어 중국 사회에 '신부모강제혼인(新包办婚姻)'이라는 개념이 등장하고 있는데, 이는 혼인하는 젊은이들이 스스로 배우자를 찾기보다는 부모의 선택과 결정에 무조건 순응하고자 하는 현상을 말한다. 그러나 이 현상은 과거 농촌 사회에 널리 퍼져 있던 부모강제혼인과는 근본적으로 다르다. 신부모강제혼인은 젊은이들이 혼인한 이후에도 부모 세대에 대한 물질적 의존도가 높고 부모가 원하는 상대와 결혼할 경우 오히려 결혼 이후에 문제가 없다고 생각해서 자발적으로 부모에게 결정을 위임한 것이기 때문이다.

평롱현 주민들에게도 혼인은 개인적으로나 사회적으로 가장 중요한 일생 사건이자 의례적 경험으로 인식된다. 개인들은 무엇보다 혼인을 통해서 가족을 이루어야만(成家) 진정한 인간, 즉 성인이 되었다고 믿는다. 남성의 경우, 신체가 건강한데도 마흔 살이 넘도록 특별한 이유가 없이 자기 가정을 꾸리지 못할 때는 당사자가 차라리 죽음을 택하는 것이 낫다고 생각하기도 할 만큼 노총각으로 남아 있는 것이 수치스럽게 여겨진다. 여성의 경우, 직업이 있고 결혼을 약속한 남자친구가 있다고 하더라도 아기를 키우는 혼인한 여성보다 미혼의 여성은 나이가 많더라도 상대적으로 '미성숙(不成熟)'하다고 여겨진다. 무엇보다 혼인은 자녀 출생을 합법적으로 보장받을 수 있는 유일한 통로이기 때문에 혼인을 통해서 가족의 대를 잇는 것이 공동체의 지속을 위해 누구나 해야 하는 역할이라고 사람들은 생각한다.

평롱현에서의 혼인 절차는 오늘날에도 과거의 모습을 상당히 따르고 있다. 기본적으로 혼인을 체결하는 과정은 혼담을 꺼내고(提親), 선을 보고(相親), 약혼을 하고(定親), 결혼식을 하는(娶親) 네 가지 단계에 의해서 수행되며, 그 과정에는 대개 중매인이 끼어든다.

제2부 시장개혁과 새로운 문화적 실천

자유연애혼인이라고 하더라도 혼인 마지막 단계에서는 중매인이 끼어드는 경우가 많다. 중매인은 직업적으로 하는 사람도 있고 오늘날에는 결혼중개업체가 그 역할을 대신하기도 하지만 대개는 가까운 친척이나 친구, 혹은 부모의 친구가 역할을 맡는다.

사실 중국인민공화국의 혼인법은 1950년, 1980년, 그리고 2001년의 개정안에 이르기까지 지속적으로 혼인 과정에서 중매쟁이의 고용과 혼인을 통한 재산의 획득을 엄격하게 금지해왔다. 그렇지만 현지 주민들의 이야기에 따르면, 과거로부터 현재까지 평롱현의 혼인은 가까운 점술가에게 신랑감과 신붓감이 서로 명운이 맞는지 확인하는 종교적 행위부터 중매쟁이를 통해 신부대를 협상하는 것에 이르기까지, 지금과 같은 절차들을 간단하게나마 따르지 않은 시기가 없었다. 심지어 전통 관습이 엄격하게 억제된 문화대혁명 기간에도 준비하는 재화의 종류나 규모가 달랐을 뿐 절차와 관습들이 완전히 사라지지 않았다고 한다.

만일 중매혼인이라면, 혼인 절차는 신랑의 부모가 중매쟁이를 통해 신부 후보감을 알아보고, 신부의 부모에게 절차를 진행해도 되겠는지 동의를 받는 과정에서부터 시작한다. 신부의 부모가 동의할 때 신부의 출생 연월일시를 받아 근처 마을의 궤를 보는 사람에게 가서 신랑과 운이 맞는가를 따진다. 만일 궤가 좋다면 중매쟁이가 양쪽 집안에 그 결과를 알리고, 신랑 신부 후보 당사자 두 사람에게 연애해보라고 권한다. 이처럼 서로 '사랑을 속삭이는(談戀愛)' 절차는 과거에는 없었던 부분이지만, 2000년대부터 조금씩 혼인 절차의 일부분이 되어왔다. 이처럼 중매혼인이지만 연애 기간이 포함되는 경우를 '연애혼인'이라고 부른다. 이와 비교하여, '자유연애혼인'은 처음부터 중매인의 소개를 통해서가 아니라 당사자가 직접 만나서 연애를 하다가 혼인하게 된 경우를 가리킨다. 자유연애혼인이 점점 일반적이 되면서 연애혼인과 자유연애혼인 간의 구분은 오늘날 점차 사라지고 있다. 중매혼인에서 연애 기간을 둘 경우, 그 기간은 각자의 형편이나 마음 상태에 따라 다르지만 짧게는 몇 주에서 길게는 6개월 정도에 이른다. 중매혼인에서 연애 기간이 1년이 넘어가는 경우는 없으며, 기간이 길수록 헤어지게 되면 상대방에게 무례하다고 여겨진다. 이미 다른 사람과 오랫동안 교제한 사람과 혼인하기를 원하는 사람은 드물고, 그만큼 그 사람의 혼인 시장에서의 '가치'가 떨어진다고 생각되기 때문이다.

두 사람이 연애 기간을 갖는 동안 신부의 부모는 친척 및 가까운 이웃과 상의해서 신부대 가격을 정하고 중매쟁이에게 통보한다. 이 과정에서 협상이 있을 수 있다. 신부대 가격은 지역에 따라 대략의 금액 정도가 언급되지만 어떤 정해진 원칙은 없다. 소비수준이 높아지는 것에 발맞추어 신부대의 금액도 햇수를 더해갈수록 더 높아진다. 신부의 부모는 신부대 문제에 능통한 친척이나 주변 사람들을 찾아가 상의를 하기도 하고, 또 동생의 대학자금이나 병환이 있는 사람이 있는 등 집안의 필요에 따라서 일부 조정이 이루어지기도 한다. 신부가 인기가 좋고 구혼자가 많으면 아무래도 요구하는 금액이 높아진다. 신랑 측도 신부 가족의 요구를 듣고는 중매쟁이를 통해 의견을 전달한다. 이 과정에서 신부가 나이가 많다든지 아니면 교육 정도나 신체가 어떠하다든지 등의 이야기가 언급되며 신부대 금액이 좀 더 깎여지기도 한다. 그러고 나서 세 가지 금으로 만든 장신구(三金: 보통 반지는 반드시 들어가고, 귀걸이, 목걸이, 팔찌 중 두 가지)와 현금을 신부대로 받으면서 약혼을 하게 되는데, 보통은 신랑 집에서 신랑의 친척과 이웃이 음식 준비를 한다.

오늘날 농촌 남성이 신붓감을 구하기는 매우 어렵다. 이는 무엇보다 신랑과 신랑의 부모가 마련해야 하는 집과 신부대의 부담 때문이다. 2016년 허베이성 평롱현의 경우, 신부대의 최소 가격은 5만 위안(한화 약 850만 원)으로 금으로 만든 세 가지 장신구 비용까지 포함하면 10만 위안(한화 약 1700만 원)에 이른다. 또한 며느리를 들이기 위해서는 살 집을 장만해야 하는데, 요즘에는 현대식으로 개조한 집이 아니면 혼인하려고 하지 않기 때문에 15만 위안(한화 약 2350만 원) 내외의 비용이 든다. 현재 농민 가정의 매년 수입이 평균 3~4만 위안 정도라는 것을 고려할 때, 따로 현금을 저축해놓은 경우가 아니라고 하면 신랑과 신랑 부모는 집과 신부대를 빚을 져서 마련할 수밖에 없다. 이러한 상황이다 보니 아들을 가진 부모들이 아직 아들이 소학교에 들어가기 전부터 어떻게 신붓감을 구할 돈을 마련할지 걱정하는 모습을 발견하는 것도 어렵지 않다.

4. 웨딩 산업과 농촌의 결혼식 문화

오늘날 중국의 대중매체는 각종 프로그램에서 혼인을 낭만화하고 권유하는 데 앞장서고 있다. 혼인은 부모나 자녀 세대 모두에게 '잘

팔리는' 상품이기 때문이다. 오늘날 대도시에서는 혼인을 권하는 캠페인과 결혼 물품을 전시하는 박람회가 시시때때로 이루어지고, 결혼중개회사들은 텔레비전과 길거리 광고를 통해 마침내 '운명의 상대'를 만나게 해주겠다고 적극적으로 선전한다. 텔레비전 채널에서는 남녀 간의 맞선이나 소개팅 프로그램이 방송된다. 결혼을 권하는 사회적 분위기로 인해 혼인적령기의 자녀를 둔 부모들은 자녀를 혼인시키는 것이야말로 부모의 도리를 다하는 일이라고 더욱 생각한다. 자녀에게만 맡겨놔서는 안 된다고 느끼는 부모들은 직접 사위나 며느리를 구하기 위해 발 벗고 나서기도 한다. 대도시의 공원에 주말에 가보면 '중매코너(相親角)'가 있어서 부모가 종이에 자녀의 직업, 연봉, 성격, 사주팔자 등을 적어서 걸어놓고 배우자감을 물색하는 장면을 볼 수 있다. 이곳에 온 부모나 조부모들은 자녀 혹은 손자녀의 장점을 적극적으로 홍보하기도 하고, 적합한 후보자를 발견하면 직접 그 부모와 질의응답을 통해 적합성을 확인하기도 한다.

부모 세대와 중국 사회가 혼인을 당연시하고 심지어 암묵적으로 강제하는 반면, 오늘날 중국의 청년들은 혼인을 모든 사람이 해야 한다거나 혹은 모든 사람에게 혼인이 가능한 일이라고 생각하지 않는다. 그 원인은 여러 가지가 있다. 우선 오늘날 결혼 적령기인 1990년대생들은 모두 계획생육 정책이 시행된 시기에 태어난 '한 자녀 세대'라서 인구 비중이 높지 않고 배우자를 찾기가 쉽지 않다. 그리고 대중매체나 광고판에서 그려지는 낭만화된 혼인은 젊은 사람 대부분에게 현실적으로 도달하기 어려운 기준이기 때문에 물질적으로 넉넉하지 않은 이들은 혼인할 수 없다고 느낀다. 또 오늘날 상당수의 중국 젊은이들은 혼인보다는 혼자 사는 것이 더 낫다고 생각한다. 혼인은 자기희생을 요구하기에 혼자 살 때보다 삶의 질이 떨어질 수 있다고 생각하는 것이다. 높은 이혼율과 내연관계(小三)로 인한 문제들을 대중매체로 흔하게 접하면서, 과연 혼인하고 행복하게 부부관계를 지속할 수 있을까에 대한 확신도 크지 않다. 자기 일과 생활에 만족하고 혼인의 필요성을 느끼지 못하는 비혼주의자도 점차 늘어나고 있다. 따라서 오늘날 도시의 청년들에게 연애란 반드시 혼인을 위한 사전 절차나 과정이라고 심각하게 여겨지지 않는다.

이처럼 혼인하는 사람들이 점점 줄어들고 있지만, 아이러니하게도 중국의 웨딩 산업은 날로 번창하고 있다. 그 까닭은 결혼을 위해 들이는 비용이 점점 더 비싸지고 있기 때문이다. 중국의 웨딩 산업은 2018년 기준 1조 8000억 위안(한화 약 300조 원)에 이르는데 대도시의 경우 일반적으로 화려한 결혼식 의상은 물론이고, 금목걸이와 현금다발, 고급 외제세단은 필수품이 되고 있다. 특히 최근에는 웨딩 사진 촬영의 규모가 점점 커지고 있는데, 물속이나 절벽뿐 아니라 전문조종사를 통해 곡예비행을 연출하고, 해외를 방문하는 등 특색과 화려함이 극에 달한다.

대도시의 호화찬란한 결혼식에는 이를 수 없지만, 이제는 농촌 마을의 신부도 '기쁨과 경사(喜慶)'의 상징인 빨간색의 양장 대신에 흰색의 웨딩드레스를 입고 좋은 음식점이나 호텔에서 결혼식을 한다. 결혼식의 규모와 화려함, 음식의 수준은 혼인하는 양가의 경제적 수준과 정치적 권위를 드러낸다. 결혼식에서는 현지 중국인이 상상하는 방식으로서의 '서양식 결혼'의 모습들이 재현된다. 리본을 단 외

결혼식 장면. 신부는 붉은색 정장을 입고 있다(2005년).

제 자가용을 타고 동네 어귀를 돌기도 하고, 가까운 도시나 외국에
나가 웨딩 사진 촬영을 하기도 한다. 그러나 농촌에서 결혼식은 여
전히 신랑 신부 두 사람보다는 친척과 이웃 전체의 행사로서 신랑의
집이나 큰 식당에서 함께 음식을 나누며 왁자지껄하게 이루어지는
것이 보통이다. 가난한 농민들은 대부분 집에서 의식을 치르는데,
그래야 친척과 이웃으로부터 받은 부조금을 많이 남겨서 신혼살림
을 준비할 수 있기 때문이다. 잔치에 마련할 음식 종류를 정하는 것
에서부터 그릇을 구하고, 장을 보고, 혼례 당일에 음식을 하는 일과
끝난 뒤 정리에 이르기까지 잔치 준비는 신랑 부모가 사는 마을의
가까운 이웃들이 자발적으로 와서 돕는다.

혼인을 둘러싼 과소비와 물질주의의 사회 분위기 속에서 농촌 남
성은 혼인의 어려움을 심각하게 경험할 뿐 아니라 특별히 까다로

제2부 시장개혁과 새로운 문화적 실천

결혼식 장면(2015년)

운 조건을 내걸지 않더라도 배우자를 찾지 못하는 경우가 많다. 사실 개혁개방 이후 시장경제의 발달과 농촌 생활에 대한 사회적 폄하와 낙인 속에서 농촌에서도 혼인에 들어가는 비용은 급격하게 치솟고 있다. 오늘날 농촌에서 아들을 혼인시키기 위해서는 농민의 수입으로는 남은 평생의 빚 갚음으로도 갚기 어려울 만큼의 주택 마련과 신부대 마련의 부담을 걸머쥐어야 한다. 아들을 혼인시키는 것이 부모의 책임이라고 느끼는 농민들은 며느리를 얻기 위해 무리하게 빚을 지어 신부대와 손님 초대 비용, 신혼집을 마련하지만, 농촌의 삶을 힘겨워하는 며느리가 이혼하고자 한다면 나이든 부모가 손자녀를 키우며 평생 빚을 갚아야 하기도 한다.

5. 시장화 이후 새로운 성문화와 성도덕의 등장

남녀 간의 사랑과 자유로운 성관계가 점점 더 중요하게 여겨지는 경향 속에서 오늘날 중국 사회에서는 부도덕하거나 불법적인 혼외관계가 등장하기도 하고 또 암묵적으로 정당화되기도 한다. 급속한 경제발전 속에서 부를 획득한 사람들이 많아지고 사회생활과 도덕관념이 다변화됨에 따라 성자유나 성해방과 같은 개념들이 마을에도 등장하기 시작했다. 심지어 봉건적인 관습이라고 공산당에 의해 비판되었던 첩을 두거나(包二奶), 정부를 갖거나(养小蜜), 배우자 외의 애인을 두거나(交情人), 낯선 사람이나 성매매 여성과 하룻밤을 보내는 문화도 도시뿐 아니라 농촌에서도 광범위하게 나타나고 있다.

마을에서 살펴보면, 혼외관계를 가리키는 용어만 해도 시기적으로 큰 변화가 있다. 1980년대 이전에는 '간음(通奸)'이라는 개념이 사용되다가 1980년대 초에는 '남의 가정을 깨트리는 행위(侵犯他人的家庭)'로 불렸다. 그 후 개혁기에 들어오면서부터는 '제3자를 가지는 행위(第三者)'로 지칭되다가 '혼외 연애(婚外恋)'라는 개념으로 바뀌었다. 그리고 2000년대부터는 '공개애인을 갖다(公开情人)'는 표현이 점차 사용되고 있다. 물론 이러한 용어들은 마을 주민들에게 혼재되어 사용되고 있으며 혼외관계에 대한 각각의 입장을 암묵적으로 대변하기도 한다. 그렇지만 용어의 변화에서도 느낄 수 있듯이 중국 사회에서 혼외관계에 관한 경멸적인 함의는 급격한 속도로 사라져가고 있다.

사회적 담론 속에서 혼외관계에 대한 경멸적인 함의가 많이 줄었다고 하더라도 농촌의 실제 상황은 격차가 있다. 2000년대 중반부터 오늘날에 이르기까지 펑롱현의 주민들은 "풍기(风气)가 문란하다"며 분노와 절망감을 표현하곤 하는데, 대표적인 이유로 '제3자 문제'를 들고 있다. '제3자 문제'라 함은 혼외관계를 뜻하는 것이다. "남자는 돈이 있으면 여자가 생기고, 여자는 남자가 있으면 돈이 생긴다(男人有钱就有女人, 女人有男人就有钱)"라는 말도 자주 들을 수 있는데, 이것 역시 혼외관계가 잦은 중국의 성문화를 풍자하는 구절이다. 그 원인으로서 마을 사람들은 외지에서 낯선 사람들이 많이 유입되면서 지역의 풍기가 문란해졌다고 생각하고 있었다. 개혁 이후에 외지에서부터 광산 개발이나 건설업 등 기존에 없던 새로운 사업을 실행하는 사람들이 많이 유입되었다. 또한 지역 내에서도 외지로 나가서 일하는 사람들이 늘어났다. 이러한 변화에 발맞추어 시내에는 외지로부터 온 사람들을 위한 서비스 산업이 하나둘씩 증가해왔다. 혼외관계로 인해서 부부싸움을 하거나 이혼을 하는 경우도 적지 않게 발생하고 있다.

그러나 혼외관계가 늘어나는 현상을 단순히 풍기 문란이나 도덕적인 혼란으로 설명하는 것은 한계가 있다. 사랑에 대한 갈망과 자유로운 애정을 선택하고자 하는 개방적인 사회적 분위기를 반영하고 있기 때문이다. 개혁기 농촌 사회에서 한편으로 물질적인 부를 축적하는 것도 중요하게 여겨지지만, 다른 한편으로 자유로운 사랑 행위에 대한 욕구도 늘어나고 있으며 그것은 혼인이나 애인 관계에 대해 변화하는 태도에서 단적으로 드러난다. 또한 각 사람의 상황을 들여다보면, 혼외관계라고 하더라도 도덕적인 잣대로만 판단할 수 없는 복잡한 요인이 뒤얽혀 있기도 하다. 다음의 메이링(美玲)의 경우가 바로 그러하다.

메이링은 첸장촌의 주민으로 리꿰이민의 먼 친척이었는데, 2006년 여름에 꿰이민의 집에 자주 들르곤 했다. 메이링은 겉보기에 20살이 넘은 아들이 있어 보이지 않을 정도로 자그마한 체구에 멋을 부리고 화려한 장신구로 장식한 40대의 예쁘장한 여성이었다. 그녀는 집안일과 밭일 외에도 남편과 함께 오일장에서 옷을 팔아서 생계를 유지하고 있었는데, 그녀가 하는 일도 그녀의 취향을 보여주고 있었다. 메이링이 그해 여름 꿰이민의 집에 자주 방문한 까닭은 큰 아들의 혼사 문제 때문이었다. 메이링에게는 아들 둘이 연년생으로 있었는데, 그중 큰아들이 나이가 차서 이제는 혼인을 위해 서서히 준비를 해나가야겠다고 생각하고 있었다. 특히 메이링의 큰아들은 딱히 다른 직업을 가지고 있지 않은 데다가 연년생의 동생이 있어서 빨리 혼인을 시키는 게 낫다고 생각하고 있었다. 아들이 있는 여성의 경우, 아들의 혼인은 일생의 가장 큰 목표이자 난제로 여겨진다. 그만큼 아들을 혼인시켜 대를 잇는 것이 여성에게 중요한 사업으로 생각될 뿐 아니라, 오늘날 농촌에서 아들을 혼인시키는 것은 결코 쉬운 일이 아니기 때문이다.

그러던 중 어느 날, 메이링이 자살 시도를 무려 네 번이나 했다는 것을 알게 되었을 때 나는 무척 충격을 받을 수밖에 없었다. 메이링이 전혀 그렇게 보이지 않았기 때문이기도 하지만 도대체 무슨 일로 네 번씩이나 농약과 같은 독극물을 먹을 일이 있는지 의아했기 때문이다. 이 소식을 맨 처음 전해준 사람은 베이징에 본부를 둔 NGO

활동가였는데, 그 이유를 물어보니 남편의 '가정폭력' 때문이라고 했다. 그 말을 듣고 놀라지 않을 수 없었는데, 그녀의 남편은 겉보기에는 그저 평범한 농민에 불과해 보였고 그녀 앞에서 큰소리조차도 칠 것처럼 보이지 않는 예의 바른 사람이었기 때문이었다.

사실 마을에서 남편의 아내 구타는 종종 발견할 수 있는 사건이었다. "아내의 잘못은 매질을 통해 고쳐질 수 있다"라는 잘못된 믿음을 가지고 있는 남성들도 상당히 있었으며, 매 맞는 아내들은 남편에게 저항하며 같이 싸우기도 했지만 이혼하지 않는 한 불행은 반복되어 나타나곤 했다. 메이링은 남편에 의한 '가정폭력' 희생자였다. 여러 번에 걸쳐서 남편에게 "맞았다"고 했으며, 남편도 때렸다는 것을 인정했다. 이로 인해서 메이링은 NGO 농가녀(農家女)의 자살예방프로그램의 참가자로 선별되었으며, 해당 프로그램에서 중국 농촌 사회에서 '가정폭력'의 심각성을 드러내는 데 주요한 사례로 인용되었다.

그러나 나중에 마을에 돌아와서 사건의 전모를 알게 되었을 때, 메이링 남편의 '폭력' 사건에는—그것이 남편의 폭력을 정당화해 줄 수는 없다고 하더라도—좀 더 복잡한 맥락이 숨겨져 있다는 것을 알 수 있었다. 메이링은 일찍이 부모의 설득을 통해 지금의 남편과 혼인했다. 당시에는 자유연애와 같은 방식의 혼인은 극히 드물었고, 부모가 하라는 대로 하는 이른바 부모강제혼인이 일반적인 형태였다. 메이링은 혼인할 마음은 딱히 없었지만 나이가 차서 혼인해야 한다는 것은 받아들이고 있었다. 부모가 현재 남편의 집이 부유하다는 것을 들어 그녀를 설득했고, 특히 언니들이 "남편감이 형들이 없고 물려받을 집이 있다"는 사실을 들며 강력하게 권유했기 때문에 메이링은 혼인을 결심하게 되었다. 그녀는 현재의 남편과 혼인하는 것이 크게 문제가 될 거라고 당시엔 생각하지 않았다. 그렇지만 혼담이 오가면서 처음으로 남편을 만나게 되었을 때부터 메이링은 뭔가 잘못되었다는 느낌을 받았다. 남편감이 자신이 좋아하는 스타일의 남자가 전혀 아니었기 때문이다. 아무리 형들이 없고 집이 두 채인 가정이라고 하더라도 메이링은 남편감을 좋아할 수 있을 것 같은 느낌을 받지 못했다. 그렇지만 언니들의 설득으로 메이링은 혼인했고, 혼인 이후에 곧이어 아들 둘을 연년생으로 낳았다.

메이링에 따르면, 남편은 "입만 열면 욕설이고 손만 들면 때렸다". 남편도 인정하는 바와 같이, 남편의 폭력이 있었던 것은 사실이었다. 그렇지만 메이링이 남편을 싫어할 수밖에 없는 이유가 또 있었는데 그것은 다른 좋아하는 남자가 있었기 때문이었다. 마을 사람들의 말에 따르면, 그 남자는 바람둥이로 유명한 사람이었다. 이미 그와 관계 맺은 여자가 한둘이 아니었고 현재 부인이 세 번째 부인이라고 했다. 남편을 싫어하게 된 것, 남편의 아내 구타, 그리고 메이링이 그 남자를 좋아하게 된 것 중에 어느 것이 더 먼저 발생한 일인지는 알 수 없었다. 새로운 애인이 생겨서 남편이 싫어진 것이라고 쑥덕대는 사람들도 있었지만, 메이링은 혼인할 때부터 이미 남편이 맘에 들지 않았다고 말했다. 남편의 친척 등 그와 가까운 사람들은 "아내가 다른 남자와 연애하는데 때리지 않고 참는 남자가 어디 있냐?"며 남편의 폭력을 옹호하기도 했다.

이처럼 메이링의 네 번의 자살 시도는 아주 복잡한 문제로 얽혀 있었다. 그녀가 NGO 활동가에게 말했던 남편의 '가정폭력'이 직접적인 원인일 수 있지만, 그녀는 자신의 삶이 뜻대로 되지 않는 것에 대한 근본적인 삶의 회의감을 가지고 있었다. 그녀의 혼인은 그녀의 뜻이기보다는 당시의 사회적인 기준과 관습에 따라 부모의 뜻에 맞춰 이루어진 것이었다. 혼인이 잘못되었다는 것을 알았을 때 그녀는 이미 두 아들의 엄마가 되어 있었고 이혼은 쉽지 않았다. 그녀의 말에 따르면, 실제로 이혼을 하려고 여러 번 시도했지만 마을의 간부가 말렸다고 한다. 촌장이나 서기와 같은 마을 간부들은 중국 농촌의 특성상 남계친 중심의 마을 친척 관계로 얽혀져 있기에 혹시 여성이 이혼하려고 하면 남성 집안 쪽 입장에 서서 말리는 역할을 수행해왔다. 마을에서는 생물학적 엄마가 혹시 이혼 등의 이유로 집을 떠난 다음에 새어머니나 할머니가 남은 아이를 양육하는 일은 쉽지 않을 뿐 아니라 여러 가지 문제점을 많이 발생시킬 수 있다고 여겨진다. 더군다나 중국의 관습상 만일 파혼을 하게 되면 시집 쪽에서는 엄청난 신부대를 주고 데려온 신부를 잃어버리는 상황이 되기에 경제적으로 심각한 손해를 입었다고 생각할 수 있다. 따라서 파혼은 남편 가족의 관점에서 볼 때 여러모로 불편하고 불쾌한 일을 불러일으키는 사건이고 억제되는 경향이 있었다.

메이링처럼 안타깝게도 주변 사람들의 수군덕거림과 비난을 견뎌야 하는 혼외관계의 형식으로 나타나기도 하지만, 마을의 여성들이 갖는 낭만적 사랑에 대한 기대와 자유연애에 대한 열망은 오늘날 중국 농촌의 여성들이 자신의 성적이고 심리적인 욕구를 드러내고자 하는 주체성의 일면으로 볼 수 있다. 마오 시기의 집단주의가 사라지고 개인 자율성의 영역이 열리면서 오늘날의 젊은 여성들은 자신의 마음에 맞는 혼인 상대를 고르기를 원하고 있으며 그 결과 연애를 통한 혼인을 선호한다. 그러나 이 지역에서 '연애혼인'이란 여전히 중매쟁이를 통해서 소개를 받는 형식을 취하고 있기는 하지만, 단순히 부모 간의 협의를 통해 이루어지는 '중매혼인'과 달리 '연애혼인'은 두 사람이 서로 마음이 맞는지를 확인하기 위한 적어도 한 달 정도의 서로 만나는 시간을 갖는다.

연애뿐 아니라 결혼식도 점점 더 낭만적인 경험으로 변화해가고 있다. 텔레비전과 인터넷을 통해 접하게 되는 도시의 문화들은 젊은 남성과 여성 할 것 없이 모두를 설레게 하며, 농촌에서도 도시만큼의 규모는 아니라고 하더라도 점차 화려한 결혼식 문화가 나타난다. 마을에서는 여전히 비용을 아끼기 위해서 신랑 집에서 식을 치르기도 하지만 점차 젊은이들은 시내에 있는 호텔이나 음식점을 빌려서 결혼식을 하기를 선호한다. 이들은 풍경이 좋은 곳을 찾아서 결혼식 전에 기념사진을 찍으며 결혼식을 마치고는 리본으로 장식된 유명 외제차를 빌려서 동네를 돌거나 신부의 부모 집에 방문한다. 또 혼인 이후에 대도시나 남부 휴양지에 신혼여행을 가기도 한다. 물론 이러한 낭만적인 경험의 구성은 시장화 이후에 점점 가속화되고 있는 물질주의의 경향 속에서 이루어진다.

낭만주의적 사랑의 반대편에는 슬금슬금 유입되고 있는 성매매 문화가 있다. 앞서 언급한 바와 같이, 외지로부터 광산업이나 다른 사업을 위해 찾아온 사람들을 위해 숙박업을 비롯한 다양한 서비스업이 시내에 우후죽순 등장하기 시작했는데, 이곳에서 음성적으로 성매매가 이루어진다. 성매매 업소는 불법이기 때문에 이를 전문적으로 하는 업소가 공공연하게 존재하지는 않는다. 그렇지만 숙박업소에서는 원하는 손님들에게 개별적으로 연락해서 성 판매 여성을 소개해주곤 한다. 시내를 걸어 다니다 보면 노랗고 붉은 색으로 머리를 염색하고 신체를 많이 드러낸 성 판매 여성이 호텔과 같은 대규모 숙박업소 근처에 둘 셋씩 짝지어 다니는 것을 볼 수 있다. 그들의 독특한 차림새를 보고 사람들은 금세 그들이 특별한 직종에 종사하는 사람들이라는 것을 안다. 이들은 다른 지역에서 온 사람들로 성 판매는 여성이 할 수 있는 일 중에 가장 저급하고 불결한 일로 여겨지고 특히 집안의 명예를 손상한다고 생각되기 때문에 지역 주민 중에서 발견하기는 어렵다. 사람들은 성매매가 이루어지는 지역의 상황을 바라보며 중국이 어디가 사회주의냐고 자본주의와 똑같다며 혀를 끌끌 차기도 하지만, 급속한 물질주의적 문화의 유입을 막아낼 도리는 없어 보인다.

제4장

신부대 관습을 통해 본 변화하는 딸의 의미

1. 오늘날 중국 농촌의 신부대 관습

2016년 음력 1월 1일, 중국 안후이성(安徽省) 당산현(碭山縣) 정부는 신년을 맞아 주민들에게 특별한 단막극 하나를 상연했다. 단막극의 제목은 〈차이리(彩禮: 신부대)〉. 이미 수년 전부터 언론에 회자되어 왔듯 '하늘 높은 줄 모르고 치솟는 신부대(天價彩禮)'로 인해 젊은 농촌 남녀의 혼인이 상호 간의 사랑보다는 물질적 거래가 우선시 되어 버린 안타까운 현실을 비판하는 사회극이었다. 정부가 주최한 행사라는 점에서 예상할 수 있듯이, 공산당의 기획 의도는 지역 농민들을 향한 훈계와 계몽에 있었다. 농민 가정을 빈곤하게 만드는 신부대 관습을 앞으로 적극적으로 따르지 말자는 것이다. 물론 개혁개방 이후 공산당의 도농 차별적 정책이 만들어낸 농촌의 빈부 격차에 대한 언급은 일절 없었다. 공산당의 입장을 반영하듯, 중국의 언론들은 한 작은 농촌 지역에서 벌어진 극 상연을 전국적으로 보도했다. 기사에서는 무엇보다 신부대 관습을 따르고 있는 농민들의 '낙후성'과 중국 발전에 미칠 부정적 영향이 강조되었다.

위의 사례에서도 드러나듯이, 오늘날 중국 농촌 사회에서 신부대는 '뜨거운 감자'이다. 신부대 관습에 대한 중국 사회의 논의가 드러내는 정치적이고 문화적인 함의와는 별도로 실제로 중국의 농촌 가정에서 신부대는 매우 중요한 문제이며, 심지어 아들을 둔 부모에게는 일생의 과제로 인식되기도 한다. '신부대(brideprice)'란 혼인을 앞둔 신랑과 신랑의 부모가 신부의 부모에게 보내는 재화로서 중국 농촌에서는 일반적으로 신부를 위한 장신구와 현금 두 가지로 구성된다. 중국의 문헌에서는 물품과 현금의 형태로 전달되는 신부대를 각각 '핀리(聘禮)'와 '핀진(聘金)'으로 구별해서 부르기도 하지만 농민들은 보통 두 가지를 함께 '차이리'라고 통칭한다.

신부대는 중국 농촌의 혼인관습에 있어서 가장 중요하고 또 일차적인 요소이다. 민족, 지역, 그리고 개별 가족 간에 차이가 존재하기는 하지만 중국 농촌의 혼인 절차는 일반적으로 신랑의 부모가 중매쟁이를 통해 신붓감을 찾는 것부터 신랑이 신부를 맞이하러 신부 집으로 가는 것까지 여러 단계를 거쳐서 이루어진다. 이러한 혼인 절차는 데릴사위를 들이거나 극빈한 가정인 경우를 제외하고 거의 모든 가정에서 진행된다. 여러 절차 중에서 특히 약혼이 결혼보다 더 중요한 의식인데, 이날 두 사람의 혼인이 공식적으로 선포될 뿐 아니라 신부대가 전달되기 때문이다. 신부는 신랑 집에서 마련된 약혼 잔치에 신랑 가족으로부터 받은 금장신구를 하고 등장하며, 두 사람은 양가 친척들에게 공식적으로 두 사람이 혼인하기로 했음을 알린다.

신부대와 함께 혼인 거래(marriage transaction)의 또 다른 중요한 요소인 '지참금(dowry)'도 중국 농촌 사회에서 종종 발견된다. '지아좡(嫁妝)'이라고 불리는 중국의 지참금은 신부의 친족, 이웃과 친구들이 신부가 신혼살림에 도움이 되라고 마련해주는 여러 가지 선물과 현금을 뜻한다. 중국에서 집을 포함하여 신혼살림을 마련하는 데 드는 비용은 원칙적으로 신랑 가족의 몫이기 때문에 신부가 가지고 가는 지참금은 물질적인 책임 분담이라기보다는 일정량의 부조를 통해 신랑 가족의 노고를 치하한다는 상징적인 의미가 있다. 그렇지만 중국의 가정에서 지참금은 신부대에 비해 그 규모나 중요성이 상대적으로 미미하며, 신부 가족의 형편이 매우 좋지 않을 경우에는 생략되기도 한다. 양쯔 강 남부 지방의 부유한 엘리트들이 자신들의 지위와 권력을 드러내는 수단으로서 지참금을 신부대보다 더 중요하게 여겼다는 보고는 특수한 계층의 사례일 뿐이다(Siu 1993).

중국 농촌에서 신부대는 시장개혁이 진행된 이후 두 가지 측면에서 큰 변화가 발견되어왔다. 첫째, 시장개혁과 더불어 신부대의 금액이 해마다 급격히 상승해왔다는 점이다. 북동부 헤이룽장성(黑龍江省)의 마을에서 장기적으로 추적 연구를 수행한 옌윈샹에 따르면, 1950년대에는 200위안(미화 약 30달러) 정도였던 신부대 금액이

1990년대에 이르면 2만 8500위안(미화 약 4300달러)으로 무려 140배가 증가했다(Yan 2005). 또한 중남부 장쑤성(江蘇省)의 동부 지역을 연구한 순수민에 의하면, 신부대의 금액은 1960년대부터 1990년대 말까지 30년 동안 약 70배 정도 증가했다(孫淑敏 2005). 내가 2000년대 중반부터 지속적으로 관찰해온 펑룽현도 2006년에 대략 1만 5000위안(한화 약 250만 원)이던 신부대가 2013년에는 3만 5000에서 5만 위안(한화 약 600~850만 원)으로 오르더니, 2016년에는 5만에서 10만 위안(한화 약 850~1700만 원)까지 이르렀다.

신부대 금액이 증가한 원인은 여러 가지가 제시되고 있는데, 그중에서 가장 광범위하게 받아들여지는 것은 중국 사회 내 여성 부족 현상이 신붓감에 대한 시장가치 상승의 결과로 이끌었다는 주장이다(莫麗霞 2005; Jiang and Sánchez-Barricarte 2012). 무리샤는 남아선호사상으로 인한 남녀 성비 불균형이 결국 혼인 시장에서 신붓감 품귀 현상을 양산했고, 그 결과 신부대의 가격이 상승해왔다고 주장한다(莫麗霞 2005). 자신의 주장을 지지하기 위해, 그녀는 인구 통계상 1982년에는 남녀의 출생 성비가 108.5였지만 2000년에 이르면 116.9로 점차 높아지고 있다는 것을 제시한다. 이와 더불어, 젊은 여성의 도시 노동이주로 인해 농촌에서 신붓감을 찾기가 더욱 어려워졌다는 주장도 흔히 발견된다.

그러나 이러한 주장들이 현지 농민들로부터도 흔히 들을 수 있듯 매우 '상식적'인 설명임에도 불구하고, 신부대 가격 급상승의 원인을 설명해주는 데는 매우 부족해 보인다. 신부대를 이처럼 단순히 시장-수요법칙을 따르는 '신부의 교환가치(또는 가격)'로 바라보는 것은 신부대가 가지고 있는 의례적이고 정치적이며 윤리적인 측면을 간과하고 있기 때문이다. 경제적인 거래를 넘어 신부대는 두 집안의 결속을 형성하는 물질적 매개이자 공동체 내 성원의 지위와 가치를 드러내는 상징적 표상이며, 나아가 신부대가 전달되는 방식은 궁극적으로 시부모와 며느리 및 친정부모와 딸 사이의 윤리적 관계에 대한 사회적 의미를 함축하고 있기 때문이다.

조금 다른 관점에서, 옌윈샹은 신부대의 금액 상승 및 신부대가 점차 신혼부부들의 새로운 살림을 마련하는 비용으로 사용되는 경향에 대해, 이러한 변화가 나타나게 되는 까닭이 개혁개방 이후 농촌 공동체에서 가부장적 권력이 쇠퇴하고 혼인 결정에 대한 딸의 영향력이 점점 증가하고 있기 때문이라고 했다(Yan 2003, 2005). 옌윈샹의 연구는 신부대 관습 변화에 대한 문화적인 요인 및 개인의 주체성을 강조했다는 점에서 의의가 있다고 할 수 있다.

그렇지만 과연 그의 주장처럼 '시장개혁 이후 가부장적 권력의 쇠퇴'와 '딸의 권한 증대'가 신부대 사용 방식 변화를 야기한 핵심적인 요인인가에 대해서는 추가적인 논의가 필요하다. 내가 펑룽현에서 관찰한 바에 따르면, 가부장적 권력이 시장개혁 이후 농촌 공동체에 반드시 쇠퇴했다고 보기 어렵다(Lee 2012; 이현정 2014). 1949년 마오쩌둥의 혁명과 잇따른 공산당의 정책들은 농촌 공동체의 정치 및 경제의 근간이 되었던 가부장적 권력을 해체하는 방식으로 이루어졌다. 반면 개혁개방 이후 공산당과 지역 간부에 의한 가족 및 개인 사생활에 대한 간섭의 축소는 결과적으로 가부장적 권력이나 습속들이 거꾸로 되살아나도록 도와준 측면도 존재하기 때문이다(cf.

Ebrey 1993). 단적으로 오늘날 중국 농촌 사회에는 현금 수입이 많아진 남편들이 이웃 마을에 '애인(情人)'이나 '둘째 부인(小婆)'을 두는 경우가 종종 발견되고 있으며, 숙박 시설에는 10대 여성들의 성매매가 공공연하게 이루어지기도 한다.

둘째, 농촌의 시장개혁이 진행됨에 따라 나타나는 신부대 관습의 또 다른 변화는 신부대의 최종적인 수령인이 점차 부모에서 혼인하는 딸로 바뀌고 있다는 점이다. 이는 앞서 언급한 옌윈샹의 연구에서도 마찬가지로 보고된 특징으로 정도와 시기의 차이는 있다 하더라도 중국 전역의 농촌에서 비슷하게 나타나는 보편적인 현상이라고 여겨진다.

신부대의 일부분 혹은 전부를 혼인하는 신부가 신혼집으로 가져가는 현상은 혼인 거래에 관한 잭 구디(Jack Goody)와 탐비아(S. J. Tambiah)의 논의를 상기시킨다(Goody and Tambiah 1973). 특히 구디는 자신의 논문 〈아프리카와 유라시아에서의 신부대와 지참금(Bridewealth and Dowry in Africa and Eurasia)〉에서 이처럼 아시아에서 신부의 부모가 받은 신부대를 다시 신부가 신혼집으로 가져가는 현상을 일컬어 '간접적인 지참금(indirect dowry)'이라고 명명했다. 구디가 주장하는 바는 다음의 인용 단락에서 간명하게 드러난다.

지참금(dowry)과 신부대(bridewealth)를 서로 '반대항(opposition)'으로 보는 것은 상당히 오해의 여지가 있다. … 지참금은 신부에게 주는 죽기 전 상속(pre-mortem inheritance)의 한 가지 형태인 반면, 신부대는 신랑의 친족과 신부의 친족 간의 거래(a transaction between the kin of the groom and the kin of the bride)인 것이다. 유럽과 아시아의 많은 사회에서 혼인 시 지불(marriage prestations)은 신랑이나 그의 친족에 의해서 이루어지며, 따라서 종종 신부대(bridewealth or brideprice)로 분류된다. 그러나 이러한 선물들의 궁극적인 수령인은 신부이며 그녀의 친족이 아니다. 신랑으로부터 온 선물들이 가끔 처음에 신부의 아버지에게 전달되는 것은 사실이며, 아버지는 그중 일부를 취할 수 있다(이러한 면에서, 연속성이 존재한다). 그러나 큰 덩어리는 신부에게 주어지고 부부가 함께 (혹은 가끔은 각자 따로) 구성하는 신혼 기금의 일부를 형성하는 것이지, (신부대처럼) 순환되는 사회적 기금을 구성하지 않는다. 따라서 나는 이 거래를 산스크리트 어 '아수라(asura)'의 번역어로 사용되어온 신부대라는 오해의 소지가 있는 이름으로 부르기보다는, '간접적인 지참금(indirect dowry)'이라고 명명하고자 한다(Goody 1973: 1-2, 번역은 필자).

구디는 신랑이나 신랑의 친족에 의해서 마련된 기금이 처음에는 신부의 부모에게 전달되었다고 하더라도 최종적으로 큰 부분이 신부에게 간다면 그것은 신부대라고 할 수 없으며 오히려 지참금이라고 주장한다. 이때 '간접적인' 지참금이라고 특수한 명칭을 부여하는 까닭은 그 돈이나 선물이 처음부터 신부의 부모에 의해서 준비된 것이 아니라, 신랑 쪽에서 받은 것을 신부의 부모가 신부에게로 다시 전달해준 것이기 때문이다. 구디의 이러한 주장은 신부대는 신부를 교환하는 친족 간의 '순환되는 사회적 기금(circulating societal fund)'이어야 한다는 가정에 기반하고 있다. 예컨대, 대표적으로 에반스-프리차드(E. E. Evans-Pritchard)의 누어족 연구가 드러내듯, 가

제2부 시장개혁과 새로운 문화적 실천

축으로 신부대를 주는 아프리카 사회에서는 신부를 내어주고 받은 소떼가 시간이 흐름에 따라 더 큰 무리로 자라나 더 많은 신부를 얻어올 수 있는 사회적 기금을 형성하게 되는 것이다(Evans-Pritchard 1951 ; Bourdieu 1976).

적어도 외견상으로 오늘날 중국 농촌에서 나타나는 신부대 관습의 실천 양상이 구디가 말하는 '간접적인 지참금'과 매우 비슷해 보이는 것은 사실이다. 신랑과 신랑의 부모로부터 마련된 신부대는 맨 처음에 신부의 부모에게 전달되지만 일부분이 부모에게 취해지거나 혹은 전액이 그대로 보존된 채 신혼집으로 가는 신부에게 주어지기 때문이다.

저자가 관찰한 허베이성 농촌의 경우, 1980~90년대까지만 하더라도 신부대는 신부의 부모에게 전달된 이후 부모(가부장적 가족관계를 고려할 때 사실상 아버지)의 자산이 되었으며, 이후에 가족 내에 발생하는 긴급하거나 중요한 문제를 해결하기 위해 사용되었다. 다른 현금 수입의 기회가 많지 않은 농민의 입장에서 딸의 혼인을 통해 받은 신부대는 귀한 현금 자원이었으며, 부모들은 대부분 이 돈을 아들(신부의 오빠 또는 남동생)의 혼인을 위한 신부대 및 집수리 비용으로 사용하거나 큰 병을 앓는 가족의 치료비로 사용했다.

그러나 2000년대 중반부터 이러한 관습은 눈에 띄게 변화를 보이기 시작했다. 여전히 부모가 신부대를 받는 일차적인 수령인이긴 하지만, 그 일부를 혼인하는 신부인 딸이 신혼집으로 가져가는 것이 새로운 실천 양상으로 등장한 것이다. 이러한 변화과정에서 부모가 신부대 전액을 다 가지는 것은 '딸을 배려하지 않는(不關注女兒)' 부모라는 사회적 비난을 받아야 하기도 했다. 이처럼 신부대의 최종 수령인이 신부의 부모로부터 신부에게로 이전하는 경향은 이후에도 가속화되어왔다.

2016년 현재, 신부의 부모는 여전히 형식적으로 일차적인 신부대의 수령인이지만 사실상 혼인하는 딸이 신부대 전액을 신혼집으로 가져가는 것이 일반적인 관습으로 정착되고 있다. 보통은 부모가 은행통장을 만들어서 신부가 신혼집에 갈 때 선물처럼 주는데, 이 돈은 신부가 신혼살림을 하면서 필요할 때마다 꺼내서 사용하게 된다. 관찰한 바에 의하면, 사용처는 정해진 바가 없으며 신부 개인의 결정에 달려 있다. 일반적으로 남편에게 요구하기 힘든 개인 물품을 사거나 아이가 있을 경우 아이를 위해 쓰기도 하며, 경우에 따라서는 새로운 전자제품을 사거나 남편이나 시부모의 사업 자금을 만드는 데 쓰이기도 한다.

그렇다면 펑룽현에서의 신부대 관습을 과연 구디가 말한 '간접적인 지참금'의 사례로 볼 수 있을까? 구디는 설령 처음에 신부의 부모에게 전달되었다고 하더라도 최종적으로 신부에게 주어져 신혼기금을 구성하는 재화는 신부대라고 할 수 없다고 주장한다. 오히려 이것은 신부의 부모가 신부에게 미리 상속분을 떼어주는 것으로 보아야 하며, 따라서 지참금에 가깝다는 것이다. 구디의 이러한 주장은 형태상으로 비슷한 재화의 이전 양상을 보이는 중국 농촌의 사례에 적용해볼 때 몇 가지 해결해야 할 의문이 제기된다.

첫째, 중국 농촌에서 최종적으로 신부에게 전달되는 신부대는 궁극적으로 무엇을 위해 사용되는 것인가? 구디가 주장하는 바와 같이, 그 돈은 (지참금처럼) 신혼 기금을 형성하는 데 사용된다고 볼 수 있는가? 둘째, 중국 농촌에서 과거에는 신부의 부모가 사용했던 신부대를 오늘날 서서히 신부가 신혼집으로 가지고 가는 변화가 함축하는 바는 과연 무엇인가? 구디의 주장이 맞다면, 그렇다면 오늘날 중국 농촌 사회는 시장개혁과 더불어 신부대 관습이 지참금 관습으로 점차 바뀌어가고 있다고 보아야 하는가? 이 질문은 구디가 신부대(아프리카)와 지참금(유럽)을 사회진화론적 진화 과정으로 보고, 아시아의 사례를 '간접적인 지참금'이라는 개념을 통해 중간 단계로 사고하고 있기 때문에 특히 의미심장하다(Bell 2008). 셋째, 구디의 개념 구분에 따라서, 중국 농촌처럼 신부대가 '순환적인 사회적 기금'을 형성하지 않는 경우에는 재화를 신부에 대한 대가로 지불한 것이라고 하더라도 신부대가 아니라고 보아야 하는가?

이번 장에서는 혼인 거래에 관한 기존 연구들과 허베이성 펑롱현에서 수집한 자료들을 통해 이 질문들에 대한 답을 조심스럽게 찾아보고자 한다.

2. 펑롱현 신부대 관습이 갖는 사회문화적 의미

1980∼90년대 혼인한 사람들의 이야기에 따르면, 당시만 해도 신부대는 신랑의 가족으로부터 받은 뒤 신부의 부모가 전액을 취하는 것이 일반적이었으며 혼인하는 딸에게 일부라도 남겨주는 경우는 매우 드물었다. 귀금속을 받는 경우에는 신부가 가지고 갔지만, 신부

대에 귀금속이 포함되지 않거나 반지 하나 정도만 받는 경우도 있었다. 당시에 혼인한 사람들은 주변 사람 모두 그러했기 때문에 신부대를 부모가 다 가져갔던 것에 대해서 특별한 불만을 가지고 있지 않았다.

그렇지만 부모가 딸의 의견을 고려하지 않고 신부대 때문에 특정 남성에게 시집갈 것을 강요한 경우에는 불만을 품거나 원망하는 경우가 적지 않았다. 부모의 뜻을 따라 어쩔 수 없이 혼인했지만 결혼 생활이 내내 행복하지 못했던 홍메이(紅美)가 대표적인 경우이다.

[사례 1] 홍메이, 50대, 농민, 펑롱현 거주

나 : 어떻게 지금 남편과 결혼하게 되셨어요?

홍메이 : 열여덟이 되었을 때, 문득 어머니가 나한테 와서 그러더라고요. 좋은 신랑감이 생겼다고. 이 집으로 시집가라고. 바오반 결혼(包瓣婚姻: 부모가 일방적으로 결정해서 하는 결혼)인데, 당시에 나쁘다는 생각은 못 했어요. 그때는 다 그랬으니까. 약혼하기 전까지는 (신랑의) 얼굴도 못 봤어요. 그 사람은 와서 나를 몰래 보고 갔다고 하더라고요. 그런데 와서 만나보니까 영 아닌 거야. 우리 집에 딸이 둘인데, 나는 그 당시 소개하려는 사람이 많았어요. 같은 마을에도 예쁘고 일 잘한다고 좋아하는 남자들이 꽤 있었거든요. 그런데 어머니 아버지가 알아보다가 돈 많이 주는 곳으로 보내기로 한 거예요. 언니한테 고민되어서 물어봤는데, 언니도 잘사는 집에 가는 게 낫다고 하더라고요.

나 : 부모님께서 당시에 신부대를 얼마나 받으셨는지 기억나세요?

홍메이 : 7000위안(한화 170만 원)일 거예요. 당시(1980년대)로서는 엄청

나게 많이 받은 거예요. 지금이야 오만, 십만도 받지만, 다들 오륙천, 심지어는 삼사천 받을 때니까. 나는 돈에는 관심도 없었어요. 그래도 많이 받으면 그만큼 나를 원한다는 거니까 좋은 건가 했죠. 그렇지만 그 돈이 나한테 오는 것도 아니고. 그때는 당연히 부모한테 주는 거였어요.

나: 부모님은 그 돈을 어디에 쓰셨는지 혹시 아시나요?

홍메이: 잘 모르겠어요. 생활비로 쓰지 않았을까요? 그다음에 연락하지 않았어요. 돈을 위해 나를 팔았구나(爲了錢賣女兒)라는 생각이 드니까 연락하기가 쉽지 않았어요.

혼인 당사자 외의 다른 사람의 개입을 금지하고 자유연애를 중시한 공산당의 혼인 정책에도 불구하고, 펑롱현에서 1980년대 혼인한 여성들은 대부분 혼인을 개인 간의 문제라고 생각하지 않았으며 부모의 결정을 가장 중요하게 생각했다. 이는 생활 세계가 대체적으로 토지에 부착되어 고정적이고, 또 친족 관계에 의존하여 생계를 꾸릴 수밖에 없는 중국 농촌 공동체의 특성에 상당히 기인하고 있다고 여겨진다(페이샤오퉁 2011[1948]). 또한 농민의 타지 이주를 억제해온 공산당의 정책과도 일부 관련이 있다. 즉, 생계와 일상생활이 토지에 의존해 있는 농민들에게 부모의 동의 없이 둘만의 뜻으로 혼인하여 가정을 꾸리고 산다는 것은 앞으로의 삶에 많은 어려움과 고난을 감내하는 것뿐 아니라 어쩌면 당장 생존의 위험을 감수해야 할 수도 있었다.

그렇지만 비슷한 시기에 결혼했다고 하더라도 개인마다 부모의 태도에 대한 경험과 인식이 상당히 다르다. 홍메이의 사례처럼 부모가 신부대 금액이 우선적인 고려 요인이었다는 점을 원망하는 경우도 있지만, 딸의 개인적인 의견이나 시댁의 평판 등을 먼저 고려해주었다는 부모도 있었다. 후자의 경우에는 대체로 부모에게 고마움을 표현한다. 부모들의 태도 차이는 당시 딸의 혼인에 대한 입장차이를 드러내고 있지만, 동시에 당시 신부 부모의 경제적 형편이나 가족 구성과도 관련되어 있다. 예컨대, 홍메이의 친정은 매우 가난할 뿐 아니라 아들이 없었기 때문에 딸 둘을 시집보내는 것으로써 부모가 노후를 보장받아야 하는 상황이었다.

딸의 의견을 고려하지 않은 채 부모가 딸을 시집보내는 경우에 딸의 불만이나 원망은 단순히 "돈을 위해 딸을 팔았다"는 부모의 금전주의적 태도 혹은 인간 경시 때문이 아니다. 딸의 불만이나 원망은 중국 농촌 사회의 여러 가지 맥락에 대한 이해를 통해 더욱 분명하게 이해될 수 있다. 딸이 혼인할 때 부모가 신부대를 일반적인 기준보다 더 많이 요구하게 되면 딸의 시집살이가 쉽지 않을 가능성이 높아진다. 아무리 상대적으로 잘사는 집이라고 하더라도 제한된 농업 수입에 의존해야 하는 신랑 부모 입장에서는 며느리를 데려오는 데 투자한 추가 금액만큼 더 큰 요구와 기대를 가지기 마련이다. 따라서 만일 기대가 충족되지 않을 경우, 그에 대한 실망감을 부적절한 방식(심지어 폭력적인 행위)을 통해 며느리에게 표시할 수 있다. 홍메이의 경우에도, 혼인 이후 부모에 대한 불만과 원망은 사실상 신부대 금액 그 자체보다도 남편에 대한 불만족 및 혼인 이후의 불평등한 가족 관계로 인한 불행감에 기인하고 있었다. "만일 부모가 딸의 행복을 좀 더 고려했다면, 즉 신부대 액수보다는 다른 요소들을 더 고려했다면 자신의 결혼 생활도 이처럼 불행하지는 않지 않았겠느냐"라는 개인적인 판단이 암묵적으로 포함된 감정이라고 할 수 있는 것이다.

그러나 신부와 신부 부모의 입장에서 신부대의 요구가 단지 부모의 물질적인 욕심에 기인하고 있다고 볼 수는 없다. 신부대 관습이 정착된 지역에서 신부대를 요구하지 않고 딸을 혼인시킨다는 것은 마치 신부가 "한 푼어치의 가치도 없다(一錢不値)"는 것을 뜻할 수 있기 때문이다. 극도로 가난한 집안의 경우에는 단지 음식 소비를 줄이기 위해서 신부대를 제대로 받지도 않은 채 딸을 일찍 시집보내는 경우도 있었다. 오늘날 흔히 들을 수 있는 말은 아니지만, "신부대를 요구하지 않은(沒要彩禮的)"이라는 표현은 '부모조차 제대로 돌보지 않은 여성'이라는 부정적 의미를 내포하고 있다. 이처럼 신부대를 전혀 받지 않고 시집가는 딸은 낳아준 부모조차 제대로 돌보지 않는다고 여겨져서 시집간 이후에도 남편이나 시가족으로부터 더 홀대받을 수 있다고 생각되기도 한다.

한편, 랑랑(朗朗)의 사례는 신부대를 신부의 가치를 드러내는 절대적인 표상으로 간주하고 또한 그 금액 전부를 신부 부모가 취하는 경우에 어떻게 신부대가 시집간 딸에게 경제적 부담으로 부메랑처럼 작용할 수 있는지를 보여준다. 랑랑은 펑롱현 첸장촌에 사는 농민으로, 1990년대 초에 부모의 극심한 반대에도 불구하고 자유연애를 통해 혼인했다.

[사례 2] 랑랑, 40대, 농민, 펑룽현 거주

1990년대 초반에 혼인한 랑랑의 남편은 부모 형제 없는 고아였던 까닭에 누구의 도움도 받지 못하고 결국 혼자 엄청난 빚을 져서 신부대를 마련해야 했다. 랑랑의 부모는 당시 기준으로도 적지 않은 1만 3000위안(현재 기준, 한화 약 200만 원)을 신부대로 요구했는데, 사윗감이 매우 가난하다는 것을 알았지만 신부대를 깎아주거나 받지 않을 수는 없었다. 당시 가구당 일 년 수입이 기껏해야 2~3000위안에 불과한 시기에 1만 3000위안의 신부대는 매우 큰돈이었다. 그렇지만 랑랑의 부모는 오일장에서 신발을 만들어 파는 가난하고 아무런 연고 없는 사윗감을 좋아하지 않았기 때문에 어떻게 해서든지 랑랑이 현재의 남편과 결혼하는 것을 막으려고 했다. 또한 만일 신부대를 너무 적게 받거나 받지 않을 경우 랑랑이 신체적 혹은 도덕적으로 흠집이 있다고 사회적으로 오해받을 것을 두려워했다. 예쁘고 성격이 좋아 마을 안에서도 구혼하는 남성이 많았던 랑랑이 친척 한 명 없는 고아에게 시집간다는 것은 혹시 두 사람이 혼전 관계를 이미 맺었거나 다른 심각한 문제가 랑랑에게 있는 것이 아니냐는 도덕적 의심을 살 수 있었다. 따라서 랑랑의 부모는 보통의 경우처럼 1만 3000위안을 요구했고, 랑랑의 남편은 빚을 져서 그 돈을 모두 건넨 뒤에야 랑랑과 혼인할 수 있었다. 당시 관습에 따라 신부대는 랑랑의 부모의 몫이었기 때문에 결국 랑랑과 남편은 빚을 갚기 위해 닥치는 대로 무리하게 일을 해야 했다. 그러던 중 랑랑이 큰 병이 들어 입원하는 바람에 두 사람은 벌어 놓은 돈을 다시 병원비로 다 써버려야 했다. 결국 두 사람이 신부대 빚을 모두 갚을 때까지는 7~8년이 걸렸다.

홍메이와 랑랑의 사례는 펑롱현의 신부대 관습이 혼인하는 당사자 입장에서 상당히 비합리적일 뿐 아니라, 여성 인권을 침해할 수 있다는 것을 드러낸다. 비슷한 맥락에서 구미의 페미니스트들과 여성 인류학자들은 아프리카와 아시아의 신부대 관습을 여성의 몸을 상품화하는 것으로서 매매혼의 맥락에서 바라보거나 심지어 철폐되어야 할 여성 차별적 악습이라고 비판해오기도 했다(예컨대, Gray 1960; Singer 1973; Tsing and Yanagisako 1983).

그러나 흥미롭게도, 실제 신부대 관습의 '피해자'라고 할 수 있는 농촌의 젊은 여성들의 신부대에 대한 이해 방식은 적어도 2000년대 중반까지는 서구 페미니스트의 시각과 상당히 거리가 있다. 앞서 언급했듯이, 2000년대 중반까지만 해도 펑롱현에서는 신부대의 전액 혹은 대부분을 신부의 부모가 취하는 것이 일반적인 상황이었다. 따라서 나는 결혼 적령기에 있는 젊은 여성들을 만날 기회가 있을 때마다 혹시 신부의 부모가 딸의 혼인을 통해 신부대를 취하는 것이 딸을 대가로 돈을 받는 매매혼과 비슷하다고 생각하지 않는지를 물었다. 예상과 달리 젊은 여성들은 신부의 부모가 신부대를 취하는 것은 매매혼과 전혀 관련이 없으며, 오히려 딸로서 부모에게 해드려야 하는 당연한 도리라고 이구동성으로 말했다. 이들의 설명은 나름의 남녀평등에 대한 관점에 기대어 있었다. 즉, 같은 자식이라고 하더라도 아들은 혼인한 이후에 직접 부모를 모심으로써 자신을 키워준 부모의 은혜를 갚을 수 있지만, 딸은 시집을 가버리면 더 이상 부모에게 감사를 표현할 길이 없기 때문에 신부대를 드리는 것이 당연하다는 것이었다. 또 신랑과 신랑의 부모가 마련해야 하는 신부대는 신부가 시집을 가서 신랑과 시부모를 돌보면서 갚을 것이기 때문에 문제가 되지 않는다고 했다. 이처럼 적어도 혼인하는 딸의 입장에서, 시집을 가면서 부모에게 드리는 신부대는 지금까지 양육해준 부모에 대한 은혜 갚음과 같은 자식이지만 앞으로 부모를 돌볼 수 없다는 미안함의 의미를 가지고 있었다.

젊은 미혼 여성들의 생각은 2000년대 중반 당시 평롱현 혼인의 성격을 보다 폭넓게 고찰함으로써 더 분명하게 이해될 수 있다. 즉, 당시에는 중매쟁이를 통해 상대방을 소개받더라도 이미 '연애 과정'이 혼인 절차의 일부로 포함되는 상황이었다. 그만큼 혼인 당사자, 특히 신부가 될 사람의 의견을 존중하지 않고 부모가 일방적으로 혼인을 결정하는 것은 비판되어야 할 구습으로 간주되었다. 또한 이미 2000년대 중반에 혼인을 앞둔 젊은이들의 형제자매는 기껏해야 한 명이거나 둘에 불과하고 심지어 외동딸인 경우도 있었기 때문에 부모들도 딸도 아들과 똑같은 자식이라는 생각을 점차 갖기 시작했다. 이러한 맥락 속에서, 신부대는 설령 부모가 전액을 다 갖는다고 하더라도 부모가 일방적으로 딸의 남편을 지정하여 시집보내는 매매혼과는 근본적인 성격이 같다고 볼 수가 없었다.

이와 더불어 무엇보다 중요한 변화는 이미 개혁개방이 진행된 지 20여 년이 지나면서 평롱현과 같은 농촌에서도 더 이상 농사일이 가장 많은 가치를 생성하는 중요한 노동으로 간주되지 않게 되었다는 것이다. 시장개혁과 더불어 나타난 상업 발달 및 서비스업의 등장은 아들 못지않게 딸이 가구 경제에 쓸모 있는 존재라는 것을 사회적으로 인식하게 해주었다. 이제 미혼의 딸이 다공(打工: 품팔이)

으로 벌어오는 수입이 아들이 농사일을 도움으로써 벌어들이는 수입보다 더 많을 수 있었다.

따라서 2000년대 중반, 신부대에 대해 젊은 여성들이 제기하는 주장은 실제로 각 가정에서 어떻게 혼인이 이루어지는가를 드러낸다기보다는 당시 젊은 여성들이 갖는 혼인에 대한 이상(理想)을 드러낸다고 보는 것이 보다 정확하다. 즉, 부모는 시집가는 딸의 남편감에 대한 의견을 존중하고, 딸은 양육에 대한 감사함을 표현하기 위해 부모에게 신부대를 모두 드리는, 이른바 딸 가진 부모와 딸 간의 상호호혜적인 태도가 가장 이상적인 혼인의 모습으로 여겨졌다고 할 수 있다.

3. 펑롱현의 사례를 통한 구디 이론의 비판

2000년대 중반에 펑롱현의 젊은 여성들로부터 이러한 설명을 들었던 까닭에 10년이 흐른 오늘날 신부의 부모가 아닌 신부가 신부대 전액을 가져간다는 사실은 나에게 하나의 놀라운 발견이자 충격적인 변화로 인식되었다. 당장 드는 의문은 "그렇다면 이제 펑롱현의 딸들은 더 이상 키워준 부모에 대해 감사함을 느끼지 않는다는 말인가?"였다. 더욱이 옌윈샹과 같은 학자는 신부대가 혼인하는 신부에게 전달되는 현상을 중국 농촌에서 가부장적 권력의 쇠퇴와 젊은 여성들의 자기주장이 강해진 것으로 설명하고자 했기 때문에 혼란이 가중되었다(Yan 2005). 내가 관찰한 바에 따르면, 적어도 펑롱현에서 가부장적 권력은 결코 쇠퇴하지 않았으며 오히려 시장개혁과 더불어 거꾸로 부활하는 양상이 나타나고 있었던 것이다(Lee 2012; 이현정 2014).

집마다 약간의 차이는 있으나 오늘날 평롱현에서 신부대는 신부의 부모가 받은 후 대개 전액이 혼인하는 신부에게 주어진다. 신부의 부모는 약혼(定婚)과 더불어 신랑의 부모로부터 신부대를 받자마자 신부 이름으로 통장을 만들어 그 돈을 전액 넣어준다. 그리고 신부는 신혼집으로 갈 때 그 통장을 가져간다. 신부가 신부대의 전액을 취하는 것은 채 십 년도 되지 않은 최근의 현상이지만, 오늘날 신부의 부모가 신부대를 딸에게 주지 않고 상당 부분을 취하려고 한다면 그는 '딸을 위하지 않는(不關注女兒)' 매정한 부모거나 '남성(아들)을 중시여기고 여성(딸)을 무시하는(重男輕女)' 사람으로 비판되는 경향이 있다.

그렇다면 오늘날 평롱현에서 행해지는 신부대 관습은 잭 구디가 말하는 '간접적인 지참금'의 사례라고 볼 수 있을까? 적어도 외견상으로 2000년대 중반부터 평롱현에서 나타나는 신부대 관습은 '간접적인 지참금'의 양상을 그대로 드러내는 것처럼 보인다. 신랑과 신랑의 가족에 의해서 마련된 신부대는 우선적으로 신부의 부모에게 전달되지만, 일부분이 부모에게 남겨지거나 전액이 그대로 보존된 채 최종적으로 신부에게 주어지고 신부는 그 돈을 신혼살림이나 혼인 생활 중 개인의 필요를 위해 사용하기 때문이다.

그러나 민족지적 자료는 적어도 몇 가지 점에서 구디의 '간접적인 지참금' 개념이 적어도 중국 농촌의 사례에는 적합하지 않다는 것을 드러낸다. 그 이유를 간단히 설명하면 다음과 같다.

첫째, 신부가 부모로부터 받아서 신혼집에 가져오는 신부대를 (간접적이든 직접적이든) '지참금'으로 볼 수 없는 이유는, 농촌의 혼인 거래에서 지참금(嫁妝)이 따로 존재하기 때문이다. 펑롱현을 비롯하여 중국 대부분의 지역에서 신부대가 일차적이고 가장 중요한 혼인 거래라는 것은 학자들이 공통적으로 보고해왔다. 그렇지만 지참금 관습도 덜 중요할 뿐이지 중국 사회에서 폭넓게 발견되며, 단지 지역 및 사회적인 계층에 따라 규모와 성격이 다르다. 시우에 따르면, 양쯔 강 하류 삼각주 지역의 엘리트들은 신부가 가져오는 지참금을 통해 자신의 위세와 권위를 드러내고자 했으며, 그 결과 신부대보다 지참금을 더 중시했다(Siu 1993). 부유하지 않은 농민들이 대다수의 구성원인 펑롱현에서 지참금은 신부대에 비하면 그 규모와 중요성이 상대적으로 미미하며, 경우에 따라서는 심지어 생략되기도 한다. 면담 자료에 따르면, 지참금은 중국의 정치적 환경에 따라서도 크게 변동해왔다. 전통적 의례가 엄격하게 억압되었던 문화대혁명 시기에 펑롱현 신부들의 지참금은 이불과 젓가락 두 벌 정도에 그치기도 했다. 이처럼 그 규모나 중요성이 상황이나 형편에 따라 유동적일 수 있다는 것은 그만큼 지참금이 신부대보다 훨씬 부차적인 혼인 거래라는 것을 반증한다.

지참금이 신부대보다 중요성이 덜하긴 하지만 신부의 부모, 친척, 친구들이 신혼부부의 살림을 도와주기 위해 물건과 돈을 모아서 보내는 지참금은 물질적인 부조 이상의 의미가 있다는 사실이 간과되어서는 안 된다. 지참금은 그 금액의 크기와 상관없이 집과 신부대

를 마련하느라 고생한 신랑의 친족에 대한 일종의 예우로서 더욱 중
요한 상징적인 의미를 가지고 있다. 만일 신부가 신혼집에 갈 때 '빈
손(空手)'으로 가면, 신랑의 친족들은 신부의 부모가 "예의가 없다
(沒有禮貌 또는 不禮節)"고 뒷공론하곤 한다.

평롱현 내에서도 사회 계층에 따라 지참금의 규모나 종류가 다른
데, 같은 마을에 사는 농민이지만 광산업으로 큰돈을 벌어 위세가
높아진 어떤 집에 시집가게 된 한 여성의 부모는 신부대 금액에 근
접할 정도의 비싼 선물을 지참금으로 보냈다. 당시에 보낸 지참금
품목 중에는 사위가 탈 비싼 오토바이와 시아버지를 위한 고급 양주
가 포함되어 있었다. 또 신부의 또래 친척들은 장식용품을 비롯하여
신혼살림에 보탬이 될 작은 물건들을 선물로 주었으며, 나이든 친척
들은 용돈으로 쓰라고 현금을 전해주기도 했다. 물론 신부의 부모는
당시 평균 정도의 신부대를 신랑의 부모로부터 받았으며, 일부를 시
집가는 딸에게 나눠주었다.

이처럼 신부대를 혼인하는 딸에게 주는 것과 별개로 지참금 관습
은 실행되기 때문에 신부대의 일부가 혼인하는 딸에게 주어지는 것
을 '간접적인 지참금'이라고 하기는 어렵다. 이는 무엇보다 평롱현
주민들이 사용하는 언어에도 그대로 나타나는데, 사람들은 혼인하
는 신부가 가지고 가는 돈을 절대로 '지참금'이라고 부르지 않으며
'신부대'라는 용어를 그대로 사용한다.

둘째, 신부의 부모를 거쳐 신부에게 전달된 돈의 사용에 대한 결
정권이 순전히 신부에게 있으며, 원칙적으로 그 사용처에 대해서 신
랑이나 신랑의 부모가 관여할 수 없기 때문이다. 이는 신부대가 지

참금과 근본적으로 성격이 다른 지점이다. 통장의 형태로 부모로부터 신부대를 받은 신부는 혼인한 이후 꼭 필요하다고 생각되는 경우에 그 돈의 일부를 꺼내어 사용하게 된다. 그 사용처는 정해진 바가 없이 신부가 정하기 나름이다. 만일 신부가 동의한다면, 신혼살림에 부족한 가전제품을 구입하는 데 쓸 수도 있으며, 남편이나 시부모의 사업 자금으로 내놓을 수도 있다. 보통은 신부가 군것질을 하거나 여성용 장식품을 사거나 아이가 있을 경우 아이를 위한 물품을 사는 데 사용하곤 한다. 그렇지만 어디에 어떻게 사용하든지 그 돈은 신부의 돈이지 신혼부부의 돈이 아니며, 또한 오로지 신부의 결정에 의해 사용될 수 있는 것이라는 사실에 대해서 아무도 의문을 두지 않는다.

이에 반해 지참금은 신혼살림에 도움이 되라고 신부 측에서 마련되어 신부가 가져가는 것으로, 그 소유권이 신부에게 있다기보다는 신혼부부 두 사람에게 공동으로 있다. 때로는 시부모에게 드리는 선물처럼 소유권이 시부모에게 있을 수도 있다. 물론 신부가 가져가는 지참금 중에는 일반적으로 신부만을 위한 것이 포함되어 있다. 친척이나 친구들이 신부가 사용하라고 주는 옷가지나 장신구, 화장품과 같은 선물들이 대표적인 예이다.

신부대를 모두 신부 부모가 취했던 과거에는 딸이 떠나기 전에 신부의 부모가 약간의 현금을 용돈으로 쓰라고 따로 마련해주곤 했다. 남편이나 시어머니가 어떤 사람인가에 따라 다르기는 하지만, 아들을 낳고 권한을 가진 안주인이 되기 전까지 어린 며느리는 집안의 경제권에 관여하기가 어렵기 때문에 당장 큰일이 나도 돈이 없어 고

생활 것을 걱정하는 마음에서 이루어진 행위였다(울프 1991). 부모뿐 아니라 신부의 가까운 친척들도 몰래 쓰라고 약간의 현금을 덧붙여주곤 했다. 주는 가족들은 절대로 남편이나 시가족에게 보이지 말고 꼭꼭 잘 가지고 있으라고 신부에게 신신당부를 하기도 했다. 결코 많은 돈은 아니었지만, 이 돈은 무엇보다 혼인 생활에서 큰 어려움이 생길 때 차를 타거나 다른 사람의 도움을 빌려 친정으로 올 수 있게끔 도와줄 수 있는 유일한 수단이었다. 신부의 친족들의 걱정과 그리움을 담은 이 돈은 낯선 곳으로 시집가는 신부에게 안도감을 주는 역할을 수행했다.

셋째, 신부대는 신랑과 신랑의 친족이 신부를 얻는 대가로 신부와 신부의 친족에게 전달하는 재화로서, 그것이 최종적으로 신부의 부모에게 갈 것인지 신부에게 갈 것인지의 문제는 신부대를 수령한 신부의 친족이 결정하는 것이지, 신부에게 최종적으로 전달되기로 결정했다고 해서 신부대가 아닐 수는 없다. 무엇보다 신부 또한 신부 친족의 일원으로 충분히 생각될 수 있기 때문이다. 구디의 주장처럼, 신부의 부모가 가지고 있을 경우에는 신부대이지만 신부가 가질 경우에는 갑자기 지참금이 된다고 보는 것은 논리적으로도 이상할 뿐 아니라 적어도 중국 농촌의 신부대 관습에 관한 민족지적 자료에 의해서도 지지받기가 어렵다.

다음 수이엔(隨娟)의 사례는 평롱현에서 신부대가 일단 신부에게 주어진 다음에도 어떻게 지속적으로 신부 친족의 공동 재산으로 간주되는지를 보여준다.

[사례 3] 수이엔의 죽음과 친정 부모의 신부대 반환 요구

수이엔의 부모는 2000년대 초 큰딸 수이엔을 옆 마을에 혼인시키면서 세 개의 금붙이를 포함하여 총 3만 위안 상당의 신부대를 받았다. 수이엔의 부모는 경제적으로 궁핍하지 않았으며, 당시의 관습에 따라 받은 신부대를 모두 딸에게 주었다. 결혼한 지 1년 쯤 지난 이후, 수이엔은 남편과 시부모가 사업 자금이 급히 추가로 필요하다는 것을 알고 가져간 현금을 모두 선뜻 내놓았다. 또 그녀는 바로 아들을 낳았다. 남편과 시부모가 수이엔을 착한 며느리라고 좋아했음은 말할 필요도 없다. 수이엔의 남편은 일찌감치 부모와 함께 건축 자재상을 운영하면서, 마을에서 돈을 잘 버는 축에 속했으며 착하고 성실한 좋은 신랑이었다. 그런데 그가 돈을 많이 벌게 되면서 도박에 손을 대기 시작했다. 아기가 만 한 살 남짓이 되던 어느 날 밤, 남편이 친구 집에서 마작을 하고 있는 동안, 수이엔은 연탄을 갈다가 그만 연탄가스 중독으로 사망하고 말았다. 수이엔이 쓰러진 시간은 아주 늦은 밤으로 남편이 도박에만 빠져 있지 않았다면 아내 곁에 있었어야 할 시간이었다. 시부모는 마당은 같지만 떨어진 독채에서 자고 있었기 때문에 며느리가 한밤중에 겪은 사고를 알 수가 없었다. 딸의 장례를 마치고 백 일이 지난 후, 수이엔의 부모는 수이엔의 시부모에게 3만 위안의 신부대를 다시 돌려달라고 요구했다. 비록 수이엔이 시가족의 사업 자금에 쓰라며 내놓았지만, 그 돈은 원래 수이엔의 부모가 딸을 시집보내는 대가로 신랑 가족으로부터 받은 돈이니 돌려받아야 한다고 주장했다. 수이엔은 시집간 이후 신랑 가족에게 이미 대를 이을 수 있는 아들을 낳아주었다는 것도 덧붙이기를 잊지 않았다. 수이엔의 시어머니는 사돈의 이러한 요구를 좀 억울하게 생각했다. 며느리가 죽은 것은 안타깝지만, 그 돈은 시가족의 사업 자금으로 쓰라고 이미 수이엔이 과거에 결정해서 준 것이 아니냐는 것이었다. 또한 이미 금 장신구는 딸을 묻으면서 친정 부모가 가져갔는데 그것까지 포함해서 다시 신부대를 요구하는 것은 합당하지 않다고 생각했다. 그러나 아무도(시어머니의 남편, 아들 및 형제자매조차도) 시어머니의 생각을 지지해주지 않았다. 시어머니도 가까운 가족을 제외한 다른 사람에게 공개적으로 자신의 의견을 말할 수 없었다. 수이엔의 남편은 어머니의 의견에 동의하지 않았으며, 사고 당시에 옆에 없었던 자신의 불찰에 깊은 죄책감을 느꼈다. 또한 장인, 장모에게 곧 대학에 들어갈 처제의 입학금이 당장 필요하다는 것을 알고 있었다. 그리하여 마침내 수이엔의 시부모는 수이엔의 부모에게 신부대 3만 위안을 다시 돌려주었다.

수이엔의 사례는 신부대가 설령 신부에게 전달되었다고 하더라도, 그러한 결정은 신부 친족에 의해서 결정된 것이지 결코 신랑의 가족에게 그 소유 권한을 넘겨준 것이 아니며, 신부대란 궁극적으로 신부와 신부 친족의 공동 재산이라는 것을 분명하게 드러낸다. 수이엔은 혼인한 이후 받은 신부대를 '스스로의 결정에 의해' 남편의 사업 자금으로 사용하기로 했지만, 불의의 사고로 일찍 죽게 되었을 때 신부 부모는 신부대에 대한 권리를 다시금 주장한다. 물론 수이엔의 시어머니는 며느리의 결정에 의해서 이미 남편과 시부모의 사업 자금으로 사용하기로 했다는 사실을 강조함으로써 설령 며느리가 죽었다고 해도 신부대를 다시 돌려줄 필요가 없다고 생각했다. 가족조차 그다지 동의하지 않는 이러한 생각의 배경에는 죽은 수이엔의 친정 부모에게 돌려줄 돈을 새롭게 마련해야 하는 상황에 대한 부담감이 있었다. 아들을 재혼시키기 위해서는 새 며느리를 들일 신부대가 또다시 필요한 상황이기도 했다. 그렇지만 펑룽현의 주민들은 수이엔의 부모에게 그 돈을 다시 돌려주는 것이 옳다고 생각했으며, 신랑의 부모는 신부대를 다시 신부의 부모에게 돌려줄 수밖에 없었다.

4. 신부대 관습과 변화하는 딸의 의미

펑룽현, 나아가 중국 농촌에서 이루어지는 오늘날의 신부대 관습에 대해 수이엔의 사례가 가르쳐주는 함의는 무엇인가? 만일 신부에게 준 신부대가 신혼살림을 위해 쓰라고 준 '지참금'이라면 신부가 설령 불의의 사고로 죽게 되었다고 하더라도 신부의 부모가 그 돈을 돌려달라고 요구할 수는 없다. 그렇지만 수이엔의 사례는 이미 신부에게 신부대 전액이 주어졌다고 하더라도 신부가 갑자기 사망하게 되었을 때 신부의 부모는 다시 그 돈을 자신의 몫이라고 주장하며 돌려받기를 원한다는 것을 알 수 있다. 신부가 그 돈을 신랑과 시부모의 사업 자금으로 사용했을 때, 신부의 부모는 그 결정권이 온전히 신부에게 있다는 것을 인정하듯 (적어도 공식적으로는) 어떠한 반대도 표명하지 않았다. 또한 만일 신부가 계속 살아있었다면 신부의 부모는 그 돈을 돌려달라고 하지 않았을 것이다.

이와 같은 상황은 무엇을 뜻하는가? 신부가 죽지 않는 한 신부가 마음대로 사용할 수 있도록 허락하지만, 신부가 예기치 않게 죽을 경우 결코 신랑이나 신랑의 부모에게 소유 권한을 넘겨줄 수는 없는 재화—이는 무엇보다 다음 두 가지를 뜻한다. 첫째, 신부에게 준 돈은 결코 지참금이 아니라 '신부대'이며 따라서 그 재화에 대한 권리는 언제나 신부를 포함한 신부의 친족에게 있다는 것이다. 신부가 사망했을 때, 재화에 대한 권한은 신랑이나 신랑의 부모가 아닌 신부의 부모에게 있게 된다. 둘째, 이처럼 재화에 대한 권한이 신부의 부모를 포함한 신부의 친족에게 있지만 시집가는 딸에게 재화를 넘겨주는 까닭은 오늘날 중국 농촌 사회에서 딸과 딸을 가진 부모는 딸이 시집간 이후에도 서로 간의 지속적인 호혜적 관계를 원하고 기대한다는 것을 드러낸다. 결국, 신부의 부모가 받은 신부대를 신부에게 모두 주는 것은 그 행위 자체로서 딸이 혼인한 이후에도 과거와 같은 '출가외인(出嫁外人)' 아니라 여전히 신부 친족의 일원이라는 것을 상징적으로 드러내는 행위라고 할 수 있다. 그렇지만 수이엔의 경우에서처럼 딸의 갑작스러운 사망으로 더 이상 호혜적인 관계를 기대할 수 없게 되었을 때, 신부의 부모는 신부대에 대한 자신들의 최종 권리를 주장하게 된다.

부모가 딸에게 신부대를 모두 건네는 이상, 딸은 혼인한 이후에도 자식으로서 역할을 지속적으로 수행해야 한다는 책임감과 부담감을 가질 수밖에 없다. 과거처럼 신부대가 모두 부모의 몫이었을 때, 딸은 비록 아들처럼 직접 늙어가는 부모를 돌볼 수 없지만 신부대를 드림으로써 양육에 대한 은혜 갚음을 했다고 생각했다. 그렇지만 이제 신부대를 부모에게 드리지 않는 만큼 아들과 마찬가지로 친정 부모와의 지속적인 왕래와 돌봄을 해야 한다는 의식이 생기고 있다. 부모가 딸에게 전달해준 신부대는 실제로 혼인한 이후 친정 부모와의 호혜적 관계를 유지하는 데 도움을 준다. 상당한 금액의 현금을 가지고 있는 아내는 집안의 주요한 사안의 결정에서 상당한 영향력을 갖게 되며, 남편이나 시부모도 신부의 의견을 함부로 무시하기가 쉽지가 않다. 또한 신부가 가지고 있는 신부대는 가족 내에서 신부의 결정권을 강화시킬 뿐 아니라 신부가 지속적으로 친정 가족을 돌볼 수 있는 물질적 자원으로서 역할하기도 한다.

이처럼 딸과 친정 부모 간의 호혜적인 관계가 강화된 것은 중국 농촌의 시장개혁이 만들어온 몇 가지 중요한 문화변동의 맥락에서 더욱 선명하게 이해될 수 있다. 첫째, 부모의 딸과의 관계가 중요하게 된 것은 우선적으로 시장개혁 이후 농민들의 자녀수가 급격하게 줄었다는 사실과 관련이 있다. 1979년부터 35년이 넘게 실시되어 온 계획생육 정책은 가족 내 자녀의 절대적인 숫자를 줄임으로써 아들 딸 모두 소중하게 여길 수밖에 없는 환경을 조성했고, 결과적으로 성별에 따른 자녀 차별이 줄어드는 데 기여했다(Engel 1984; Dalsimer and Nisonoff 1987; Davin 1985; 江立華 · 熊鳳水 2007). 더욱이 시장개혁으로 인해 별다른 자원 없이 도시민과 경쟁을 해야 되는 농민들은 자발적으로 자식을 적게 낳고 있다. 펑롱현에서 관찰한 바에 따르면, 생산력이 낮은 지역의 농민으로서 합법적으로 두 명의 자녀를 낳을 수 있음에도 불구하고 자식의 경쟁력을 높이기 위해 아들 딸 구별 없이 한 명만을 낳기를 선택하는 젊은 부부들이 늘어나고 있다.

둘째, 부모와 딸의 관계가 과거에 비해 중요해진 것은 농촌의 시장개혁과 더불어 농사일의 중요성이 상대적으로 줄어든 반면, 현금 수입의 다양한 기회들이 형성되어온 것과 관련이 있다. 많은 농민에게 농사일이 더 이상 주된 수입원이 아니게 되면서 남성 노동력(아들의 출산)은 그만큼 농촌 사회에서 덜 중요하게 되었다. 또한 상업과 서비스업의 등장은 여성도 남성 못지않게 가구 경제에 기여할 수 있다는 믿음을 농촌 사회에 확산시켰다. 이처럼 현금 수입의 다양한 기회들이 등장함에 따라 부모들은 더 이상 딸의 신부대로 아들을 혼인시켜야 한다는 생각을 할 이유가 없게 되었다. 과거에는 딸의 혼인을 통해 받는 신부대 외에는 농민들이 딱히 많은 현금을 쥘 기회가 없었지만, 이제는 신부대가 아니라고 하더라도 현금 벌이가 가능하게 된 것이다. 물론 아들을 둔 부모들은 아들의 혼인에 들어가는 비용 마련으로 인해 많은 부담감을 느끼고 있다. 단순히 신부대뿐 아니라 집을 개조하고, 집안에 살림살이를 들여놓는 등 아들 한 명을 장가보내기 위해서 엄청난 돈이 들기 때문이다.

셋째, 앞서 언급한 두 가지 맥락 속에서 농촌의 부모들은 더 이상 노후 돌봄에 있어서 아들에 대한 절대적인 신뢰나 기대를 하지 못하게 된 것으로 보인다. 아들을 혼인시키기 위해서 엄청난 노동과 시간을 투여하고 있지만, 과연 아들과 며느리가 늙은 부모를 돌볼 수 있을 만큼 경제적인 능력과 의지가 있을지, 심지어 농촌에 계속 살지조차 불확실하다고 느낀다. 이러한 사회경제적 변화 상황 속에서 농촌의 부모들은 기존과는 다른 삶의 방식으로서 아들뿐 아니라 딸과도 부모-자식의 호혜적 관계를 새롭게 성립해나가고 있다고 할

수 있다. 결국, 신부대의 딸로의 전이는 중국 농촌의 전반적인 사회
경제적 변화와 맞물려 있는 문화변동의 한 측면을 보여준다고 할 수
있다.

제5장

오늘날의 현처양모: 가족과 젠더 역할

1. 현모양처, 양처현모, 현처양모

'현모양처'라는 개념은 현대 한국인에게는 꽤 익숙한 개념이다. 이 삼십 년 전만 해도 흔했던, "제 꿈은 현모양처예요"라고 말하는 여학생은 오늘날엔 거의 없지만, 아직도 한국인에게 '현모양처'는 대표적인 여성의 이상형으로서 언급되며, 단적으로 '현모양처'를 구현하고 있다고 여겨지는 신사임당은 여성으로서 유일하게 한국의 지폐에 새겨진 인물이다.

사실 현모양처 개념은 조선 중기 화가인 신사임당과는 아무런 상관없는 근대의 산물이며, 신사임당이 현모양처를 구현하는 인물이 된 것은 전통이 발명된 대표적인 사례라고 할 수 있다(Hobsbawm and Ranger 1983). 신사임당과 같은 '전통적'인 인물이 '현모양처'의 전형으로 만들어지게 된 데에는 당시 조선의 국가적 필요와 '신여성'에 대한 사회적 반발심이 맥락으로 존재했다(홍양희 2010, 2016; 김수진 2008; 이숙인 2008). 즉, 부국강병과 근대국가 건설이라는 국가적 사명 속에서 근대 주체를 잘 양성할 수 있는 어머니로서 여성에 대한 교육이 강조되었는데, 이때 현모양처 담론은 이전에 없던 여성 교육의 필요성을 설명하는 좋은 이유가 될 수 있었다. 같은 시기에 남녀평등이나 여성의 성해방과 같은 보다 '급진적'인 페미니스트 담론도 제기되었지만, 이에 대해서는 국가와 사회는 관심을 두지 않았다. 국가는 '현대적'인 여성이나 '여성해방'이 필요했던 것이 아니라, 국가의 필요에 순응할 수 있는 '전통적'인 여성을 원했던 것이다. 자녀의 이상적인 양육자이자 남편을 위한 헌신적인 내조자이면서도, '신여성'과 같이 기존의 성도덕과 가정윤리를 파괴하지 않는 존재인 신사임당과 같은 전근대적 여성이야말로 '현모양처'의 근대적 개념을 대표하는 인물이 될 수 있었다.

그러나 근대의 현모양처 담론은 전근대의 삼종지도(三從之道)를 이상으로 하는 여성상과는 근본적인 차이가 있었다. 근대의 현모양처가 전근대 여성상과 가장 다른 점은 여성을 자녀교육 담당자로 설정하고 여성도 배워야 한다고 강조하는 데 있었다. 조선시대 자녀교육은 아들 중심이었으며 그 담당자는 아버지였다. 어머니는 아들을 '낳는' 존재였지 '가르치는' 존재가 아니었다. 삼종지도란 곧 어렸을 때는 아버지를, 혼인한 후에는 남편을, 그리고 늙어서는 아들을 따른다는 의미로, 여성에게 자식은 따라야 할 존재였지 가르치는 존재가 아니었다. 그리고 조선시대 여성에게 학문이란 무용지물이었다. 여성은 시부모를 잘 모시고 아들을 낳아 대를 잇고, 제사를 모시고, 손님 접대를 잘 하는 것이 최고의 덕이었으며, 남자처럼 공부하거나 글을 짓는 것은 점잖은 집 여자가 할 일이 아니라고 생각되었기 때문이다.

그러나 근대의 현모양처 담론은 자식을 잘 가르치고 남편을 내조하기 위해서 여자도 남자처럼 배워야 한다고 역설했다. 남편이 집 밖에 나가 경제활동에 종사할 때 아내는 자식교육과 집안 살림을 맡아 해야 하니 무지해서는 안 된다는 것이다. 어린아이들의 교육은 어머니가 도맡아서 해야 하는데, 만약 지식이 없으면 교육하는 방법을 알지 못한 나머지 아이들의 성장을 제대로 이끌 수 없고 결과적으로 부국강병을 이루는 데 도움이 되지 못한다고 여겨졌다. 이러한 사고는 삼종지도를 이상으로 한 전근대적 여성상과 비교하면 커다란 변화였다.

흥미로운 점은 근대 초기에 한국, 일본, 중국에서 모두 '현모양처'와 같거나 비슷한 어휘가 사용되어왔다는 점이다. 일본에서는 '현모양처'와 '양처현모'가 동시에 사용되다가 이후에 '양처현모'로 정착했다. 중국에서는 '현처양모'가 사용되었으며, 한국에서는 '현모양처'가 사용되었다. 동아시아에서 '현모양처' 혹은 '현처양모'가 규범으로 쓰이기 시작한 것은 세 나라 모두 19세기 말 근대국가의 건설을 모색하는 과정과 깊은 관련을 맺고 있다.

일본은 근대국가로서의 체제를 정비하던 메이지(明治) 30년대에 민족주의가 고양되는 상황 속에서 여성 교육에 주목하고, 이 과정에서 여성의 권한을 가정 내로 한정시키기 위한 규범의 하나로 현모양처 또는 양처현모 사상을 제기했다. 현모양처는 일본의 교육자인 나카무라 마사나오(中村正直)에 의해서 처음 사용되었다고 알려져 있다. 1872년 일본 문부성은 여성 교육의 목표를 다음과 같이 발표했다. "일반 여자에게도 남자와 같은 교육을 받게 할 것이다. 인간의 도에는 남녀의 차가 없다. 남자에게 학문이 있는데 여자에게 없는 것은 안 된다. 자녀교육에 모(母)의 힘이 크게 작용하여 자녀의 재(才), 부재(不才)는 모의 현(賢), 불현(不賢)에 달려 있다. 금일의 여자는 내일의 모다. 여자가 배워야 할 이유는 크다." 이러한 여성 교육 정책을 통해 양처현모 사상은 메이지 정부에 의해 여성을 국민 재생산의 도구로 간주하고, 근대국가를 천황제 가족국가로 체계화하는 이데올로기로 이용되었다.

조선에 현모양처라는 용어가 사용되었던 것은 을미협약 이후 일본의 영향력이 조선의 여성 교육에 영향을 끼치기 시작한 것과 시기를 같이한다. 즉, 1906년 5월에 양규의숙(養閨義塾)의 설립을 위한 발기인이 조직되었는데, 그해 6월에 개교한 이 여학교의 설립취지문에 "華族及士庶女子(화족급사서여자)를 募集(모집)하여 維新(유신)에 學問(학문)과 女工(여공)에 精藝(정예)와 婦德順哲(부덕순철)을 敎育(교육)하야 賢母良妻(현모양처)의 資質(자질)을 養成完備(양성완비)하야…"라고 서술되어 있다(홍양희 2010). 이로써 '유신(維新)을 위한 학문 습득'과 '여성의 가사기술(家事技術)의 숙련' 및 '부덕(婦德)의 함양'이 현모양처의 자질이었음을 알 수 있다. 조선의 개혁가들은 문명개화와 부국강병을 위해서는 그동안 교육의 대상에서 제외되어

온 여성들에게 눈을 돌려 인구의 절반인 여성들을 가르쳐야 한다고 입을 모았다. 그리고 1905년 을사조약으로 국권을 잃은 뒤에는 일본 식민지배의 영향 속에서 현모양처 교육을 강조했다. 당시 일본은 식민제국으로서 강인한 국민을 양성하기 위해 현모양처(혹은 양처현모) 교육을 추구했다. 그러나 조선의 경우에는 비슷한 시기에 일본 지배를 탈피하여 국권을 회복하고 국가발전을 도모하기 위해서 현모양처를 양성하는 것이 필요하다고 생각되었다. 즉, 현모양처 담론은 근대 초기 동북아시아 식민지배의 맥락 속에서 '부국강병'이라는 근대적 담론의 근간으로서 식민지배 국가의 담론이자 동시에 피식민지배 국가의 담론으로 사용되었다.

중국에서 현모양처라는 용어가 문헌에 처음으로 등장한 것은 1904년 12월《여자세계(女子世界)》제12기에 실린 쑤잉(蘇英)의 쑤쑤여학교(蘇蘇女校) 개학식 연설사이다(김은희 2013). 이어 1906년 4월 22일 《순티엔시보(順天時報)》에는 당시 일본의 문부대신인 마키노 노부아키(牧野伸顯)의 연설문이 번역·게재되었는데, 현모양처의 양성을 중심 내용으로 하는 일본의 여성 교육 정책을 밝히는 내용이었다. 《순티엔시보》가 일본 외무성이 베이징에서 발행한 중국어신문이라는 점을 고려할 때, 중국에서 '현처양모'라는 용어의 사용 역시 조선에서와 마찬가지로 일본의 현모양처 사상의 전래와 밀접한 연관이 있다는 것을 알 수 있다. 이후 장제스가 이끄는 중국국민당 정권에서 발행한 교과서에는 가정 관리와 육아, 자녀교육에 과학적이고 전문적인 지식을 지니고, 남편이 국민의 역할을 다하도록 내조하고 미래의 국민인 자녀를 교육하는 현모양처를 이상적인 여성상으로 가르쳤다.

　세 나라가 근대국가의 건설과 부국강병의 열망 속에서 현모양처 사상을 보급하게 된 것은 비슷하지만, 세 나라가 근대화를 진행해온 과정은 각기 다르고 특수하기에 이후에 현모양처 담론이 어떻게 진행되었는가를 살펴보는 일은 중요하다. 이 장에서는 이러한 공통점과 차이점을 염두에 두면서, 먼저 중국에서의 '현처양모' 개념의 변천에 대해서 간단하게 살펴보고, 다음으로 오늘날의 농촌 여성에게 현처양모 사상이 어떻게 받아들여지고 있는가에 대해서 현지조사 자료를 통해 알아보고자 한다. 그리고 마지막으로, 베이징 NGO 활동을 중심으로 2000년대 중반 시기 농촌 여성의 계몽에 현처양모 사상이 어떻게 활용되고 있는가를 민족지적 사례를 통해 다루어보고자 한다.

2. 현처양모 개념의 역사적 변천

선한 아내와 어머니: 전통적인 여성의 이상적인 모델

　전통 중국 사회에서 여성의 이상적인 이미지는 전형적인 주부 역할이며, 여성의 최고의 삶의 가치와 도덕은 훌륭한 아내와 어머니가 되는 것이었다. 모든 왕조의 통치자들은 봉건 통치를 강화할 필요 속에서 여성의 도리와 역할에 관심을 기울였으며, 모두 여성의 '어짐(賢)'을 높이 평가하고 어짐을 가족을 지배하고 국가를 통치하는 근본으로 간주했다. 한(漢)나라의 《여계(女诫)》에서는 "아내가 덕이 없으면 남편이 일을 이룰 수 없다"고 언급했으며, 명(明)나라의《내훈(內訓)》에서는 "고대를 되돌아보면 나라의 번영이 여성의 미덕 없이 이루어진 것은 없다"고 했다. 훌륭한 아내는 남편과 직접 관계가 있었으며, 따라서 고대 중국 전통문화에서 남편의 요구를 충족시키고 남편의 이익을 무엇보다 중요하게 생각하는 것이 바로 아내의 의무였다. 전통사회에서 인정받는 훌륭한 아내는 남존여비(男尊女卑), 삼종사덕(三從四德) 및 "여성은 재능이 없어야 덕이 있다(女子无才便是德)"는 요구사항을 충족해야 했다.

좋은 아내가 되려면, 첫째로는 남편의 부모를 존중하고 규범에 따라 시아버지가 인정하는 며느리가 되어야 했다. 둘째, 남편의 옷, 음식, 피난처, 질병, 삶과 죽음에 책임이 있었으며, 정절을 유지하고 질투하지 않아야 했다. 마지막으로, 부지런하고 검소해야 했다. 또한 좋은 어머니란 도덕적 규범에 따라 자녀를 잘 키워 장차 사회에 널리 이름을 알릴만한 사람으로 자라나게 하는 사람이었다. 고대 중국인들은 "자기 수련을 하고 가족을 다스릴 수 있어야 나라와 세계를 지배한다(修身齐家治国平天下)"고 믿었다. 즉, 세상의 근본은 '가족(家)'이며, 가족 교육을 통해 집안을 다스리고 나아가 세상을 지배할 수 있다고 생각했다. 같은 맥락에서, 맹모삼천지교(孟母三遷之敎)로 잘 알려진 맹자의 어머니는 자녀교육에서 중요한 역할을 했다는 이유로 역사적으로 유명한 인물이 될 수 있었다.

전통적인 현처양모의 개념은 남성 중심의 가부장 문화에 기초한 가족제도와 남녀차별에 근거한 규범이었다. 현처양모는 현명한 사랑, 용감한 자기희생, 근검한 살림살이, 부모에 대한 효도와 배우자에 대한 존중, 자녀에 대한 성실한 교육과 같은 많은 훌륭한 덕목을 포함하고 있었다. 그러나 동시에 이러한 규범은 근본적으로 남녀차별적인 성격을 지니고 있어서, 여성들이 경직된 성별 규범에 따르기만을 강조해왔다. 첫째, 전통적인 현처양모의 개념은 '남존여비' 사상에 기반을 두고 있었으며, 여성에게 독립적인 인격과 자유가 없이 '종', '순', '정'과 같은 남편을 향한 일방적인 의무와 책임만 부여했다. 둘째, 전통적인 현처양모 개념은 '남주외, 여주내(男主外女主內)' 라는 사회적 분업의 기반 위에서 여성의 사회 활동 참여에 대한 권리를 박탈하고 여성을 가정이라는 틀 안에 가두고자 했다. 셋째, 전통적인 현처양모 개념은 여성을 사회규범에 종속된 약자로 규정하면서, 여성의 가치는 오로지 남편, 아들을 통해 간접적으로 실현되는 것으로 바라보고 있었다. 이러한 특징과 한계들은 전통적인 현처양모 개념이 고대의 자급자족적인 소농경제라는 환경의 산물이라는 것을 보여준다.

현처양모의 근대적 변화

근대 중국의 격렬한 사회변동 속에서 서구 페미니즘이 유입되면서, 전통적인 의미의 현처양모가 사상 초유의 충격 속에 동서양 문화 충돌의 형태로 변화하게 되었다. 전통적인 여성의 미덕을 계승하고 널리 알리는 동시에 서양의 남녀평등 사상을 받아들여 새로운 시대적 특징을 갖게 된 것을 가리켜 '신현처양모(新賢妻良母)'라고 한다. 신현처양모의 '신(新)'은 "여자는 재능이 없어야 덕이 있다"라고 하는 낡은 관념에 대한 변화된 관점을 뜻한다. 신현처양모의 담론에서는 여성을 교육하고 여성의 지식을 개발해야 한다는, 여성의 재능과 덕에 대한 새로운 관념을 주창했다.

청나라의 유신파는 서양의 새로운 사상을 받아들이면서 전통문화에 대한 반성을 통해 "여성의 교육을 흥하게 하고 여성의 지성을 개발한다(兴女学开女智)"는 입장을 제출했으며, 이를 통해 여성이 '현녀, 현부, 현모'가 될 수 있다고 주장했다. 예컨대, 유신파의 일원인 쩡관잉(鄭觀應)은 "여성 교육이 가장 흥한 나라가 가장 강한 나라이며, 싸우지 않고 남을 굴복시키는 군대이다. 여성 교육이 번성한 곳이 나라가 번성하고, 여성의 지성이 쇠하면 어머니의 가르침이 사라지고 어리석은 백성이 많아지며, 지혜로운 국민이 적어지게 되니 나라가 생존한다면 그나마 다행이다"라고 했다.

량치챠오(梁启超)는 무술변법 시기에 여성의 교육을 증진하는 것이야말로 신현처양모의 중요한 요건임을 명확히 했다. 량치챠오는 《여학당을 제창하여 열다(倡设女学堂启)》에서 "여성이 배울 수 있도록 해서 지식을 가진 후에야 도리를 알고 남편을 현명하게 내조할 수 있고, 어머니로서 책임을 담당할 수 있으며, 위로는 남편을 상대하고 아래로는 자식을 가르치며, 가까이는 집안을 잘 꾸릴 수 있고 멀리는 농사를 잘 짓는 목적을 달성할 수 있다"고 했다. 또한 그는 여성 교육은 "내적으로는 마음을 넓히고 밖에서는 생계를 돕고, 일거양득이다"고도 했다. 량치챠오가 서구의 문명과 제도를 수용함으로써 부국강병을 꾀하고자 했던 무술변법 시기에 이러한 내용을 주장했다는 것은 신현처양모는 민족적 위기가 전례 없이 심각한 상황에서 중요한 문제를 해결하는 사회적 담론으로 사용되었다는 것을 의미한다. 즉, 신현처양모는 여성 문제를 해결하려는 목적보다는 강력한 국가수호의 요구 속에서 등장했으며, 그런 의미에서 전통 시기의 현처양모와는 다른 함의를 가졌다.

한편, 남녀평등 사상은 전통적 현처양모의 개념을 변화하도록 추동했다. 유신파의 일부 지식인들은 서양에서 천부인권 사상을 도입하고 서구 페미니스트로부터 여성해방의 기치를 이어받아 근대 중국 여성해방의 선봉에 서고자 했다. 이들은 '남존여비', '남편은 아내의 뼈대가 된다(夫为妻纲)', '남주외, 여주내'라는 낡은 관념을 천부인권과 남녀평등의 개념을 이용하여 비판했다. 또 유신파는 전족 금지 운동을 벌여 여성 교육을 일으키고 여성 신문을 출판하며 형식과 내용 두 가지 방면에서 모두 여성을 해방하고자 했다. 이러한 활동은 국가를 멸망으로부터 구하고 민족의 생존을 도모하는(救亡图存) 흐름을 확장시키는 동시에 선진 여성의 각성을 촉진하는 것이라고 보았다.

캉요우웨이(康有爲)의 딸인 캉통웨이(康同薇), 캉통비(康同璧), 량치챠오의 아내 리후이시엔(李慧仙) 등 지식을 가진 소수의 지식인 여성들은 새 시대에 적합한 신여성으로서 자신의 해방에 적극적으로 나섰다. 비록 전체 여성 인구를 고려한다면 이와 같은 진보적인 지식인 여성이 차지하는 비율이 매우 적고 각성의 정도도 상대적으로 낮았다. 또한 유신파 자신이 가지고 있는 봉건적인 특성으로 인해서 신현처양모 개념은 여전히 전통적인 색채를 가지고 있었다. 그러나 신현처양모 사상은 전통적인 여성상과는 달리 시대 발전의 방향을 대표하여 후세 여성의 사회 진출과 사회 참여의 선구자가 되었다.

신해혁명과 5 · 4운동 때 새로운 사상을 받아들인 지식인 여성들은 유신파가 제시한 현처양모의 내포적 함의를 수정하여 전통적인 여성상을 깨고 할머니나 어머니 세대와는 다른 새로운 삶을 살기 시작했다. 그러나 현처양모의 함의는 당시의 사회, 정치, 경제, 사상, 문화의 제약과 제한을 받을 수밖에 없었으며, 비로소 중화인민공화국이 성립되면서부터 질적인 변화를 경험하게 되었다. 중화인민공화국에서 추구한 남녀평등의 원칙들은 현처양모의 담론이 개혁개방 이후 현대적 전환을 실현할 수 있도록 물질적인 전제와 가능성을 제공했다.

현처양모의 현대적 전환

중화인민공화국이 성립된 후, 사유제가 없어지고 국가 소유의 사회주의 체제가 건설되었다. 여성이 남성과 동등한 권리와 지위를 가질 수 있도록 법적으로 보장되었으며, 여성들은 전통적인 가족 역할을 수행하는 동시에 새롭게 부여받은 사회적 역할을 해야 했다. 마오쩌둥 시기의 신중국에서 적어도 공식적 담론에서 현처양모의 개념은 거부되었다. 여성은 집 밖으로 나올 것이 기대되었고, 남성과 마찬가지로 국가를 위해 공적 영역에서 헌신하는 사람이어야 했다. 여전히 여성이 집안에서 살림을 맡고 아이 양육의 책임을 지니고 있었지만, 그 역할은 공적 영역에서 수행하는 역할보다 중요하게 여겨지지 않았다.

현처양모의 개념이 새롭게 사회적 담론으로 등장한 것은 개혁개방 이후 특히 계획경제에서 시장경제로의 전환 과정에서이다. 이 시기에 중국 여성들은 여러 가지의 기회와 도전에 직면했다. 여성의 역할 충돌은 여성의 삶과 일, 그리고 발전에 영향을 미치는 중요한 요소가 되었다. 현대 여성은 과연 어떤 모습일까? 현처양모형, 사업형＋현처양모형, 사업형 등 현대 여성의 모습을 표현하는 여러 가지 방식이 있다. 한 조사에 따르면 직장을 가진 여성의 62퍼센트가 직업과 가정을 양립하기를 원했고, 33.5퍼센트는 직업이 중요하다고 주장했고, 4.5퍼센트는 직업을 원하지 않고 오로지 집에서 아이와 집안일을 돌보기를 원했다(婦女硏究論叢 1993). 이것은 절대다수의 여성들이 사업의 성공을 추구하고 사회적 역할을 하면서도 여전히 가정에서 현처양모 역할을 하고 싶다는 것을 보여준다. 사회적 역할을 버리고 단순히 가정주부가 되기를 원하는 사람은 많지 않았다. 이처럼 가족 역할과 사회 역할의 양립은 개혁개방 이후 현처양모 담론이 갖는 변화된 시대적 특징 중 하나이다.

현대적 의미의 현처양모는 앞선 신현처양모와 그 개념적 성격이 다르다. 먼저, 현대적 의미의 현처양모도 전통 여성의 훌륭한 덕목의 함양을 여전히 중요하게 여긴다는 점에서 공통적이다. 그러나 현대적인 의미의 현처양모는 국가의 보위나 강한 근대국가를 추구하기 위해서 사회적으로 요구되는 규범이라기보다는, 남녀평등의 원칙에 기초를 둔 여성의 자아선택이자 자아 가치를 실현하는 길의 하나로서 나타난다. 또한 현대적인 의미의 현처양모는 문화적이고 지적인 현대 여성으로서 여성 스스로가 자신의 종합적인 자질을 계발하고자 하는 것을 뜻한다.

현대적인 의미에서의 현처양모는 과거와는 분명히 다른 의미를 지니고 있을 뿐만 아니라 개인이 '선택'할 수 있는 모습이라는 점에서 근본적인 차이가 있다. 그러나 여전히 현대적인 의미의 현처양모도 한계를 가지고 있다. 남녀평등의 원칙에 기초를 둔 여성의 자아선택이라고 하지만, 여전히 사회적인 가치에서 남녀의 이중 잣대는 아직도 강력한 문화적 기준으로 남아 있다. 예컨대, 여성의 성공에 대한 사회적 검증 기준은 이중적이다. 남성의 경우 사업을 잘하면 성공한 것으로 간주하는 반면에 성공한 여성이란 자신의 사업이 잘될 뿐만 아니라 반드시 가정이 원만해야만 한다. 사회적으로 '사업형＋현처양모형'을 수용하고 있고, 상당히 많은 여성이 가정뿐 아니라 직장을 갖기를 선호하지만, 사람들은 사업적으로는 성공해도 가정적으로 원만하지 못한 여성을 여전히 부정적인 시선으로 바라본다. 그런 의미에서 전통적인 여성에 대한 가치관은 여전히 오늘날에도 여성의 삶에 대한 가치 관념과 가치 평가에 영향을 미치고 있다고 할 수 있으며, 여전히 가족에 대한 여성의 역할에 대한 기대도 매우 높다.

3. 현처양모를 꿈꾸는 중국 농촌 여성들

2005년에 첸장촌에서 나는 성별, 연령, 친족관계를 고려하여 총 네 개의 집단을 대상으로 초점집단 연구를 수행했다. 개별 인터뷰를 진행하기 전에, 마을 주민들의 일반적인 젠더 관념을 알아보기 위한 조사였다. 질문 중 한 가지는 "좋은 여성이란 어떤 사람입니까?"라는 것이었다. 이 지역에서 여성에 대한 이상형이 무엇인가를 묻는 말이었다. 여덟 사람이 참여하는 젊은 여성 집단에서 세 사람이 '현처양모'를 그들이 생각하는 '좋은 여성'이라고 대답했다. 나이든 집단에서는 다섯 사람으로 더 많은 비율이 '현처양모'를 그들이 생각하는 이상적인 여성형의 표현으로서 언급했다. 한국에서는 현모양처라는 개념이 이미 여성의 이상형으로는 자주 언급되지는 않는 시절이었기 때문에 마을 여성들의 이와 같은 답변에 나는 좀 놀랄 수밖에 없었다.

초점집단 연구를 마치고, 그날 저녁 내가 묵고 있는 집의 안주인인 꿰이민에게 '현처양모'라는 답이 많이 나왔다는 이야기를 했더니, 대뜸 "현처양모라면 신(辛) 씨를 만나봐야지"라고 대답했다. 꿰이민은 부녀주임으로 수십 년간 일했고, 또 전통적인 여성 관념에 대해서 적극적으로 반기를 드는 문화대혁명의 주역이던 사람이었다. 그러나 그녀가 이번에 현처양모에 대해 언급하는 태도는 '무시'라기보다는 도리어 상당히 '존중'하는 모습이었다. 어째서 그 사람이 현처양모인가 하고 물었더니, 그 사람은 시부모가 병이 들었는데도 돌아가실 때까지 잘 돌보았을 뿐 아니라, 결혼한 이후 남편과 단 한 번도 싸운 적이 없고, 아들도 둘을 낳아 건실하게 잘 키웠다고 했다. 꿰이민의 대답을 통해서, 마을에서 생각하는 '현처양모'가 꽤 전통적인 개념이라는 것을 알 수 있었다. 결혼한 이후 남편과 단 한 번도 싸우지 않는다는 것이 정확히 어떤 상황을 지칭하는 것인지는 알 수 없지만, 만일 모든 일을 남편 뜻에 따라 하는 순종적인 자세를 이야기한 것이라면 상당히 '봉건적'인 개념일 것이었다.

며칠 후, 옌메이(艳美)를 만나서 현처양모에 관한 의견을 물었다. 페이민이 50대 중년 여성이라면, 옌메이는 20대 초반이니 의견이 다를 수도 있을 것이었다. 예상컨대, "무슨 현처양모!"라고 비웃지 않을까도 생각했다. 그런데 예상과 달리 옌메이도 현처양모는 일반 사람들이 잘 이룰 수 없지만 숭고한 여성의 이상형이라고 생각했다. 단지 페이민과 달리, 옌메이에게 마을 주민 중에서 현처양모로 생각되는 사람이 달랐다. 옌메이는 마을 의사인 진따이푸(金大夫)를 언급했는데, 진따이푸는 의사로서 자기 일을 하고 돈을 벌면서도 결혼을 하고 아이를 셋이나 낳아 다 도시에서 대학까지 성공적으로 공부를 시켰다는 것이었다. 페이민과 옌메이의 현처양모에 대한 기준이 조금 다르다는 것을 알 수 있는 대목이었다.

즉, 페이민처럼 50대 중반의 세대에게는 현처양모는 무엇보다 나이든 시부모를 어떻게 잘 돌보고 또 남편에게 순종하는가가 중요한 기준으로 나타났다. 신 씨가 바로 모범 사례로 등장할 수 있었던 것도 그녀가 그와 같은 자질과 경험을 지니고 있었기 때문이었다. 마을에 점차 오래 머물게 되면서 알게 된 사실이지만, 신 씨는 마을 주민들 사이에 가장 좋은 평판을 얻고 있었다. 나는 마을을 떠날 때까지 그 누구에게서 단 한 번도 그녀에 관한 나쁜 이야기를 들은 적이 없었다. 반면 옌메이처럼 20대 젊은 여성들에게 현처양모의 중요한 자질 중 한 가지는 사업적인 능력이었다. 집안에서 아내와 어머니의 역할을 하는 것만으로는 젊은 세대에게 현처양모의 모습으로 비추어지지 않았고, 진정 현명한 아내와 어머니라면 적극적으로 돈을 벌어 자식들이 성공할 수 있도록 지지하고 지원해줄 수 있어야 했다.

그러나 점차 마을에 오래 머물게 되고 진따이푸와 개인 면담을 진행할 수 있게 되면서 알게 된 사실이지만, 진따이푸는 그다지 삶이 행복하지는 않았다. 진따이푸는 열심히 일해서 세 명의 자식들을 모두 도시에서 대학을 보내놓거나 졸업을 시켰지만, 그 자식들을 볼 날이 거의 없었다. 남편도 자식에게 부쳐줄 돈을 벌기 위해 근처 다른 지방에 가서 농민공으로 일하고 있었다. 그녀는 마을에서 혼자 옥수수밭을 돌보고 또 의사 노릇을 하면서 외롭게 생활을 했다. 내가 보기에 진따이푸의 삶은 전혀 이상적이지도 않았고 행복해 보이지도 않았다. 진따이푸는 외로움으로 인한 자신의 우울감을 여러 번 내게 호소했고, 남편과 자식들이 전화도 자주 하지 않는다고 섭섭해하곤 했다. 그렇지만 아이러니하게도, 마을의 20대 젊은 여성 중 상당수는 진따이푸를 현처양모이자 이상적인 여성으로 꼽고 있었는데, 그녀가 여성의 역할이라고 할 수 있는 모든 면에서 성공했기 때문이었다. 직업도 있고, 결혼도 하고, 자식들을 모두 도시에서 대학까지 교육하고, 이 모든 것은 농촌 마을에서 쉽게 이룰 수 없는 업적이었고, 아무리 진따이푸가 우울증으로 힘들어한다고 하더라도 젊은이들이 부러워할 수 있는 요소였다.

오늘날의 허베이 농촌에서 현처양모는 이미 그 의미가 변화하고 있었다. '현처'는 단지 집안에서 살림을 검소하게 잘 꾸리고 남편에게 순종하는 것을 뜻하지 않았다. 오히려 개혁개방의 변화하는 사회 경제적 환경 속에서 집안 경제를 번영할 수 있도록 경제적 능력을 갖추는 것이 더 중요하게 여겨졌다. 실제로 농촌의 여성들은 농사를 짓고 있지만은 않았다. 쌀쌀한 기후와 척박한 토양을 지닌 산골 농촌인 첸장촌을 포함한 펑룽현에서 주민들은 옥수수를 주로 재배하고 있었다. 주변 산지를 개간해서 만든 토지에서 키우는 옥수수는 사실상 생산성이 그다지 높지 못했다. 일 년 내내 벌어봤자 평균 농가 수입은 2000년도 중반 당시에 인민폐 3000위안(한화 약 60만 원)에 불과했다. 그나마 옥수수의 장점은 손이 덜 가는 작물이어서 주민들은 때때로 종자를 심거나 비료를 주는 일을 제외하면 다른 일을 할 수 있다는 장점이 있었다.

따라서 대부분의 남성 농민들은 마을 근처의 가까운 시내나 먼 도시에 나가서 현금 벌이에 참여하고 있었다. 주변에는 새롭게 집을 짓거나 건물을 짓는 일들이 많았고, 남성 농민들은 이곳에서 미장이나 목공, 도배 일을 맡아서 했다. 혹은 광산 개발에 참여하기도 했다. 광산 개발은 대개 외지 사람이 와서 진행하곤 했는데, 그중에는 외국 기업에서 투자하는 예도 있었다. 마을의 촌장은 그러한 기업체 담당자에게 마을 주민들을 소개해주는 브로커 역할을 맡곤 했다. 마을 주민들은 농사일 외의 다른 수입을 필요했고, 기업체는 저임금 노동력을 구하는 상황이었기 때문에 어떤 면에서 보면 상호 간의 필요를 충족시키고 있다고 볼 수도 있었다. 그렇지만 조금만 더 내부 사정을 들여다보면, 일의 위험함에 비해서 임금도 적었을 뿐 아니라 노동자의 복지나 인권에 대해서는 거의 고려하지 않은 불공평한 계약관계였다. 하루에 20~30위안(한화 4000원에서 6000원) 정도의 임금은 갱도에 들어가서 일하는 위험성이나 장시간 노동에 비하면 터무니없었다. 만일 갱도 폭발로 인해 사고라도 난다고 하면 농민들은 제대로 된 보상을 받을 수 없었다.

실제로 첸장촌의 한 남자는 근처 광산에서 일하다가 폭발 사고로 두 눈을 실명했는데 광산업 사장이 위로금으로 1만 위안(한화 200만 원)을 전달해준 것 외에는 아무런 보상도, 사후 대책도 받을 수가 없었다. 남편이 두 눈을 실명한 후에, 아내는 폐품 수집을 통해서 생계를 이어가려고 애를 썼지만 두 명의 학령기 자녀들을 키울 형편이 되지 않았고 삶을 꾸려나갈 자신이 없어서 매일같이 우울감에 빠져 지냈다. 심지어 그녀에게 자주 도움을 주던 이웃집 남자의 아내가 와서 두 사람의 관계를 공개적으로 문제제기하는 사건이 터지자 마을에서는 그녀를 도덕적으로 정숙하지 못한 사람이라고 낙인을 찍는 일이 발생했다. 안타깝게도 그 일이 발생하고 얼마 후 그녀는 자살했다. 이처럼 농민 출신 노동자들의 처우와 복지에 대해서 불공평한 계약관계는 농촌의 삶을 피폐하게 하는 주된 원인 중 하나로 작동하고 있었다.

남성들이 근처 시내나 먼 대도시에서 건설업이나 광산업을 통해 현금 벌이를 한다면, 여성들은 밭일을 전담하면서 집안일과 아이를 돌보거나 혹은 거기에 더해서 마을 근처에서 소일거리를 찾아 일하면서 추가적인 현금을 벌어들이고자 했다. 가장 흔하게 보이는 것은 오일장에 물건을 파는 일이었다. 오일장은 펑룽현 중에서도 서부 지역에 속한 지역을 순환하면서 이루어지고 있었는데, 마을 주민 중 서른 가구에 가까운 집들이 농사일을 접어두고 아예 장에서 물건을 파는 일을 전업으로 하고 있었다. 장에서 가장 흔히 발견되는 것은 옷으로, 그때그때 유행하는 옷을 사다가 파는 것이었고, 그 외에도 액세서리를 팔거나 신발을 팔거나 집안 살림에 필요한 잡동사니

오일장에서 옷을 파는 마을 여성(2004년)

를 파는 사람들이 있었다. 물론 혼자 하지 않고 남편과 같이 장사를 하는 집도 있었다.

혹은 여성들은 마을 근처에서 폐품을 수집해서 팔기도 했다. 농촌에서도 시장화와 산업화가 진행되면서 곳곳에 재활용이 가능한 폐품들이 늘어났다. 당장 음료수 캔만 하더라도 예전에는 모두 물을 끓여 차를 마셨다면 이제는 남녀노소 할 것 없이 플라스틱 병이나 캔에 들어 있는 음료를 마시는 게 일상이었다. 여성들은 이러한 폐품을 돌아다니면서 수집해서 마을 근처에 있는 폐품 수집장에 가져다주면 일당을 받았다. 그 일당도 종일해야 20위안(한화 4000원) 정도였기 때문에 많은 금액은 아니었지만, 다른 현금 수입이 없는 사람들에게 폐품 수집은 그래도 어떠한 기술도 필요 없고 위험하지도 않은 현금 벌이 수단이 되었다.

이처럼 '현처'라고 할 때, 그 의미는 시장개혁 정책으로 급변하는 사회경제적 상황 속에서 자신이 멀리 떠난 남편의 도움 없이도 어떻게 스스로 가정을 '경제적으로' 현명하고 능력 있게 꾸려가는가 하는 의미로 점차 변화하고 있었다. 이들의 삶을 보면서, 혼인하지 않은 젊은 여성들은 혼인에 대해서 딱히 긍정적인 생각을 하지는 않았다. 미혼 여성의 경우에는 집안일을 돕는 경우는 있었지만, 혼인하기 전에 생계에 도움이 되는 일을 하도록 특별히 기대되지는 않았는데, 그러한 삶이 혼인한 아내의 삶보다는 훨씬 더 편하게 여겨졌다. 따라서 젊은 여성들의 경우에는 얼마나 부유한 남성을 만나서 혼인하느냐가 중요한 요건으로 고려될 수밖에 없었다. 그렇지만 경제적인 능력만을 보고 혼인을 한다는 것은 여성의 '바람직한 태도'라고 여겨지지 않았기 때문에 '순진한' 여성들은 '사랑'이나 '운명' 등을 믿으며 혼인 상대자를 선택하기도 했다.

'현처'가 이처럼 경제적인 능력을 중심으로 개념이 새롭게 구성해가고 있었다면, '양모'는 어떻게 하면 아이들을 도시의 아이들 못지 않게 '성공적으로' 키워내는가에 초점이 맞추어져 있었다. 여기서 중요한 것은 늘 '도시 아이들'이 아이 양육의 기준으로서 작용하기 시작했다는 점이다. 아이가 그저 착하고 성실하고 능력 있다는 것만으로는 '성공'의 기준을 만족할 수 없었다. 그 기준은 이미 베이징이나 친황다오와 같은 평롱현에서 가까운 '대도시의 아이들'에 맞춰져 있었고, 그에 비해서 과연 아이들을 얼마나 그들과 가깝게 키워낼 수 있느냐가 성공의 기준이 되었다.

2000년대 중반에 자녀교육은 농촌 부모들에게 가장 중요한 관심사 중의 하나였다. 1990년대 이후로 교육기관의 구조조정이 대폭 일어나서, 이제 교육에 대한 책임은 정부의 몫이 아니라 부모의 몫이 되었다. 그 결과 부모들 사이에는 자녀들을 더 좋은 학교에 보내고자 하는 경쟁이 나타났다. 중국인의 교육열은 역사적인 배경이 있다. 왕조 시대에 학문적인 성취는 비록 높은 가문의 남성에게만 해당하는 사안이기는 했지만, 중국 사회에서 커다란 명예였다. 마찬가지로 오늘날 중국에서 대학 교육은 전체 인구 중의 아주 적은 수만 해당하는 것이지만, 농촌에서도 부모들은 자식이 공부를 잘한다면 대학에 보내고 싶다는 꿈을 가지고 있었다. 특히 자녀가 아들일 경우에 그러한 바람은 더 강했다.

마오 시기 동안에 중국의 교육 정책은 모든 이에게 교육의 기회를 개방하고 자원은 중앙정부가 집권하는 형태를 띠고 있었다(Tsang 2000). 이러한 방향 속에서 농촌의 아이들은 도시의 아이들과 똑같이 교육의 기회를 부여받을 수 있었다. 그러나 시장경제에 기초한 교육 개혁 속에서 농촌 아이들에 대한 이익은 더 이상 존재하지 않았다. 양질의 학교와 교육적 자원은 도시에 집중되었고, 도시와 농촌 교육 사이의 간극은 점차 커져서 농촌 부모들에게 광범위하게 퍼져 있는 불안의 원인이 되었다.

교육 개혁에서 아버지와 어머니 모두가 아이 교육에 대한 책임을 부여받았음에도 불구하고, 농촌의 아버지들은 종종 경제적 책임을 제외하고는 양육에 대한 책임에서 면제받는 경향이 있었다. 아이들을 어렸을 때부터 가르치고, 좋은 습관을 훈련시키며 시간을 함께 보내는 사람들은 아버지가 아니라 어머니였다. 그러나 이러한 현상은 아버지들이 자녀교육에 무관심해서라기보다는 아버지들이 스스로 그들의 역할은 자녀교육을 위한 학비를 버는 것으로 생각하고 있기 때문이었다. 또한 현실적으로 아버지들이 자녀교육을 맡아서 하기는 힘들기도 했다. 개혁개방이 수십 년 지난 시점에 이미 허베이성 농촌에서 대부분의 젊은 아버지들은 사업이 크게 성공한 예외적인 경우를 제외하고는 대개 현금 벌이를 위해 근처 시내나 도시에 나가 있었기 때문이다. 다른 지역으로 이주하지 않는다고 하더라도 며칠에 한 번씩 집에 귀가하는 경우가 흔했다. 이러한 사회구조는 농촌 지역에서 자녀교육이 여성의 일이라는 성별 분업을 더욱 강화했다.

이러한 맥락 속에서 교육 개혁은 '바람직한 모성'의 의미를 바꾸어놓았다. 교육자로서 어머니의 역할, 특히 학교에 들어가기 전에 아이를 가르치는 역할과 아이에게 좋은 학교를 선택할 수 있도록 하는 전략적인 능력은 지역에서 '좋은 엄마(好妈妈)' 개념의 핵심을 이루고 있었다. 그러나 쉽게 예상할 수 있듯이, 제한된 자원을 가지고 있는 농촌의 여성에게 '좋은 엄마'가 되는 일은 쉽지 않았다. 마을에는 도서관 하나 제대로 갖추어져 있지 않았고, 마을 주민 중에 신문을 배달해서 보는 사람들도 거의 없었다. 버스를 1시간 가까이 타고 시내로 나간다고 하더라도 서점에는 중고등학교 참고서나 유행하는 소설책이 대부분이었다.

이들에게 정보를 주는 매체는 텔레비전이 거의 유일했다. 문제는 텔레비전을 통해 얻는 정보가 산발적이고 체계적이지 못하며, 오히려 농촌의 어머니들에게 혼란을 키우는 경우도 종종 있다는 것이다. 마을의 젊은 어머니들은 시어머니를 비롯한 주변의 여성들과 텔레비전을 통해서 자녀교육에 대한 조언을 얻곤 했는데, 그러한 조언이 가지각색이어서 어떻게 아이를 키워야 하는지 매우 혼란스러워했다. 그들은 가끔 나에게 미국이나 한국에서 어떻게 아이들을 가르치고 키우는가를 물어보기도 했는데 중국보다 더 교육이 앞서는 지역에서 하는 방식을 따라 하고 싶은 이들의 바람을 반영하고 있었다.

개혁개방은 농촌 주민들에게 교육에 대한 필요성을 더욱 각인시킨 듯했다. 그 이전 시기와의 엄밀한 비교는 힘들지만, 농촌 주민들은 지금처럼 경쟁 사회에서는 좋은 중고등학교를 들어가고 그를 통해 도시에서 대학을 다녀야지만 도시 사람들처럼 '부유하고 편안하게' 살 수 있다고 생각하고 있었다. 직접 표현을 하지는 않는다고 하더라도 농촌의 삶은 미래가 없는 삶으로 느끼고 있었다. 따라서 어린 자녀의 교육에 대해서는 그 누구도 불필요하다거나 반대하는 사람이 없었고, 시어머니 중에는 자신들보다 더 학교 교육을 받은 며느리가 자녀 돌봄에 집중할 수 있도록 집안일을 혼자 떠맡거나 밭에서 일하는 모습이 발견되기도 했다. 또한 젊은 여성들은 이미 결혼하지 전부터도 자신들이 아이를 낳으면 더 커다란 도시로 이주할 것이라고 말하면서, 그 첫 번째 이유는 아이의 교육 때문이라고 했다.

허베이성의 가장 가난한 지역이지만, 평롱현의 곳곳에서 조기 영어교육 열풍이 나타나고 있는 것은 바로 이러한 변화를 보여주는 사례였다. 첸장촌도 2007년부터 영어유치원이 하나 있었다. '태양영어유치원(太阳英语幼儿院)'이라는 이름의 이 유치원을 운영하는 사람

마을 영어유치원의 아이들(2015년)

은 페이민과 리쥔이었다. 페이민은 친황다오에 나가 있는 아들의 몫으로 집이 한 채 더 있었기 때문에 그 집을 세내어서 유치원을 운영하기로 했다. 페이민이 유치원 운영에 참여하게 된 것은 일차적으로 경제적인 수입을 고려해서는 아니었다. 제7장에서 보다 자세하게 소개하겠지만, 페이민은 지식에 대해서 매우 중요하게 여기는 사람으로, 자신이 고등학교 때까지 가장 우수한 성적의 모범생이었지만 문화대혁명으로 인해서 대학을 가지 못한 것을 많이 아쉬워하고 있었다. 페이민은 두 아들이라도 공부를 잘 해서 대학에 보내고 싶었지만 두 아들은 모두 어머니의 소원을 이루어주지 못했다. 큰아들은 초중을 졸업한 뒤 아버지와 사업을 같이 했고, 둘째 아들은 일찌감치 큰 도시로 나가서 일하다가 지금은 도시에서 택시 운전기사를 하고 있었다. 그런 페이민에게는 손자가 하나 있었는데, 그 손자라도 공부를 많이 시켜서 대학을 보내는 것이 페이민의 소원이었다. 그것이 리쥔이 이 마을에서 유치원을 열고자 했을 때, 페이민이 자기의 빈집 한 칸을 선뜻 내주게 된 배경이었다.

마을 영어유치원은 인기가 좋았다. 사실 영어유치원이기 때문에 인기가 좋았던 것은 아니었다. 그보다는 마을에 이 유치원 외에는 부모가 일하는 동안 아이를 돌봐줄 수 있는 기관이 없었기 때문에 친척이나 이웃의 도움을 받아서 아이를 양육하지 않는 사람들의 경우에는 다른 대안이 딱히 없었으며, 이곳은 바쁜 젊은 부모들에게 더할 나위 없이 도움이 되었다. 이곳에 아이를 맡기지 않는다면, 예컨대 오일장에서 물건을 파는 여성들은 자녀를 데리고 나가서 일하는 수밖에 없었다. 또한 페이민은 마을에서 부녀주임을 오랫동안 한 사람이기에, 마을 사람들은 그녀에 대한 신뢰가 있었다. 유치원 원장인 리쥔은 대학에서 유아교육을 전공한 사람인데, 펑롱현 사람이 아니었고 외지 사람이었지만 첸장촌 근처 마을의 남자와 결혼을 해서 근처에 살고 있었다. 원래 다른 도시에서 유치원을 열었다고 했다.

이곳에 아이 한 명을 보내기 위해서는 부모는 한 달에 150위안(한화 3만 원)을 지급해야 했다. 이 비용에는 점심식사 비용이 포함되어 있었다. 어찌 보면 너무 적은 금액이었지만, 페이민은 이 정도 금액으로 해야만 가난한 농촌의 부모들이 아이들을 보낸다고 했다. 가난한 농민의 처지에서 그보다 더 많은 금액은 부담스럽다는 것을 오랜 부녀주임을 해온 페이민은 감각적으로 알고 있었다.

도시에 비한다면 농촌의 삶은 매우 일찍 시작한다. 일찍 해가 뜨는 계절이면 해가 뜸과 동시에 시작하거나 겨울에는 해가 뜨기 전부터도 시작되는데 추운 공기를 가르며 아침식사 준비를 하는 흰 연기가 굴뚝에서 나온다. 닭의 울음소리도 들린다. 새벽 5~6시가 되면 오일장에 참여하는 사람들은 이미 집에서 준비를 마치고 나가기 때문에 아이를 그때 이미 데려다주는 어머니도 있다. 대개는 어머니가 걸어서 데려다주었는데, 간혹 오토바이를 탄 아버지가 데리고 오기도 했다. 유치원은 7시가 되어야 열기 때문에 이처럼 일찍 오는 아이들은 페이민의 집에서 혼자 놀고 있거나 방에서 기다렸다. 아침을 먹지 못하고 오는 아이도 있었지만, 페이민이 아침을 따로 챙겨주지는 않았다. 페이민의 가족과 내가 아침을 먹으면서도 혼자 배고프게 기다리고 있는 아이가 좀 안 되어 보여 밥을 주는 게 어떠냐고 슬쩍 말해보았더니, 페이민은 그렇게 하면 부모들이 다들 아침을 안 먹여 보낸다면서 아이의 아침은 각 부모 몫이라고 냉정하게 말했다. 유치원이 점심 한 끼를 챙겨주는 것으로 정한 상황에서 누구는 주고 누구는 주지 않을 수 없다고 생각했다.

이곳이 영어유치원이라는 것은 벽에 붙어 있는 영어 알파벳 포스터와 담벼락에 적혀 있는 '태양영어유치원'이라는 페인트 글씨로 알 수 있었지, 그 외에는 딱히 특별한 외국어 프로그램이 있지는 않았다. 리쥔은 바쁘기도 하고 나와 이야기하는 것을 꺼려 자세히 물어보지는 못했지만, 그녀가 영어를 가르치는 일을 중요하게 생각하는 것 같지는 않았다. 오히려 영어유치원은 도시의 아이들처럼 우리 농촌에서도 영어교육을 어렸을 때부터 받아야 하지 않을까 하는 마을의 불안한 부모들의 마음을 충족시켜주는 측면이 더 강했다. 아이들은 저녁 5~6시까지 머무는 동안 그곳에서 중국어 병음과 기본 단어들을 따라 읽기도 하고, 점심을 먹고는 캉(炕: 방에서 온돌로 만든 부분) 위에서 단체로 낮잠을 자기도 했다. 아이들이 자는 방과 교실에는 중국어 병음과 기본 단어가 적힌 포스터가 붙어 있었고, 마당에는 회전하는 놀이기구와 시소가 있었다. 한쪽 구석에는 요강이 있었는데, 외부에 있는 화장실을 이용할 수 없는 아이들을 위한 것이었다. 꿰이민의 집은 마을 주민의 집 중에서 상당히 넓고 깨끗한 신축집이었기 때문에 아이들에게 환경은 나쁘지 않았다.

이처럼 오늘날 중국 농촌에서 '양모'는 아이들을 건강하게 키우고 성실한 어른이 될 수 있도록 가정에서 교육하는 것을 넘어서 어떻게 하면 도시 아이들과의 경쟁력에서 밀리지 않을 수 있는 아이로 키우느냐와 밀접하게 관련이 있었다. 부모들은 제한된 자원과 능력 속에서 최선을 다해서 아이들에게 기회를 제공하고자 했는데, 그것은 자신들이 겪고 있는 삶의 고됨이나 불행이 모두 도시 사람들만큼 배우지 못해서 생기는 것이라고 믿는 측면이 있었기 때문이었다. 물론 마을 주민 중에는 젊은 사람들조차도 배우는 것보다 용기 있게 도전해서 돈을 버는 것이 더 중요하다고 생각하는 사람들도 없지 않았지만, 그들도 또한 돈을 벌어서는 남부럽지 않은 자식교육을 하기를 원했다.

4. 농촌 여성 계몽과 현처양모 교육

베이징에 자리 잡은 비정부조직 농가녀문화발전중심(农家女文化发展

中心)은 농촌 여성의 계몽을 위해서 설립된 NGO이다. 이 NGO에서는 농촌의 소녀들에게 숙식을 제공하면서 기술을 가르치는 프로그램을 운영하고 있었는데, 그 프로그램은 이발과 컴퓨터 회계였다. 당시에 베이징에는 많은 백화점을 비롯하여 상업 시설들이 들어서고 서비스업에 대한 수요도 높아지고 있었기 때문에 농촌의 젊은 여성이 간단한 기술을 배우기만 한다면 취직하여 일할 곳을 찾을 수 있었다. 예컨대, 수샹(素香)의 딸인 밍밍(明明)의 경우, NGO 활동가인 쉬롱(許容) 선생에 의해서 추천되어 농가녀의 회계 프로그램을 배울 수 있었다. 밍밍은 그곳에서 몇 달에 걸쳐 이루어진 훈련을 잘 마친 뒤 백화점에 취직했다. 그러나 밍밍은 잘 지낼 수가 없었다. 일단 그곳에서 매일같이 규칙적으로 생활하는 것이 어려웠을 뿐만 아니라, 다달이 버는 120원 남짓의 월급은 밍밍의 생활비만으로도 부족한 상황이었기 때문이다. 도시의 고용주들은 숙박을 제공하는 대신에 농촌에서 올라온 농민공의 임금을 지나치게 낮게 책정하고 있었고, 특히 밍밍처럼 나이가 어린 여성이고 특별한 기술이 없는 경우에는 더욱 낮았다. 고용주들은 이들이 그만둔다고 하더라도 얼마든지 다른 사람으로 대체할 수 있다고 생각하고 있었다. 밍밍의 사례처럼, 농촌의 꾸냥(姑娘: 젊은 미혼여성)이 도시의 NGO 활동가들의 도움을 받는다고 해서 항상 좋은 결과를 얻는 것은 아니었다.

NGO 농가녀에서는 2000년대 중반 정기적으로 농촌 여성 중 우울증을 앓거나 자살 시도 경험이 있었던 여성들을 모아서 베이징에서 5박 6일 정도 캠프를 운영하고 있었다. 이 캠프를 참관하면서 관찰한 바에 따르면, 농가녀의 자살예방프로그램은 단순히 자살예방과 직접적으로 관련된 교육을 할 뿐 아니라 농촌 여성의 소질을 계발하는 것과 관련된 전반적인 교육과 훈련을 제공하고 있었다.

농가녀의 프로그램은 무엇보다 개혁기에 적합한 농촌 여성의 모습이 어때야 하는가에 대해 집중적으로 교육했다. 이러한 교육의 내용은 현대적 의미에서의 '현처양모'의 소질을 함양하도록 돕는 것에 초점이 맞추어져 있었다. 여기서는 대표적으로 '행복 교육'의 사례를 소개하고자 한다.

자살예방교육에 참여한 여성들은 모두 커다란 강의실에 일렬로 앉아 있었다. 그중에서는 자살 시도자도 있었지만 그 외에도 마을의 부녀주임, 지역의 간호사, 의사, 현 정부의 간부들도 포함하고 있었기 때문에 몇 개의 마을을 모아서 온 참여자들은 약 50명 남짓 되었다. 또한 강의실에는 NGO 활동가들도 참여하고 있었다. 앞에는 커다란 칠판이 있었는데, 강의자가 판서를 하면서 가르칠 수 있도록 배려한 것이었다. 강의실의 벽에는 자살예방프로그램이라는 것을 알 수 있듯이, 우울증 및 자살예방과 관련된 포스터들이 빙 둘러서 걸려 있었다.

'행복 인생' 강좌의 강의자는 회계경영을 전공한 베이징 한 대학의 중년 남자 교수였다. 어떻게 회계경영을 전공한 교수가 '행복'에 대해서 논의할 수 있을지 의아해하던 차에, 수업은 바로 어떻게 하면 여성들이 가구 경제를 규모 있게 잘 꾸릴 수 있는가를 중심으로 진행되었다. 사실 농촌 여성들은 그 무엇보다 경제에 대한 걱정이 많았다. 시장화 이후에 이웃 중에는 갑자기 '떼돈'을 번 사람들도 하나둘씩 등장하고 있고, 새로운 사업을 통해서 성공을 누리는 사람이

행복 인생에 관한 농가녀 프로그램 강의(2004년)

나타나고 있었다. 반면 대부분 가정은 농사일 외에 다른 대단한 활로를 모색하는 데 어려움을 겪고 있었다. 쉽게 접근할 방법으로는 앞서 소개했듯이 기껏해야 오일장에 나가 장사하거나 근처 폐품 수집을 하는 것이었다. 그렇지 않고 자본금이 좀 있고 장사에 자신이 있는 사람들은 음식점을 하거나 소매점을 내기도 했다. 그렇지 않으면 직접 도시로 나가 일을 찾아야 했다.

여자들의 경우에 도시에 나가 보모로 일하는 사람들도 있었지만, 자녀가 있는 중년 여성의 처지에서 집에 남아 있는 가족들을 생각하면 오랫동안 하기에는 쉽지 않았다. 예컨대, 마을의 펑란(鳳蘭)은 아들과 딸을 각각 한 명씩 둔 여성으로 남편이 트럭 사고로 다리를 다쳐서 농사일이나 다른 일을 제대로 할 수가 없었다. 농사든 다른 일이든 남편의 수입이 가구의 주 수입원이 되는 농촌의 환경에서 남편의 병이나 장애는 집안 생계에 위협이 될 수밖에 없다. 그래서 펑란은 도시에서 보모 일을 하기로 했는데 마침 도시에 혼자 사는 늙은 남자 교수가 보모를 고용하고자 한다는 이야기를 듣고 그곳에서 일하기로 했다. 그렇지만 펑란은 그 집에서 채 석 달을 채우지 못했는데, 그녀는 도시 사람의 입맛에 맞는 음식을 제대로 만들기가 어려웠을 뿐 아니라, 오랫동안 그녀 없이 집에 있는 남편과 아이들의 생활이 제대로 이루어질 수 없었기 때문이었다. 또한 늘 바깥 생활이 집안 생활보다 잦은 마을의 환경과 달리 도시에서는 밖에 나가서 할 일이 별로 없어서 그녀는 무료함을 느꼈다. 시장을 보러 나가는 것 외에는 바깥에 나가는 것이 주인집에도 좋게 보이지 않았다. 또한 점잖은 사람이라고는 하지만 노인 남성과 둘이서 생활하는 것도 불편한 것 같았다.

평란의 예에서 알 수 있듯이, 농촌 여성이 도시에서 생활하는 것은 그저 돈을 벌기 위해서 언제든지 선택할 수 있는 그런 간단한 문제는 아니었다. 농촌의 삶과 도시의 삶은 완전히 다른 형태의 시공간적 삶을 구성하고 있을 뿐만 아니라, 무엇보다 농촌 출신의 농민공들은 도시 생활에서 마을에서 가졌을 법한 친밀감을 느끼지 못해 외로움으로 힘들어했다.

이처럼 중년 여성에게 남편이 수입을 가지기 어려운 상황에서 생계를 위해 할 수 있는 일은 매우 제한되어 있었다. 미혼의 젊은 여성이 도시로 나가서 일하게 되면 대체로 백화점이나 공장에서 단체로 숙박을 하면서 일하기 때문에 상대적으로 외로움이 덜한 측면이 있었다. 물론 그들은 그들 나름대로 더 장시간의 압축적인 노동을 해야 하는 어려움이 있지만, 중년 여성 혼자 낯선 곳에서 보모를 하는 것은 고립된 자로서 겪어야 하는 또 다른 어려움이 있었다. 펑란의 경우 폭력의 피해를 받지는 않았지만 고립된 중년 여성을 향한 성폭력이나 물리적인 폭력의 사례들도 종종 보고되곤 했다.

회계경영을 전공한 교수의 강의는 무엇보다 어떻게 하면 집안 경제를 잘 꾸리느냐에 집중되어 있었는데, 생활비를 아끼는 것보다는 새로운 사업을 할 수 있는 능력에 대해서 강조했다. 즉, 변화하는 세상에 새롭게 적응하기 위해서는 아내들이 회사의 경영자와 같은 의식을 가지고 집안 경제를 꾸려야 한다는 것이 그 교수의 핵심 주장이었다. 그리고 그렇게 성취할 때 행복이 올 수 있다고 했다. 이 수업을 듣는 농촌 여성들은 매우 관심을 가졌다. 이들은 경제적인 활로를 어떻게 하면 찾을 수 있을까 하는 것이 삶의 주된 관심이었기 때문에 경영자와 같은 의식으로 집안 경제를 꾸려야 한다는 강의자의 생각에 전적으로 동의하는 듯했다. 그렇지만 마을에서 직접 관찰한 바에 따르면 경영자적 의식을 가지고 새로운 경제적 활로를 모색하는 일은 쉬운 일은 아니었다. 그것은 폐품 수집과 같은 부업보다도 더 어려운 일이고 위험 부담이 있었다. 또한 마을 주민 중에 그러한 사업을 시작하기에 자본금이 있는 경우는 매우 적었고, 만일 돈이 모여 있다면 우선 아들을 장가보내기 위한 집을 수리하는 데 우선 사용해야 한다고 생각했다.

어느 하루 NGO 농가녀의 핵심 활동가인 쉬룽 선생이 첸장촌에 와서 "어떻게 자녀를 교육할까?(怎么教育子女?)"라는 제목으로 강의를 하는 기회가 있었다. 첸장촌은 NGO 농가녀가 특별히 관심을 가지고 사업을 진행하는 곳이었는데, 그렇게 선택하게 된 배경에는 예전에 NGO 농가녀 활동가 가운데 한 명의 가까운 친척이 사는 마을이라서 추천을 받은 것이었다. 사업을 진행하기 위해서는 신뢰가 중요하고, 신뢰를 얻는 가장 신속한 방법은 믿을 수 있는 사람을 통해서 소개받는 방법이 가장 정확하고 빠르다고 중국인들은 생각하고 있었다.

베이징에서 일하는 쉬롱 선생이 마을에 와서 강연한다고 하니 나이에 상관없이 많은 여성이 광장으로 몰려들었다. 쉬롱 선생의 강연은 '자녀를 잘 키우는 법'이었다. 앞서 농촌 여성들의 제1의 관심사가 경제적인 문제라고 한다면 제2의 관심사는 자녀교육이었다. 이두 가지는 농촌 여성의 관점에서, 도시 사람과 비교하면 늘 뒤처질 수밖에 없다고 느끼고 있는 문제였다. 도시에서 자녀를 키워본 쉬롱 선생이 와서 직접 강의를 한다고 하니 일단 베이징에서 온 사람이라는 점만으로도 주민들은 관심을 기울일 수밖에 없었다.

쉬롱 선생은 자녀의 도덕적 자질과 미래의 성공에 어머니의 자애가 미치는 영향에 대해서 강조했다. 학자들의 연구를 소개하면서, 그녀는 어렸을 때의 경험이 그 아이의 평생 동안의 자기 이미지와 자신감을 형성하는 것을 결정한다고 지적했다.

중국의 여러 지역에서 일하면서 나는 자살을 시도하는 많은 다양한 여성들을 만났습니다. 그들 자살의 개인적인 이유는 달랐어요. 하지만 그것을 아세요? 그들은 모두 매우 낮은 자존감(自尊感)을 가지고 있었습니다. 그들이 그토록 낮은 자존감을 갖도록 누가 영향을 준 것일까요? 바로 부모입니다. 이러한 여성 중 많은 수가 그들이 어머니가 그들에게 단한 번도 만족한 적이 없었기 때문에 그들도 스스로에 대해 만족스러워할수 없다고 이야기했습니다. 보세요, 자녀의 삶에 대한 부모의 영향은 막대합니다. 여러분들은 자녀가 이처럼 느끼기를 바라나요? 아마도 그렇지 않을 것입니다. 그렇다면 여러분들은 여러분의 자녀들을, 그들이 아들이든 딸이든 간에, 자애(慈爱)를 가지고 대해야 합니다.

쉬롱 선생은 아이들 교육에 있어서 독려하는 언어와 폭력적이지않은 태도를 강조했다. 아이를 때리는 것(打孩子)는 일반적으로 농촌에서 수용되고 있는 것이지만, 쉬롱 선생은 이것이 폭력이라고 재해석했다. 아이를 때리는 것은 아이에게 폭력을 행사하는 것이고 그것은 아이의 심리와 미래의 성공에 해가 된다고 엄격하게 비판했다.

마을에는 신문을 보는 사람도 없고, 도서관도 없었기 때문에 텔레비전을 제외하면 오로지 여성들은 NGO 농가녀가 이 마을 여성들을 위해서 배포하는 20권의 잡지 《농가녀(农家女)》를 함께 나누어보면서 정보를 얻을 수 있었다. 《농가녀》는 특별히 농촌 여성들을 위해서 만들어진 잡지였기 때문에 마을 여성들은 이 잡지를 좋아했는데, 이 잡지에는 "아이 교육의 전형(子女教育的典型)"이라는 제목의 정기 칼럼이 있었다. 2004년 3월과 4월에 발간된 칼럼의 제목은 "나는 문제 있는 엄마인가요?(我是否有问题的妈妈?)". 이 칼럼에는 다섯 가지 '나쁜' 유형의 엄마들이 아이들의 관점에서 소개되어 있었으며, 이어서 편집자의 평론이 붙어 있었다. 그 다섯 가지 유형이란, "무능한 엄마(无能妈妈), 텔레비전 엄마(电视妈妈), 엄격한 엄마(苛刻妈

妈), 비교하는 엄마(攀比妈妈), 그리고 비굴한 엄마(谦虚妈妈)"였다. 이 중에서 '무능한 엄마'에 대해서는 다음과 같이 가상으로 아이 목소리를 빌려서 의견을 소개하고 있었다.

어린이: 나는 노래하고, 춤추고, 그림 그리고, 종이를 자르고, 흙을 가지고 노는 것을 좋아하지만, 우리 엄마는 아무것도 할 수가 없어요. 엄마는 내가 좋아하는 것에 대해서는 아무 관심도 없어 보여요. 나는 엄마도 이러한 것을 할 수 있고 나와 같이 놀아줬으면 해요. 또 엄마는 내가 질문을 하면 한 번도 제대로 대답을 해준 적이 없어요. 엄마는 그저 내 질문이 너무 이상하거나 어째서 애가 이렇게 질문이 많냐고 이상하게 생각해요.

논평: 아이들은 앎에 대해 매우 강한 호기심과 갈증을 가지고 있습니다. 그들은 엄마를 통해 많은 상황들을 이해하고 이러한 욕구를 만족시키기를 원해요. 그런데 만일 엄마가 그들의 질문에 대한 답을 알지 못한다면 아이들은 매우 실망하게 됩니다. 이것은 아이들의 언어 기술의 조기 계발에도 좋지 못합니다.

제안: 아이가 좋아하고 자랑스러워하는 엄마가 되기 위해서 책을 많이 읽고 배우세요. 그것이 요점입니다.

흥미롭게도 농촌 여성을 위해 만들어진 이 잡지에서 아이가 '좋아하고(喜欢) 자랑스러워하는(自豪)' 엄마가 되기 위해서는 책을 읽고

갓난아이를 데리고 다른 집에 놀러온 여성
(2012년)

배우라고 하고 있었다. 이러한 조언들은 마을의 여성들을 상당히 혼란스럽게 했다. 이들은 어떻게 하면 좋은 엄마가 될 수 있고, 아이들을 잘 교육할지 알고 싶어서 이러한 칼럼을 보지만, 막상 보고 나면 자신은 그것을 이룰 수 없는 존재라는 것을 도리어 깨닫게 되기 때문이었다. 산골 마을에서 책을 본다든지 새로운 것을 배운다든지 하는 것은 너무나 비현실적인 요구였다.

이처럼 개혁기 중국 사회에도 여전히 현처양모의 이상은 변화하는 사회에 적합한 젠더 주체를 양성하는 이데올로기로서 계속 작동하고 있었다. 그러나 그 의미는 과거와 달랐으며, 농촌 여성들이 현처양모의 이상을 구현하기 위해서는 단지 '현명한 아내이자 좋은 어머니'가 되는 것을 넘어서 도시에 사는 여성의 모습을 본뜨는 능력들을 갖출 수 있어야 했다. 그런 점에서 개혁기의 현처양모는 단순히 젠더적인 함의를 넘어 어느새 도시와 농촌 사이의 간극을 그대로 드러내는 방식으로 작동하고 있었다.

5. 현처양모의 허상과 괴리

중국의 현처양모 개념은 처음부터 여성의 삶을 고려한 것이 아니었다. 전통적인 시기부터 오늘날에 이르기까지 현처양모의 의미는 상당히 변해왔지만 그 사실은 변하지 않는 듯이 보인다. 전통 시기에 남편에 순종하고 자녀를 교육하는 여성의 이상은 무엇보다 남권 중심의 가부장 문화를 떠받드는 여성 주체를 양성하기 위한 담론이었다. 여성의 가치는 자아실현이 아니라 남편과 시가족의 명예를 드높이는 사회적으로 요구되는 역할을 통해 획득되는 것이었다.

이후 서구 문물과 더불어 페미니즘 사상이 유입되어 중국 유신파를 중심으로 '신현처양모' 사상이 등장했지만 이 또한 여성의 해방이나 여성의 자아실현과는 거리가 멀었다. 이들은 남녀평등의 원칙을 주장했지만 여성의 교육을 통해서 현처양모와 같은 전통적인 덕목을 함양하는 여성을 육성하고자 했고, 이를 통해 부국강병이라는 당시 중국이 직면한 문제를 해결하고자 했다. 여성은 어디까지나 국가적 문제를 해결하기 위한 수단에 불과했다. 이처럼 현처양모의 담론은 처음부터 여성의 해방과는 거리가 멀었고 각 시기마다 국가적 필요에 따라 만들어진 것이었기 때문에 여성을 각 개인의 선호와 상관없이 집 밖으로 나가라고 강요하며 국가발전의 동력으로 활용하고자 했던 신중국 시기에는 오히려 공적 담론에서 사라질 수밖에 없었다.

시장개혁은 다시 여성에게 집안에서의 역할을 부여하고자 했다. 여성이 집 밖으로 나가는 것이 의무화되는 일이 여성의 해방과 무관하듯이, 여성을 집안으로 불러들이며 다시금 어머니와 아내로서의 역할을 강조하는 것 또한 여성의 해방과는 무관했다. 단지 이전의 현처양모의 담론과 다른 점이라고 한다면, 오늘날의 현처양모는 무작정 어머니 혹은 아내의 역할만을 강조하는 것이 아니라 바깥의 일과 양립할 수 있는 것을 허용하는 것이다. 여성의 경제적인 능력은 오히려 현처양모가 되는 데 방해가 되는 요소로 간주되지 않는다. 여성의 자아실현도 현처양모가 되기 위한 요소가 될 수 있다고 보기에 여성의 지식이나 자기계발이 존중되는 측면도 있다.

그러나 농촌 여성의 관점에서, 현처양모는 적어도 두 가지 면에서 결정적인 한계를 가지고 있다. 무엇보다 현처양모는 그 개념상 남녀평등적이거나 여성 존중적 사고방식이 아니다. 남성이 어떠어떠해야 한다는 담론이 존재하지 않지만 여성은 어떠어떠해야 한다는 소질(素質) 담론이 등장한다는 것은 그 자체로 불공평하다. 또한 현처양모는 여성에게 의미 있는 덕목이 아니라 어디까지나 가부장적인 가족, 남편, 그리고 아이를 위한 여성의 삶을 전제로 하고 있다는 점에서 근본적으로 여성해방과는 거리가 멀다고 할 수 있다. 둘째로, 현처양모 담론은 개혁기 중국 국가가 필요로 하는 여성 주체가 어떠한 존재인지를 드러내주는 반면에 농촌 현실에서는 설령 그 이상을 실현하고자 한다고 하더라도 불가능하다는 점을 감추고 있다. 현처양모라는 이상형은 전통적인 여성상으로서 남편과 시가족에 순종하는 것을 넘어서 경제적인 능력을 갖추고 자녀를 열심히 공부시켜 도시로 대학을 보낼 만큼의 '성공'을 이루었을 때 가능한 경지이다. 그러나 농촌 여성은 농사일만으로 집안 경제를 꾸리기가 어려울 뿐만 아니라, 다른 경제적 활로를 모색하기가 매우 힘든 상황 속에 처해 있다. 또한 자녀를 공부시키고자 하는 열망은 그 누구보다도 강하지만, 경제적이건 문화적이건 아무런 자원이 없는 상황에서 농촌 여성들이 자녀를 좋은 학교에 보내거나 도시로 유학을 시킨다는 것은 거의 불가능에 가깝다. 이러한 본질적 괴리를 현처양모 담론은 가리고 있다.

제3부

몸에 각인된 삶: 가족과 문화

제6장

체현과 문화적 재생산: 중국 농촌 여성의 자살 문제

자살은 그들(농촌 여성들)에게 있어 다른 해결 방법을 제공하지 않는 다양한 문제들에 대해 사회적으로 용납될 수 있는 해결책이었으며 지금까지도 그러하다. 상류층의 자살이 영예로 여겨졌다는 사실이 현대 농촌 여성의 태도에 영향을 주었지만, 그보다는 자기가 살고 있는 공동체 내에서 자살이 빈번하게 발생한다는 점이야말로 이들의 개인적 행위에 더 커다란 영향을 끼치고 있다(Wolf 1975: 112).

1. 중국 농촌 여성의 자살 문제

사회과학자들은 특정 사회 집단이 공유하는 가치 체계이며 행동 규범 및 실천 방식으로서의 '문화'가 어떻게 다음 세대로 전수되는가에 관해 지속적으로 관심을 기울여왔다. 가족, 학교, 국가, 종교 기관, 매스컴 등등 다양한 조직과 제도, 그리고 공간을 통해 이루어지는 문화 학습 및 전승에 대한 연구들은 이러한 관심을 보여주는 예다. 특히 학자들은 비공식적이고 비언어적인 방식을 통한 학습이 제도적이고 담론적인 방식만큼이나 문화 및 집단의 재생산에 핵심적인 역할을 수행해왔음을 지적해왔다(Bourdieu 1984; Willis 1977).

그렇다면 자살은 어떠한가? 만일 어떤 사회 집단에서 자살 행위가 몇 세대에 걸쳐 광범위하게 발생해왔으며 독특한 문화적 의미를 띠고 있다면, 우리는 이들의 자살 행위가 문화적 학습의 결과라고 말할 수 있을까? 더 나아가 자살에 관한 문화적 학습의 메시지들은 궁극적으로 어떠한 사회적 몸/주체를 재생산하는 데 기여해온 것일까?

자살을 '문화적 행위'로 설명하는 시각은 인류학 내에 종종 존재해왔다. 예컨대, 말리노프스키(Malinowski 1966[1926])는 트로브리안드 섬에서는 근친상간이나 배우자 부정과 같은 심각한 범죄를 저지른 개인이 엄한 처벌 대신 사회적 용인을 받는 방법으로서 자살을 시도한다고 주장했다. 제프리즈(Jeffreys 1952)는 아프리카의 사례들을 중심으로, 자살이 자신에게 해를 끼쳤거나 그러려는 의도가 있었던 사람을 향한 복수의 방법으로 사용되며, 이러한 행위 속에는 육체적 죽음이 대신 영적인 복수를 가능하게 만들 것이라는 문화적 해석이 내재해 있다고 했다. 또한 퍼스(Firth 2000[1967])는 티코피아 섬에서는 자살 의지의 공적 선언이 자신이 당한 억울한 일을 고발하고 그 당사자를 처벌하게끔 사회적 압력을 행사하는 기능을 한다고 밝혔다. 또 울프(Wolf 1975)는 서양인의 자살과 달리 중국인의 자살은 젊은이들에게는 사회에 대한 '최후의 반항'이며 여성들에게는 자신이 피해자임을 드러내는 '가장 효과적인 공적 비난'을 의미한다고 주장했다.

이처럼 인류학자들은 자살이 사회에 따라 독특한 문화적 함의를 가질 수 있으며, 그 문화적 의미는 궁극적으로 개인의 자살 시도에 영향을 미친다는 사실을 지적해왔다. 그렇다면 여타 문화적 행위에서와 마찬가지로 학습에 대한 질문을 던질 수도 있지 않을까? 만일 어떤 사회에서 자살이 공유된 의미와 행위 규범에 바탕을 둔 문화적 행위라면 자살을 시도하거나 고려하는 개인들은 그러한 문화적 의미 및 행위 선택의 기준들을 도대체 어떠한 경로를 통해 배우고 실천하게 되는 것일까?

1990년대 말부터 2000년대까지 중국 사회는 높은 자살률 및 이례적인 자살률 성비(性比)로 인해 전 세계 학자들과 보건 의료계의 주목을 받아왔다(예컨대 WHO 1999). 중국의 자살률은 통계 자료에 따라 약간씩 차이를 보이지만 대략 10만 명당 20~35명으로 보고되고 있다. 이는 세계 평균(10만 명당 16명)에 비해 약 두 배에 이르는 높은 수치이다. 또한 중국의 자살률은 성비 및 지역적 차이에 있어 독특한 양상을 보인다. 19세기 말 뒤르켕이 《자살론》에서 남성 자살률의 공시적·통시적 우세를 논한 이후(Durkheim 1979〔1897〕), 세계 역사상 거의 유일하게 여성 자살률이 남성 자살률보다 약 25퍼센트 높게 나타날 뿐만 아니라, 농촌 지역의 자살률이 도시 지역에 비해 약 세 배 높은 특징을 보인다(Phillips, Li, and Zhang 1999). 한편, 통계 자료의 성·연령별 세부 항목들을 살펴보면(표 1 참조), 도시 여성은 도시 남성과 대략 비슷한 수준의 자살률을 보이는 반면, 농촌 여성들은 남성에 비해 상대적으로 많은 자살자들을 배출함으로써 전체 여성 자살률을 높이는 주된 기여 집단으로 나타난다. 특히 15~35세 연령 집단에 속한 농촌 여성의 빈번한 자살이 가장 큰 문제로서 지적되고 있다.

내가 현지조사한 허베이성의 농촌에서도 여성의 자살은 빈번하게 발생하는 익숙한 공동체적 경험으로 나타났다. 나는 허베이성 내의 총 4개의 마을에서 현지조사를 수행했는데, 대부분은 1년 2개월 동안 거주했던 첸장촌에서 이루어졌다. 첸장촌은 허베이성 북부 산악 지대에 자리 잡고 있으며, 정부 통계에 의하면 2006년 당시 농민 1인당 연간 평균 순수입이 2000위안(2006년 기준, 한화 약 25만 원)에 못 미치는 가장 빈곤한 몇 곳의 현(縣) 중 하나였다(河北省人民政府辦公廳 2007). 첸장촌의 인구는 약 2800명이며, 총 600여 가구로 이루어져 있었다. 주민들은 대부분 토지 경작권을 부여받은 농민이지만 농작물 경작만으로 생계를 꾸리기가 어렵기 때문에 남자 가족 중 한 사람이 마을 근처에 위치한 탄광이나 가까운 도시에서 계약직으로 일하거나, 부부가 함께 옷이나 두부, 잡화 등과 같은 물건을 가까운 오일장에 내다 파는 것으로 수입을 늘린다.

한편, 자살은 첸장촌 및 주변 지역에서 종종 발생하는 사건으로, 마을 주민들은 가까운 가족이나 이웃 사람이 자살로 죽은 이야기를 거의 모두 알고 있었다. 첸장촌의 한 간부 말에 따르면, 약 사오십여 가구가 밀집해 있는 마을 내 한 거리에서만 지난 6년 동안(1998년부터 2004년) 무려 25명이 자살을 시도했으며 그중 7명이 사망했다고 한다. 자살자의 성비는 대략 비슷한 반면, 대부분의 자살 시도자는 여성이었다.

〈표 1〉 중국의 성 · 연령별 인구 집단의 자살률(1995~1999)

(단위: 명, 인구 10만 명 기준)

연령	도시			농촌		
	남성	여성	전체	남성	여성	전체
15~34세	9.5	10.8	10.2	22.8	37.8	30.3
35~59세	9.0	7.5	8.3	27.8	31.3	29.5
60~84세	7.5	16.1	16.7	88.0	77.9	82.8
모든 연령	8.3	8.3	8.3	23.9	30.5	27.1

자료: Phillips, Li, and Zhang 2002.

〈표 1〉은 2002년 권위 있는 영국 의학 저널인 《란셋(Lancet)》 359호에 보고된 자료로, 중국 자살률에 관한 가장 최근의 믿을 만한 통계 자료로 알려진 것이다. 〈표 1〉은 도시와 농촌 지역의 자살률 차이를 극명하게 보여줄 뿐만 아니라, 농촌 여성의 자살률이 전 연령에 걸쳐 매우 높다는 것을 드러낸다. 자살률에서 확인되는 분명한 성별 · 지역적 차이는 농촌 여성 자살의 배경에는 단순히 개인적인 선택을 넘어선 사회문화적인 힘이 작동하고 있음을 짐작케 한다.

사회문화적인 힘은 논의의 초점을 어디 두느냐에 따라 제도적, 관계적, 사회구조적, 그리고 담론적 측면을 포함할 수 있다. 그러나 이

장에서는 무엇보다 어떠한 문화적 학습 계기들을 통해서 농촌 여성들이 자살을 자신의 삶 속에서 선택 가능한 행위로서 인지하고 실천하게 되는지, 그 계기들을 살펴보고자 한다. 사실 한 개인의 자살은 어떤 한 가지의 요인에 의해서 설명되기 어려우며 다양한 층위에서 작동하는 생물학적, 심리적, 사회적, 정치경제적, 문화적, 역사적 요인들의 총체적인 설명 속에서만 이해될 수 있다(Maris, Berman, and Silverman 2000). 따라서 여기에서 논의되지 않는 요소들은 중요하지 않다기보다는 단지 그 자체만으로 충분치 않으며, 특히 문화적 학습 요인에 초점을 맞추는 이곳에서는 중점적으로 다루지 않을 뿐이라고 보아야 한다.

2. 어머니 혹은 가까운 여성 가족, 친척, 친구의 자살 경험

자살 연구에 있어 세계적으로 잘 알려진 학자인 데이비드 레스터는 그의 책《학습된 행위로서 자살(Suicide as a Learned Behavior)》에서 자살은 "스트레스에 대한 학습된 반응이며…자살이라는 방법의 선택은 어릴 때의 경험과 문화적 태도에 의해 영향 받는다"고 주장한다(Lester 1987: vii). 즉, 레스터에 의하면 자살은 어릴 때의 경험과 문화적 태도 두 가지의 경로를 통해서 개별 성원에게 학습될 수 있다는 것이다. 레스터의 주장은 적어도 연구자가 조사한 허베이성 마을들의 경우에 있어서 여전히 유효하다.

먼저, 심층 면담 자료는 여성 자살 시도자 중 절반 이상이 소아·

청소년기 시절에 어머니나 가까운 여성 가족, 친척, 친구의 자살을 경험한 적이 있으며, 이 경험이 성인이 된 이후 여성의 자아 존중감 및 자살에 대한 사고와 태도에 커다란 영향을 미쳐왔다는 것을 보여준다. 특히 아이 양육을 오로지 어머니의 돌봄 노동에 기대고 있으며 사회복지 시설 및 자원이 부재한 중국의 가난한 농촌 사회에서 생물학적 어머니가 없는 아이의 삶은 거의 예외 없이 실재적인 고통과 궁핍으로 나타난다. 그렇기 때문에 어릴 적 경험하는 어머니의 자살은 가난한 농촌에서 성장하는 아이들에게 더 없는 충격과 상처로 온몸에 각인되며, 특히 여자아이의 경우 이후 학업 기회, 혼인 시장 및 결혼 생활 속에서 이로 인한 반복되는 차별을 경험함으로써 성인으로 살아가는 동안에도 어머니의 자살이라는 그림자에서 헤어나기가 어렵다. 다음 쑤징(素慶)과 리화(麗華)의 이야기는 과거에 겪은 어머니 또는 여동생의 자살 경험이 이후 본인의 자살에 관한 생각 및 태도에 어떠한 영향을 미치는가를 드러낸다.

[사례 1] 쑤징의 이야기

쑤징은 2006년 당시 51세의 여성으로 남편, 아들, 세 살짜리 손녀와 살고 있다. 아들은 작년에 이혼했는데, 주변 사람들의 말에 따르면 며느리가 쑤징과의 잦은 다툼 끝에 결국 집을 나갔다고 한다. 쑤징은 우울증으로 마음속에 풀리지 않는 분노와 답답함이 항상 가득하다. 그 분노는 대개 집을 나간 며느리와 아버지를 잘 모시지 않는 올케, '집을 나간 며느리를 닮아 말을 듣지 않는' 손녀, 그리고 어렸을 적 자신을 버리고 세상을 뜬 어머니에게 향해 있다. 쑤징은 자신의 삶 속에 반복되는 불행이다 나쁜 운을 타고 나서 그렇다고 생각한다. 쑤징은 자주 자살하고 싶은 충동을 느끼며, 심지어 "저 조그만 손녀만 아니라면 벌써 자살했을 것이다"고 말한다. 다음은 쑤징의 말이다.

"난 일생동안 한 번도 좋은 운을 가진 적이 없어. 우리 어머니는 내가 태어날 때부터 정신병에 걸려 있었지. 내가 태어나고 나서는 나를 안아다가 저 멀리 버리곤 했대. 한 번은 아버지가 달려와서 어머니를 찾고 보니 내가 없더라는 거야. 그래서 나를 찾았는데, 이전에는 늑대들이 많았거든. 그런데 어머니가 나를 홀딱 벗겨가지고는 늑대가 먹으라고 바위 위에 올려놨더래. 늑대가 날 먹지는 않았지만 … 어머니는 때때로 산의 암벽을 타고 오르곤 했어. 난 그때마다 혹시 어머니가 떨어져 죽을까봐 큰 소리로 내려오라고 소리쳤지. 그러면 어머니는 도리어 화를 내면서 나한테 돌을 던지는 거야. 결국 우리 어머니는 내가 13살 때 살구씨(杏仁)를 먹고 자살했어. 그때부터 난 학교를 관두고 모든 집안일을 도맡아 해야 했지 … 사람들 말에 의하면, 아버지가 어머니를 매일같이 싸우며 두들겨 패는 바람에 어머니가 정신병이 생겼다는 거야. 내 기억에도 두 사람은 매일같이 싸우긴 싸웠어. 하루는 어머니가 화를 내니까 아버지가 목을 매달겠다고 집을 나섰는데, 내가 쫓아가서 보니 밧줄이 몇 번 접혀 있긴 한데, 아버지는 지금 죽어서는 안 되겠다 생각했나 보더라고. 그런데 어머니는 그때 집에서 맹세를 했었다나 봐. 만일 아버지가 죽으면 앞으로 무슨 말도 하지 않겠다. 만일 죽지 않으면 사흘 동안 아무것도 먹지 않겠다. 아버지가 살아 돌아오니까, 어머니는 사흘 동안 정말 아무것도 먹지 않았어. 심지어 물도 한 방울 입에 안 댔어. 그러더니 사흘이 지나자 바로 자살한 거지."

쑤징의 어머니가 가지고 있던 정신병이 정확히 어떤 병이며 어떠한 계기에 의해 걸리게 되었는지를 확인하기는 어렵다. 그러나 쑤징의 말에 따르면, 쑤징의 어머니는 부모강제결혼(包辦結婚)에 의해 자기 뜻과 상관없이 아버지와 혼인한 후 결혼 생활 내내 불행했다. 특히 쑤징의 아버지는 가난한 집 4형제 중 막내로, 집 안에는 총 6명의 형과 형수들이 있었는데 모두들 가장 어린 쑤징의 어머니에게 화풀이를 하곤 했다. 결국은 화가 난 쑤징의 어머니가 창문을 깨부수어 유리 조각으로 온 집안을 긁고 다니기 시작했다고 한다.

언뜻 보기에 이 이야기는 쑤징 어머니의 불행에 관해 이야기하는 듯이 보이지만, 실제로는 쑤징 어머니와 쑤징 두 여성의 불행에 관한 이야기이다. 쑤징의 이야기에 따르면, 쑤징의 어머니는 부모에 의해 원하지 않는 결혼을 한 후, 가족과의 불화 속에서 정신병을 얻게 되고 결국 자살로 생을 마감했다. 13살의 나이에 어머니를 잃은 쑤징은 이후 계속되는 자신의 불행—어려서부터 온 집안일을 맡아서 하고, 가난한 남편과 결혼해서 평생 고생하고, '못된' 며느리가 들어오고, 결국 그 며느리가 집을 나가면서 손녀를 키워야 하는 등등—이 근본적으로 자신이 정신병으로 자살한 어머니를 둔 불운한 인생을 타고나서 그렇다고 생각한다. 쑤징은 현재 어떠한 일에도 의욕이 없고 "되는 일이 하나도 없다"는 우울한 느낌 속에서 종종 자살하고자 하는 충동을 느낀다. 또한 자살에 대한 생각이 들 때마다 쑤징은 혹시 자신도 결국 유전적으로 어머니처럼 정신병에 걸려 자살하지 않을까 하는 두려움을 느낀다.

[사례 2] 리화의 이야기와 상담 내용

연구자는 조사 마을 주민인 리화를 2004년 베이징의 농가녀 NGO에서 주관하는 농촌 여성을 위한 자살예방프로그램에서 처음 만났다. 리화는 30대 중반의 결혼한 여성으로, 8년 전 당시 25살의 여동생이 농약을 마시고 자살했다. 사실 리화의 가족 내에 여동생이 첫 자살자는 아니다. 리화의 어머니는 리화가 7살, 여동생이 5살, 남동생이 1주가 채 되지 않았을 때 스스로 목을 매서 세상을 떠났다. 당시 리화네 가족은 아버지의 형제 다섯 명 가족이 모두 모여 살았는데, 동서 사이에 사이가 매우 좋지 않았다고 한다. 결국 리화의 어머니는 동서 간 다툼 속에서 괴로워하다가 죽음을 택했다. 다음은 자살예방프로그램의 정신과 전문 간호사와 리화의 대화 내용의 일부분이다. 대화는 집단 상담의 일부분이라고 볼 수 있었는데, 집단 상담에는 정신과 간호사와 10명 남짓 되는 자살 시도자 외에도 마을의 간부, 지역의 의사와 간호사, NGO 활동가들이 참여하고 있었다. 참여자들은 모두 여성이었다.

간호사: 어머니가 돌아가신 다음, 그때가 7살이었으니까 이미 다 상황을 이해하고 있었겠네요, 그렇죠?

리화: 그렇죠, 하지만 농촌은 아무래도 도시와는 달라요. 지금 같지도 않고요. 지금 같으면 7살이면 사정을 다 알겠지만, 당시엔 아는 것들이 아주 적었죠.

간호사: 당시 어머니가 없으니까 마음이 어떻던가요? 어머니가 자살했다는 것은 알고 있었나요?

리화: 예, 알고 있었죠.

간호사: 당시 마음이 어땠어요?

리화: 어머니가 돌아가신 다음부터, 그러니까 어머니가 자살한 그날 밤부터 시작해서 발생한 일들에 대해서 하나도 빼놓지 않고 다 기억이 나요. 그 전 일들은 하나도 기억을 못해요. 그런데 마치 어머니가 돌아가시고 난 다음부터는 아주 긴 밤이 계속되는 것처럼 모든 일이 다 뚜렷하게 기억나요. 아마 그때부터 저는 같은 나이 또래의 아이들보다 이해하는 일이 더 많았던 것 같아요. 오래지않아 아버지가 후처를 얻었어요. 어린 남동생은 할머니 집에 보내서 키웠는데, 그래서인지 언제나 집을 그리워했어요. 저와 여동생은 계모랑 살았는데 저희를 잘 대해주지 않았죠. 제 여동생은 6살 때부터 모든 집안일을 다 해야 했어요. 그때 전 8살이었으니까 좀 컸죠. 그래서 계모가 하라고 해도 저는 안한다 하고 버텼는데, 동생은 아직 어려서 그렇게 말할 줄 모르고 그냥 시키는 대로 했어요. 하루는 아궁이에 불을 지펴야 하는데 우리 농촌에는 아궁이가 아주 높거든요. 여동생은 아직 키가 닿지 않으니까 선반을 받쳐놓고 불씨를 모으는데, 이럴 때면 우리 농촌에서는 여러 사람이 서로 몸을 맞대고 몸에서 나는 열로 그냥 맨바닥에서 자기도 하거든요. 그런데 그날은 겨울이라 저와 여동생이 동상에 걸려 파랗게 됐어요 …

간호사: 그러니까 본인과 여동생은 서로서로 감정적으로 가장 친한, 무슨 말이든지 다 나눌 수 있는 사이였던 거죠?

리화: 예.

간호사: 여동생이 세상을 뜨고 나니 어떤 감정이 들던가요?

리화: 그러니까 제가 보통 낮에는 집에서 시어머니와 같이 있는데, 밖에 나가고 싶은 마음이 전혀 들지 않고 그저 집에만 있고 싶고 그저 어디

든지 나가고 싶지 않았어요. 아버지가 나보고 나가서 사람들을 만나 기분을 풀라고 하는데도, 또 이웃 사람들이 와서 같이 놀자, 기분을 쇄신하자 하는데도 전 다른 사람들 하고 조금도 말하고 싶지도 않았어요. 사실 그래서 남들까지도 맘을 괴롭게 만들었지요.

간호사: 그런 상태가 얼마나 지속되었나요?

리화: 약 4, 5개월 정도요. 그때 그러니까 10월 4일에 여동생이 세상을 뜨고 나서, 그 다음해 봄이 되면서부터는 좀 기분이 나아졌어요.

사회자: 8년이 지났지만 아직도 여동생의 자살로 인해 죄책감으로 괴로워하고 있는 것 같은데, 그렇지 않나요?

리화: 여동생이 죽고 나서 마음속에 가득 드는 생각이, 여동생이 그때 진실로 마음이 편치 못했구나, 그리고 나도 아직도 마음이 편치 않구나 하는 거죠. 어쩔 때는 어떻게든 살아서 무언가를 해야지 하는 마음이 들다가도 또 그냥 죽어버리자 하는 생각이 들고, 그러다가 또 잠시 지나면, 아니다, 어떻게든 이 고비를 넘기자, 또 잠시 지나면 죽어버릴까, 이런 식이에요. 어쩔 때는 정말 너무나 괴로워서 진실로 죽고 싶고, 그러다가 어렸을 때부터 난 엄마가 없었는데, 또 내 아이에게 어릴 때부터 엄마가 없도록 하면 되겠나 하는 생각이 들고, 또 좀 있으면 어떻게든 이 집에서 살자, 잘 살아보자, 하다가도 갑자기 죽은 두 사람이 너무 불쌍하다는 생각이 들고 …

간호사: 그래도 여전히 살아가야 할 목표가 아직 많지 않아요?

리화: 그렇죠. 재작년부터는 죽고 싶은 마음보다 살고 싶은 마음 이쪽이 많아졌어요. 하지만 어머니가 돌아가시고, 이제는 가장 가까운 가족 두 사람이 다 없어요. 아버지는 결코 어머니와 같을 수가 없죠.

일찍이 어머니를 여의고 계모 밑에서 같은 처지 아래 자라온 리화와 여동생 사이는 매우 각별했다. 두 사람은 여동생이 자살하기 전까지 사사건건 모든 일에 대해 서로 이야기하며 지냈다고 한다. 그런데 여동생이 자살하던 그날 저녁, 당시 가족들을 만나러 친정 마을에 잠시 다니러온 리화는 이미 혼인한 몸으로 아이를 시댁에 남겨두고 왔기 때문에 바로 돌아가야 했다. 이런 사정 때문에 리화는 자신이 만일 그날 일찍 집으로 돌아가지 않고 하루 친정에 묵었더라면 여동생의 자살을 막을 수 있었을지도 모른다는 죄책감으로 오랜 기간 괴로워했다. 여동생의 자살은 혼인 문제와 연관되어 있었다. 그녀가 결혼하고 싶어 하는 남자를 아버지는 '거칠다'는 지역적 선입견이 있는 동북 출신의 사람이고 직업이 마땅치 않다고 반대했던 것이다. 심지어 결혼식을 약 한 달 앞두고 친구들의 축하 잔치가 마련된 그날, 아버지는 여동생 앞에서 "무슨 수를 써서든지 절대 결혼시키지 않을 것이니 그 남자와는 결혼할 꿈도 꾸지 말라"면서 호통을 쳤다. 아버지의 호통을 들은 뒤 친구들의 축하 모임에 참석했던 리화의 여동생은 돌아오는 길에 들판에서 농약을 먹고 자살했다.

쑤징과 리화의 예를 통해 우리는 과거에 어머니 혹은 가까운 여성 가족에 의한 자살을 경험한 여성들이 얼마나 오랜 시간 동안 죄책감, 분노, 슬픔을 포함한 심리적 고통을 겪으며, 나아가 우울증 및 자살 시도의 충동을 경험할 수 있는지를 알 수 있었다. 여기서는 단지 두 사람의 예만 소개했지만, 적어도 허베이 농촌 지역에서 어머니나 가까운 여성 가족, 친척 혹은 친구를 자살로 잃은 사람은 훨씬 많았다. 또 가까운 여성 가족, 친척 혹은 친구를 자살로 잃은 사람들은 거의 모두―만나본 사람 중 한 사람만을 제외하곤―본인 스스로 자살을 생각해본 적이 있다고 고백했다. 그렇다면 정도의 차이는 있을지언정 가까운 여성 가족, 친척, 친구의 자살 경험이 여성의 자살에 관한 학습 효과를 만들어낸다고 볼 수 있을까? 만일 학습 효과가 있다면 어떠한 효과일까?

레스터가 자살에 관한 학습 효과를 만들어내는 요소로 어릴 적 경험에 대해 언급했을 때, 그는 소위 '모방 효과'를 지적한 것이었다. 즉, 가족이나 친척, 친구의 자살 행위 및 그 행위의 결과를 관찰하는 경험을 통해 개인은 자살을 하나의 '전략'으로서 배울 기회를 얻는다는 것이다(Lester 1987: 79). 그러나 레스터의 주장을 모든 경우에 적용하기에는 무리가 있어 보인다. 예컨대, 연구자가 조사한 중국 농촌 지역의 경우, 어머니의 자살 경험은 설령 궁극적으로 딸에게 '모방 효과'를 불러일으킨다 하더라도, 단순히 '전략'으로서 도구적으로 학습된다고 보기는 어렵다. 오히려 어머니 부재라는 심리적이고 동시에 사회적인 고통의 지난한 과정을 겪는 동안 딸은 차별받는 여성 몸/주체로서 다른 사람들에 비해 상처 입고 우울한 삶의 양상을 재생산하기가 쉽다. 따라서 이들에게 자살에 대한 생각 혹은 자살 행위가 나타날 가능성은 상대적으로 더 높게 된다.

자살에 관한 태도에 있어서 가까운 가족, 친척, 친구의 자살 경험이 미치는 부정적인 영향에 대해서는 학자들에 의해 논의되어왔으며, 비단 중국 농촌의 경우에만 해당되는 것은 아니다. 예컨대, 독일의 한 연구는 어머니가 자살 시도를 한 적이 있는 아이들은 그렇지 않은 아이들에 비해 9배나 더 많이 자살을 고려하거나 시도하며, 이러한 부정적인 영향은 여자아이의 경우 더 분명하게 나타난다고 보고하고 있다(Lieb, Bronisch, Höfler, Schreier, and Wittchen 2005). 그런데 중국의 농촌 공동체는 도시에 비해 상대적으로 빈번하게 자살이 발생할 뿐만 아니라, 농촌 공동체라는 특성상 한 개인의 자살이 마을 전체의 경험 및 지식으로 확산될 가능성이 높기 때문에 같은 한 사람의 자살이라고 하더라도 보다 많은 사람들에게 영향을 끼칠수 있다. 다음 절에서는 개인적으로 가까운 가족, 친척, 친구의 자살경험이 없다고 하더라도, 빈번한 공동체 내의 자살 발생으로 인해자살에 대해 경험하고 학습·재생산하게 되는 과정에 대해 살펴보고자 한다.

3. 무의식적인 체현 과정과 문화적 행위로서의 자살

1990년대 말, 중국 농촌 여성의 높은 자살률이 처음으로 세상에 공개된 이후, 학자들은 이 현상을 다양한 관점에서 사회적, 정치경제적, 문화적, 의학적 원인과 연관하여 설명해왔다. 이들은 농촌 여성의 자살 행위가 대부분 '충동적으로' 행해진다는 점을 특징으로서지적해왔다(예컨대, CDC 2004).

20여 명의 자살 시도자와 가족들에 대한 심층면접 자료에 의하면, 자살을 시도한 경험이 있는 농촌 여성들 스스로 대부분 자신의 자살시도가 '충동적으로' 이루어졌다고 고백한다. 즉, 당시의 행위는 '순간적인 결정'이었으며 심지어 "진심으로 죽고 싶은 생각은 없었다"

라는 것이다. 실제로 자살을 시도한 이후 병원에 실려 가는 동안에 자신의 성급한 행동을 후회하는 경우도 적지 않다. 이처럼 전문가들 및 자살 시도자 본인들이 모두 같은 목소리를 낸다는 점에서 농촌 여성의 자살 행위가 대개 충동적으로 이루어진다는 주장은 어느 정도 '사실'을 반영하고 있다.

그러나 농촌 여성의 자살에 있어 충동성에 대한 강조는 의도했든 하지 않았든 간에 궁극적으로 또 다른 차원의 '사실들'을 생산해 낸다. 즉, 설령 자살 시도자의 고백과 일치한다고 하더라도 충동성의 강조는 단순히 사실에 대한 보고를 넘어 담론상의 그리고 분석상의 '편견'을 양산하고 있다. 첫째, 담론적 차원에서 중국 농촌 여성 자살에 있어서 충동의 강조는 서구인이나 중국 남성(특히 도시 지식인 남성)의 자살이 '오랜 숙고 끝에(after long contemplation)' 이루어진다는 특성과 대비되면서 중국 농촌 여성의 자살이 '인격적인 소양 부족에서 나온 진지하지 못한 행위'라는 차별적인 이미지를 구축하는 데 기여한다. 결국 충동을 강조하는 담론은 농촌 여성 각자가 자살을 선택하게 된 구체적인 맥락보다는 농민 여성 주체의 '부족한 소질(素質)'에 초점을 맞춘다(cf. Cohen 1993). 나아가 이러한 소질 담론에 기반을 둔 자살 예방 정책은 농촌 여성이 직면하고 있는 고통스러운 물질적·사회문화적 환경을 개선하려는 노력보다는 그들의 개인적 태도를 바꾸는 데 중점을 두는 경향이 있다. 둘째, 분석적인 측면에서 '충동적 자살'의 개념은 개인이 갖고 있는 충동 그 자체가 마치 자살 행위를 이끌어온 주된 심리적 원인인 양 설명하면서, 더 나아가 "어떻게 농촌 여성들이 오랜 고민이 없었는데도 불구하고 순간적으로 자살이라는 극단적인 방법을 선택하게 되는가?"라는 보다 근원적이고 인류학적으로 의미 있는 질문을 제기하기 어렵게 만든다.

내가 마을 주민들과 대화하면서 발견한 흥미로운 점 중 한 가지는 중국에서 자살은 부모로부터 받은 신체 재산을 해치는 행위로서 엄격하게 비난·금지됨에도 불구하고, 전체 마을 주민들에게 자살은 유감스럽긴 하지만 그다지 놀랍지 않은, 오히려 꽤 익숙한 일상적 경험으로 나타난다는 사실이었다. 이는 무엇보다 마을 및 주변 지역에서 자살이 빈번하게 발생하기 때문이었다. 마을 내 자살에 관한 이야기, 특히 다른 가족에게 발생한 자살 이야기를 하는 것은 그 가족의 명예를 훼손하는 행위로 간주되기 때문에 마을 사람들은 매우 금기시하고 있었다. 그렇기 때문에 웬만큼 친해지기 전까지 주민들로부터 다른 사람의 자살 사건에 대한 이야기를 듣기가 어려웠다. 반면 가족 내에 자살자가 있었던 사람들의 경우, 본인 가족의 이야기를 하는 것은 명예를 훼손하는 측면이 있다고 하더라도 동시에 자신의 억압된 고통과 슬픔을 표출할 수 있는 계기가 될 수 있기 때문에 접근이 오히려 쉬웠다. 결국 시간이 흐름에 따라 나는 마을 주민들 중 대부분의 사람들이 적어도 서너 사람의 자살 이야기를 알고 있으며, 그중 한두 사례에 대해서는 자세한 내막에 대해서도 이야기할 수 있다는 것을 깨달았다.

또한 주민들이 기억하는 자살 사건들은 대개 여성에 의한 것들로, 이는 마을에서 자살을 여성적 행위로 간주하는 지역적·문화적 해석과 일치하고 있었다. 이 지역에서 자살은 대개 '속 좁고' '큰

그림을 볼 줄 모르는' 여성에 의해 수행되는, 즉 부정적인 여성성과 연관된 행위로서 인식된다. 이러한 의미에서 자살은 성별화된 (gendered) 의미를 지닌다. 마을 주민들은 자살이라는 단어를 곧 여성에 의한 자살로 일치시키는 경향이 있지만, 실제로 마을에서 남성 자살이 여성 자살보다 적을지언정 결코 희소하게 발생했던 것은 아니다. 오히려 자살이 '어떤 어려움도 뚫고 맞서 싸워야 하는' 남성성을 획득하지 못한 행위로 간주되는 문화적 개념으로 인해 남자에 의한 자살은 종종 사회적으로 무시되는 경향이 있었다.

이처럼 자살이 빈번하게 발생하는 농촌 지역의 경우, 공동체 성원들은 꼭 가까운 가족이나 친척, 친구를 통해 자살을 경험하지 않더라도 종종 반복되는 주변 사건들을 통해 자살을 선택 가능한 행위 방식으로서 자연스럽게 습득할 수 있다. 나는 이러한 과정을 무의식적으로 습득되는 문화적 체현의 과정(process of cultural embodiment)이라고 본다(Bourdieu 1977, 1984). 즉, 비록 중국 사회에서 자살 행위는 엄격히 금지됨에도 불구하고, 주변 환경 속에서 자살을 반복적으로 경험하는 공동체 성원들은 무의식적으로 자살 행위가 선택되는 맥락과 구체적 방법 및 효과들을 몸/주체 속에 각인하게 된다. 특히 여성의 자살 사건이 더 많을 뿐만 아니라, 여성의 자살 행위가 남성의 경우보다 사회문화적으로 더 용납되기 때문에 공동체 내의 여성들은 남성들에 비해 자살을 자신의 삶 속에서 가능한 행위 방식으로서 체현하기가 더욱 용이하다. 따라서 많은 사람들이 언급하는 농촌 여성의 자살 행위가 갖는 충동성은 이들 집단이 공통적으로 갖는 자질의 미숙함이나 비도덕성과 연관되어 이해될 것이 아니라, 자살이 습득되는 과정의 무의식적인 특성에서 그 원인을 찾아야 한다.

　다음 밍웨이(明偉)의 사례는 두 가지 측면에서 농촌 여성의 자살 문제에 관해 중요한 통찰을 제공한다. 첫째, 이 사례는 어떻게 한낱 '사소한 문제'가 어떤 농촌 여성들에게는 '끔찍하게 절망적인 상황'으로 인식될 수 있는가 하는 점을 이해할 수 있게끔 도와준다. 이들의 문제 상황을 바라보는 방식의 차이는 농촌 여성들이 과거로부터 현재까지 가족 및 공동체 내에서 경험해온 사회적 지위 및 영향력과 결부되어 있다. 둘째, 이 사례는 어떤 과정을 통해 농촌 여성이 절망적인 상황에 대한 해결책으로서 자살을 무의식적이며 즉각적으로 선택하게 되는가를 설명해준다.

[사례 3] 밍웨이의 이야기

　밍웨이는 2003년 12월 말에 자살을 시도했으며 다행히 빠른 응급 처치로 생명을 건질 수 있었다. 당시 어머니의 생신이 곧 다가온다는 것을 안 밍웨이는 류머티즘으로 고생하는 어머니를 위해 오리털 잠바를 사드려야겠다고 생각했다. 밍웨이는 다른 마을 주민에 비해 잘사는 편이었기 때문에 오리털 잠바 선물이 경제적으로 큰 무리는 아니었다. 마을 의사인 남편은 다달이 100위안(2003년 기준 한화 약 1만 5000원)을 벌고 있었고, 밍웨이도 바닥 깔개를 만들어 매월 200위안 정도를 벌고 있었다. 그러나 당시 두 사람은 현금이 전혀 없었다. 벌어들이는 수입의 상당 부분은 이미 가까운 가족이나 친척들에게 빌려준 다음이었고, 남편의 환자들은 외상으로 치료를 받은 뒤 아직 돈을 갚지 않고 있었다. 잘못하다가는 어머니의 선물을 살 수 없을지도 모른다고 생각한 밍웨이는 마음이 급해진 나머지 남편에게 빨리 가서 환자들에게 외상 빚을 받아오라고 요구했다. 남편은 이 요구를 거절했는데, 남편이 생각하기에 이런 저런 비용이 많이 들어가는 설날을 곧 앞두고 이웃 사람들에게 빚 독촉을 하는 것은 그다지 바람직하지 않다고 생각했기 때문이다. 두 사람의 의견 차이는 곧 말다툼과 몸싸움으로 번졌고, 나중에는 서로 물건을 집어 던지기 시작했다. 어머니의 선물을 마련할 수 없다는 절망감과 더불어 이제 통제가 불가능할 정도로 화가 난 밍웨이는 집 밖으로 달려 나가 농약을 마셨다.

무엇보다 이 사건은 안타깝고도 역설적이다. 밍웨이와 남편이 서로 외상 빚 독촉에 관한 의견은 달랐지만 의견 차이의 근본적인 이유는 두 사람 모두 인간적으로 올바른 삶을 살고자 했기 때문이다. 밍웨이는 병든 어머니를 기쁘게 해드리고 싶었고, 남편은 가난한 이웃 사람들을 배려하고자 했다. 그런데도 두 사람의 선량한 마음 씀씀이는 결국 심각한 몸싸움과 자살 행위로 나타났다.

내가 거주한 농촌 지역에는 다음과 같은 유명한 문구가 있다. "첫 번째는 울고, 두 번째는 소란을 피우고, 세 번째는 목을 매달아라(一哭, 二閙, 三上吊)". 20대 미만의 여성들을 제외하고 대부분의 마을 여성 주민들은 이 문구를 잘 알고 있었다. 일상적인 대화에서조차 흔하게 발견되는 이 문구는 여성들에게 가족 내 문제에 직면하여 어떠한 행동을 선택해야 하는가를 가르쳐주고 있었다. 이 문구에서도 언급되듯, 농촌 지역의 여성들에게 자살은 가족 내에서 발생하는 문제를 다루는 세 가지 방법 중 한 가지로 나타난다. 울어서 감정적으로 호소하다가 그래서 안 되면 싸우고, 싸워도 안 되면 결국 목숨을 걸 수밖에 없다. 마찬가지로 남편과의 의견 차이가 나자, 밍웨이는 똑같은 경로를 밟아 최종적으로 자살을 선택했다. 물론 이 단계들은 의식적인 결정 과정이라기보다는 무의식적으로 습득된 실천의 모습을 띠고 있다.

다음은 밍웨이가 정신과 전문 간호사와 나누는 상담 대화의 일부이다. 대화는 농촌 여성의 자살 선택 과정이 얼마나 복잡하고도 함축적으로 이루어지는가를 보여준다.

[사례 4] 밍웨이의 상담 내용

간호사 : … 자살을 처음 생각한 게 언제인지 기억하나요? 어떻게 자살이 문제를 해결할 수 있는 방법이라고 생각하게 되었죠? … 누군가 자살을 했다거나, 아니면 다른 사람의 자살 이야기를 들은 적이 있어요?

밍웨이 : 글쎄, 뭐라고 말해야 하죠? 아버지가 돌아가시고 난 다음부터는 무슨 일이든지 뜻대로 되지 않았어요. 마음이 편치 않을 때마다 죽음에 대해 계속 생각했고요.

간호사 : 불행하다고 느낄 때마다 자살에 대해 생각했다는 말이군요? 제 말이 맞나요?

밍웨이 : 불행을 느낄 때마다 그저 아버지가 돌아가신 일에 대해서 늘 생각했어요.

간호사 : 아버지와의 관계가 특별히 각별했었나 봐요. 그런가요?

밍웨이 : 아주 좋았죠.

간호사 : 지금 살고 있는 마을에 누가 자살 시도를 한 사람이 있나요?

밍웨이 : 당연히 있죠.

간호사 : 그럼 자살 시도에 대해 들어본 적이 있나요?

밍웨이 : 그럼요, 있죠.

간호사 : 독약을 마셨을 때, 하필이면 이 방법을 쓴 어떤 동기가 있나요?

밍웨이 : 그 당시에 저는 오로지 아버지의 죽음만을 생각하고 있었어요.

간호사 : 알겠어요. 그러니까 당신이 이 방법을 쓴 이유는 이미 아버지가 계시지 않기 때문이라는 거군요. 그런데 조금 전에 당신이 말하기를, 병원에서 깨어난 뒤에 자신의 행동을 후회했다고 하지 않았나요? 무엇을 후회한 거죠?

밍웨이 : 병원에서 깨어나면서 아직 저한테는 아이가 있다는 생각을 했어요.

간호사 : 깨어나서야 이 생각을 했군요. 하지만 농약을 마실 때만 해도 당신은 남편이 있는지 아이가 있는지 아무런 생각도 없었던 거죠. 그런데 깨어나자 당신에게 여전히 책임이 있다는 것을 깨달은 거죠. 어디서 이러한 자살 방법을 배운 거죠? 다른 사람들로부터 배운 건가요? 아니면 비슷한 상황을 목격했거나 들었나요?

밍웨이 : 아마도 어디선가 들었을 거예요.

간호사 : 언제 자살이라는 이 두 글자를 처음 들었는지 기억이 나나요? 아마 실제로 이 방법을 쓰기 전에 당신은 이로 인해 생명을 잃을 수도 있다는 것을 알고 있었을 거예요. 독약을 마셨을 때, 남편 앞에서 해야겠다고 생각했나요?

밍웨이 : 아니요.

간호사 : 그럼 당신은 그저 혼자 조용히, 너무나 고통스러웠기 때문에

독약을 마셨던 거군요. 그 당시 고통스럽다고 느꼈나요?

밍웨이 : 네.

간호사 : 남편이 당신을 위해주지 않거나 당신의 요구를 들어주지 않았기 때문인가요?

밍웨이 : 둘 다 그 이유가 아니에요. 고통스럽다고 느낀 이유는 아마도 아버지 때문일 거예요.

간호사의 여러 번 반복되는 질문에도 불구하고, 밍웨이는 어떠한 과정을 통해서 자신이 자살에 대해 알게 되었고 또 구체적으로 농약을 사용하는 방법에 대해 습득하게 되었는지 분명하게 말하지 못한다. 이는 밍웨이가 의도적으로 감추기 때문이 아니라, 실제로 대부분의 농촌 여성이 자살에 대해 배우게 되는 과정이 그러하듯이, 의식적인 과정을 통해 습득한 내용들이 아니기 때문이다. 자살을 문제 상황에 대한 가능한 해결책으로 배우게 되는 과정은 한편으로는 개인의 직간접적인 경험과 다른 한편으로는 무엇이 여성에게 적절한 태도인가를 가르쳐주는 사회의 이데올로기를 통해 일생에 걸쳐 무의식적으로 이루어진다고 봐야 한다. 반면 도시에서 자라 농촌 여성의 삶에 대해 잘 알지 못하는 베이징의 정신과 전문 간호사는 농촌 여성의 관점에서 본다면 계속 '대답할 수 없는 질문'만을 던지고 있을 뿐이다. 결국 부르디외가 언급한 바와 같이, 밍웨이의 '대답할 수 없음'은 결국 자살이라는 행위가 중국 사회 내에 담론으로서 존재하지 않기 때문에 말할 수 없는 영역 속에 속해 있음을 드러낼 뿐이다 (Bourdieu 1977).

나아가 밍웨이가 자살 시도의 근본적인 이유를 남편의 태도에서 찾기보다는 일 년 전 아버지의 죽음에서 발견한다는 사실은 농촌 여성의 자살 문제를 이해하는 데 있어서 매우 중요한 지점이다. 밍웨이의 언급으로부터 유추해볼 때, 그녀는 상당 기간이 지났지만 여전히 아버지가 돌아가셨다는 사실을 받아들이는 데 어려움을 겪고 있다. 아버지가 돌아가신 다음부터 그녀는 무슨 일을 하더라도 일이 풀리지 않는 느낌을 받았고 또 죽음을 생각했다. 그녀가 느껴온 불행의 느낌은 사실 아버지의 죽음으로부터 시작된 심리적 고통 및 압박이 아직 해결되지 않았다는 것을 시사한다. 또한 중국 농촌의 사회문화적 환경 속에서 밍웨이는 홀로 남은 어머니의 병환에 직면하여 해결책을 찾지 못하고 있었다. 비록 자신이 남편보다 더 많은 수입을 벌어들이고 있지만 남편의 허락 내지 협조가 없이는 마음대로 어머니의 생신 선물을 살 돈을 마련할 수가 없었다. 따라서 표면적으로 볼 때, 밍웨이의 자살 시도는 단순히 남편과의 '사소한 문제'로 인한 싸움에서 시작된 것으로 나타나지만, 보다 심층적으로는 일 년의 시간 속에서 해결되지 못한 심리적 긴장과 고통의 문제를 드러내는 방식일 수 있다. 마찬가지로, 언뜻 보기에 '충동적'으로 보이는 농촌 여성의 자살 행위는 사실상 이들의 낮은 사회적 지위에서 오는 육체적·심리적인 고단함과 오랜 기간 축적된 심리적 압박, 그리고 다른 해결 방법의 부재 속에서 선택되는 문화적 실천일 수 있다.

4. 문화 분석의 출발점으로서의 몸

이번 장은 최근 중국 농촌 여성의 높은 자살률에 직면하여, 자살이 부모로부터 물려받은 신체 재산을 해치는 행위로서 중국 사회에서 엄격히 금지됨에도 불구하고 어떠한 과정을 통해 이들 농촌 여성들이 자살을 절망적 상황에 대한 해결 방식으로서 지속적으로 인지·학습하고 재생산하는가를 살펴보았다. 나는 몇 가지 사례 분석을 통해 가까운 가족, 친척 혹은 친구의 자살 경험이 농촌 여성에게 보다 직접적인 학습의 기회를 제공할 수 있지만, 그러한 직접적인 경험이 없다고 하더라도 공동체 내의 빈번한 자살로 인해 농촌 여성들은 자살을 절망적인 상황을 해결하는 한 가지 방식으로서 자연스럽게 인지하고 선택하게 된다고 주장했다. 결국 '충동적으로' 자살을 선택하는 것처럼 보이는 중국 농촌의 여성들은 사실상 직간접적인 경험의 반복과 무의식적인 체현의 과정을 통해 자살에 관한 문화적 태도를 학습·재생산하고 있다.

학습된 문화적 행위로서 자살에 대한 물음은 궁극적으로 인간의 몸/주체가 그가 거주하고 있는 사회 문화와 관계 맺는 방식에 대한 질문이기도 하다. 오랜 기간 동안 사회과학에서 인간의 몸은 주된 관심의 대상이 아니었다. 설령 연구되더라도 몸을 도구적 측면이나 (예컨대, 작업장에서의 노동 방식) 인구 재생산 및 질병과 관련하여 제한적으로 다루어져 왔을 뿐이다. 그나마 인류학자들은 비서구 사회에서의 독특한 경험을 바탕으로, 상대적으로 일찍이 몸이 갖는 상징적 의미 및 사회적 역할에 대해 관심을 기울여왔다(Douglas 1966; 김광역 1996). 한편, 1980년대에 들어오면서 프랑스의 철학자 미셸 푸코의 영향 아래 사회과학 및 인문학 전반에서 몸에 관한 관심이 급격히 증가해왔다(Foucault 1990). 이후 사회적 구성물로서 몸에 관심을 갖는 학자들은 다양한 이론적 접합—특히 정신분석학 및 여성주의 이론의 영향 속에서 몸에 각인된 사회문화적 힘 및 개인 몸/주체가 제한적으로나마 갖는 행위성(agency)에 주목해왔다(Butler 1993; Lester 2005; 김은실 2001; Grosz 1994).

그러나 인간이 주변의 물질적·사회적 환경을 인지하고 반응하는 가장 기본적인 장소이자 매개이며 수단으로서의 몸은 인간의 삶에 있어서 단순히 도구적, 상징적, 혹은 담론적 실체 이상이다. 이와 관련하여 인류학자 토마스 쏘르다스(Csordas 1990)는 메를로-퐁티(Merleau-Ponty 1962)와 부르디외(Bourdieu 1977, 1984)의 이론을 바탕으로, 몸은 단순히 문화 분석의 대상에 그칠 것이 아니라 문화와 자아를 분석하는 출발점이 되어야 한다고 주장한다. 현상학자 메를로-퐁티에 따르면, 몸은 세계와 관련 맺는 장소로서 지각(知覺)의 첫 출발점이다. 따라서 경험론적 가정과는 반대로, 물 자체는 지각에 선행하지 않으며 오히려 인간의 체현적(embodied) 지각 과정의 산물로서 등장한다. 한편, 부르디외에게 몸은 언제나 '사회적 정보를 내재한 몸(the socially informed body)'이며 동시에 '모든 실천들을 생성하고 통합하는 원리'로서 사회 구조와 개인의 행위를 연결하는 핵심 고리로서 나타난다(Bourdieu 1977: 124).

나는 몸이 문화와 자아를 분석하는 출발점이 되어야 한다는 쏘르다스의 주장이 적어도 중국 농촌 여성의 자살 연구에 있어서 매우 유효하다고 생각한다. 농촌 여성들이 자살에 관한 문화적 지식을 획득하고 개인의 상황 속에서 실천하게 되는 과정은 무의식적인 체현 과정을 빠뜨리고는 생각할 수 없으며, 체현 과정의 중심에는 공식적인 학습의 장을 넘나드는 인간의 인지하고 동시에 반응하는 몸이 놓여 있기 때문이다. 그러나 몸과 문화 사이의 관계는 사실상 이보다 더 복잡할 수도 있으며 여전히 연구 과제로 남아 있다. 중국 여성의 자살 문제에 있어서, 왜 비슷한 물질적, 문화적, 사회적 환경 속에 있는 여성들 중에 어떠한 이들은 자살을 선택하지만 다른 사람들은 거부하는가 하는 개별적 인식과 행위의 차이에 대한 문제가 해결되지 않았기 때문이다.

제7장

두 여자 이야기: 좌절, 헌신, 자부심의 생애사

이 장에서는 펑롱현에서 만난 두 여성의 생애사를 통해 농촌 여성의 삶에 대해서 살펴보고자 한다. 이 여성들은 내가 2005년 가을부터 2006년 말까지 펑롱현에 머무르며 연구를 진행하는 동안 주요 정보 제공자로서 나의 연구에 가장 큰 도움을 주었을 뿐 아니라, 연구를 마친 이후에 관계 맺음 속에서 가족과 같은 관계가 된 사람들이다. 나는 그들과 함께 같은 집에서 매일같이 생활하면서, 또 그들과 함께 이곳저곳 다니면서 그들의 삶에 대한 이해를 돈독하게 할 수 있었다. 그리고 그들이 살아온 이야기를 나 혼자 알고 있기보다는 많은 사람과 함께 나누어 중국 농촌 여성의 삶이 어떠한가를 더 많은 사람이 이해하기를 바라는 마음을 갖게 되었다.

여기서 소개될 두 사람의 이름은 각각 쉬펑친(许风琴)과 리페이민

(李桂民)이다. 이 이름은 모두 실명이고, 나는 그들의 실명을 공개해도 된다는 허락을 받았다. 쉬펑친은 1949년생이었고, 리꿰이민은 1960년생이다. 이들은 친척 관계인데, 쉬펑친은 리꿰이민의 비아오지에(表姐: 이종사촌언니)로, 쉬펑친의 아버지와 리꿰이민의 어머니가 서로 남매간이다.

　나는 농가녀학교(农家女学校)에서 쉬펑친을 처음 소개받았다. 당시에 나는 허베이 남부의 다른 지역에서 현지조사를 4개월 남짓 진행하다가 그곳 현 정부의 갑작스러운 태도 돌변으로 인해 쫓겨난 상태로 새로운 현장을 물색하고 있었다. 농가녀학교의 활동가인 쉬롱(许容)은 나의 처지를 불쌍히 여겨서 예전에 농가녀학교 교장을 했고 현재 농촌 지역에서 인맥이 좋은 쉬펑친을 소개해주었다.

　쉬롱은 2004년 초에 미국 하버드 대학에서 처음으로 만나서 알게 된 사람이다. 당시 그녀는 중국의 높은 자살률과 예방 정책에 관한 회의에 참석하기 위해 중국의 다른 자살 문제 전문가들과 함께 미국을 방문했다. 그때 나는 중국 자살 문제를 박사학위 논문 주제로 정한 뒤, 어떻게 현장에 접근할 수 있을지에 관해 고민 중이었다. 그러다가 당시 하버드의 우페이(吳飞)라는 박사과정생이 나와 마찬가지로 중국의 자살 문제를 연구하고 있다는 것을 알게 되었고, 그에게 연락했더니 이번 회의를 소개시켜주었다(그는 현재 베이징대학교의 교수이다). 상황을 전해들은 당시 내 논문의 지도교수들은 내가 직접 하버드로 '날아갈' 필요가 있을지에 대해서 의논을 했다. 그리고 결과가 어찌될지 알 수는 없지만, 내가 일단 하버드로 가서 가능성을 보기로 했다. 이처럼 갑자기 비행기 표를 끊어 보스턴으로 가서 만난 사람이 쉬룽이었다.

하버드의 회의를 마치고 함께 만난 자리에서, 우페이는 자신의 연구가 미처 도달하지 못한 지점에 대해서 언급하며 나의 연구를 적극적으로 지지해주었고, 쉬룽도 처음 만난 나를 신뢰하며 농가녀학교에서 주최하는 자살예방프로그램에 참관할 것을 제안해주었다. 쉬룽은 무척 쾌활하고 적극적인 사람으로 그녀와 나는 국적이 달랐지만 우리는 둘 다 12지(十二支)에 따르면 소띠라는 공통점을 가지고 있었다. 2004년 여름, 나는 농가녀학교에서 주최하는 자살예방프로그램에 참관했고 그 후 한 마을을 소개받아 모든 절차를 합법적으로 마무리하고 2005년부터 연구를 시작했다. 그런데 2005년 가을, 일정 금액을 뇌물로 요구했던 연구지의 현 정부에서 나를 트집 잡아 내쫓았다.

그 후 나는 쉬룽의 소개로 알게 된 쉬펑친을 따라서 허베이 북부의 산골지역인 펑룽현에 도착했다. 쉬펑친은 쉬룽과 함께 농가녀학교를 오랫동안 같이 운영해왔으며 또한 오랜 친구였다. 나는 쉬펑친으로부터 새로운 연구지로서 첸장촌을 소개받았다. 첸장촌은 쉬펑친의 친척인 리페이민이 사는 마을이었다. 리페이민은 그곳에서 부녀주임으로 일하고 있었다. 리페이민은 고종사촌언니인 쉬펑친의 말을 믿고 나의 연구가 끝날 때까지 자기 집에서 함께 묵을 수 있도록 허락해주었다. 간단히 정리하기는 어렵지만, 첸장촌에서 머무르는 1년 반의 기간 동안 사실 나는 무척 행복했다. 그곳에는 '사람'의 가치에 대한 공감이 있었고, 또 서로 환대하고 돕고자 하는 '공동체'가 있었다. 물론 이곳에는 이미 4반세기 동안 진행되어온 개혁개방 정책 이후 물밀듯이 들어온 소비풍조와 '돈'에 대한 숭상이 점점 광범위하게 확산되고 있었다. 그렇지만 그곳은 여전히 자본주의 문화에 익숙한 한국과는 다른 '평등'의 기운이 서려 있었다.

1. 쉬펑친, 내 평생의 선생님이자 어머니

한때 현의 부녀연합 주석이었던 여성 활동가 쉬펑친은 2020년 일흔 두 살이 되었다. 그녀는 지난 이십 년 동안 어머니를 모시고 살아왔다. 그녀의 어머니는 1928년생으로 올해 93세가 되었다. 그리고 작년 5월, 쉬펑친은 갑작스럽게 남편을 잃었다. 등산하던 중 갑자기 뇌출혈이 발생한 것이었다. 그녀의 남편은 산을 무척 좋아했다. 이미 몇 년 전에 병원에서 뇌동맥류 진단을 받았지만, 그는 수술을 받기보다는 남은 삶을 하고 싶은 일을 하면서 행복하게 사는 것을 선택했다. 그리고 제일 좋아했던 일이 바로 등산이었다. 그는 카메라를 들고 매일 새벽이면 산에 올라갔으며, 펑룽현 주변의 아름다운 산과 물, 그리고 나무와 꽃의 사진을 찍곤 했다.

쉬펑친에게 남편은 가장 소중한 동지이자 친구였다. 그는 군대(武裝部)에서 근무했지만, 단련된 몸과 달리 마음은 따뜻하고 부드러운 사람이었다. 나는 그들의 집에 자주 또 오래도록 묵었지만, 단 한 번도 그가 그 누구에게 큰 소리로 화를 내는 것을 본 적이 없었다. 그는 집안에서 자주 요리를 해서 가족들과 친구들에게 베풀기를 좋아하는 사람이었다. 그들에게는 두 명의 아들이 있는데, 큰아들은 펑롱현에서 자동차보험 회사를 다니고 있었으며, 작은아들은 미국 대학에서 연구원으로 일했다. 각 아들은 또 한 명씩 아들을 낳아서, 그들에게는 두 명의 손자가 있는데 벌써 큰 손자는 대학에 다닌다. 그리고 그녀에게는 한국인 딸이 있다. 바로 나, 이현정이다. 2016년, 그녀와 그녀의 남편은 연구를 마친 나를 그들의 양녀로 삼기로 했다. 나는 '쉬 선생님(许老师)'이라고 부르던 그녀를 '어머니(妈妈)'라고 부르기 시작했으며, 삼촌(叔叔)이라고 부르던 그녀의 남편은 '아버지(爸爸)'라고 부르게 되었다.

그러므로 이 이야기는 나의 '어머니'에 관한 이야기이다. 그러나 나의 어머니 이전에, 쉬펑친 그녀는 내가 현장에서 만난 가장 용기있고 능력이 있으며 바다 같은 힘차고도 고요한 마음을 지닌 여성 활동가였다. 내가 그녀의 이야기를 책으로 쓰겠다고 했을 때, 그녀는 "자신의 삶은 스스로 만들어온 것이 아니며 여러 사람과 함께 이루어온 것"이라는 점을 강조했다. 나는 이 글에서 쉬펑친 그녀를 '선생님'이나 '어머니'와 같은 호칭을 사용하지 않고, 이름만을 쓰려고 한다. 그럼으로써 내가 현장에서 만났던 한 명의 중국 농촌 여성의 강인한 삶을 소개할 수 있기를 기대한다.

내가 처음에 쉬펑친에게 자신의 삶을 어렸을 때부터 소개해달라고 했을 때 그녀는 다음과 같은 문장으로 시작했다.

할머니는 40대에 과부가 되었어요. 할아버지가 47세에 뇌혈전증으로 사망했기 때문이죠. 고모는 26세였는데, 아직 결혼하지 않았어요. 고모는 이미 다 큰 처녀였지만 할아버지의 식사를 챙겨드리러 오곤 했지요.

그녀의 삶의 뿌리는 할머니와 고모라는 두 명의 '고생스럽고 안타까운 여성의 삶'으로부터 시작되고 있었다. 생각보다 일찍 돌아가신 할아버지로 인해 할머니는 일찍이 '과부'가 되었는데, 당시 농촌의 사회 분위기 속에서 할머니는 여러 면에서 차별을 받았다. 친척들마저도 그녀를 돌보아주기는커녕 무시했다. 그리고 고모는 어머니가 아버지를 대신해서 일하는 동안 병든 아버지를 돌보는 역할을 맡았다. 그나마 다행인 것은 할머니의 아버지인 쉬펑친의 외증조할아버지가 할머니에게 돌아가시면서 장사를 해서 번 목돈을 남겨주었다는 것이었다. 할머니는 그 돈으로 주변의 땅을 사서 경작을 할 수 있었다.

할머니는 매우 강했어요. 외증조할아버지는 비교적 부유했는데, 당시 장사를 해서 돈을 벌었고 할머니에게 목돈을 주어서 땅을 관리할 수 있게 했지요. 지금으로 말하자면, 땅을 세주거나 사는 것과 같은 것이에요. 이즈산(椅子山)의 비교적 평평한 땅이 기본적으로 모두 할머니의 것으로 나중에 그녀는 중국의 성분 구분에 따라 부농이 되었지요.

남편을 일찍 잃은 과부의 삶에서 상당한 땅을 가진 부농의 지위는 자식들을 홀로 키우는 데 도움이 되었다. 이러한 사실로부터 알 수 있는 것은, 이미 사회주의 혁명이 이루어지고 토지개혁이 있었지만 그 이후에도 할머니의 아버지가 했듯 상업 활동이 가능했고, 그 결과 부농의 삶이 그렇지 않은 사람들의 삶보다 더 나았다는 것이다. 마을 사람들의 증언에 따르면, 지주는 타도되었지만 부농은 사회주의 초기에는 심하게 비판받지 않았으며, 부농이라고 하더라도 공산당의 입장에 동의하기만 하면 그 지위를 유지할 수 있었다.

쉬펑친은 어렸을 때부터 할머니와 함께 살았다. 아버지는 청더(承德)에 있는 자원봉사교육원에서 임업 일에 종사하고 있었고, 어머니는 처음엔 펑룽현에 있다가 나중에 아버지를 따라서 청더에 있는 자원봉사교육원으로 직장을 옮겼다. 중국이 3년 곤경 시기(1958~61년)를 보냈을 때 쉬펑친은 할머니와 같이 있었는데, 할머니가 아버지를 따라 청더에 가는 것을 거부했기 때문이었다. 쉬펑친의 부모는 혼자 사는 할머니를 청더로 모셔서 함께 살기를 바랐지만, 할머니는 청더에 가게 되면 죽은 다음에 고향에 묻히지 못할 것을 두려워했다. 따라서 쉬펑친도 처음에 부모님을 따라서 청더에 잠시 머물다가 며칠 그곳의 소학교를 다니고는 다시 할머니가 계시는 시골로 돌아왔다.

지금도 농촌에서 자주 나타나는 모습이지만, 중국 사람들은 아버지, 어머니가 모두 일을 해야 할 경우에는 부모와 함께 살면서 낮에 혼자 두는 것보다는 가까운 친척에게 아이 돌봄을 맡기고 부모는 돈을 버는 것이 아이의 장래를 위해 낫다고 여겨진다. 일반적으로 할머니가 있을 경우에는 할머니가 아이를 돌보아주고, 소학교 저학년일 때까지 데려다주거나 데리고 오는 일을 맡아서 한다. 마찬가지로 아버지, 어머니가 모두 직장에 나가는 상황에서 어린 쉬펑친은 할머니의 돌봄을 받는 것이 낫다고 여겨졌으며 고향 집에서 소학교를 다녔다. 그러다가 1961~62년 곤경이 극심해지자, 시골의 삼촌은 어머니에게 "집으로 돌아오라, 아이가 굶어 죽게 생겼다"고 편지를 보냈고, 어머니가 일을 그만두고 집으로 돌아왔다. 얼마 후, 아버지도 어머니를 따라 집에서 가까운 주샨 산림공장(祖山林場)의 공장장으로 자리를 옮겨왔다.

쉬펑친은 소학교에 다니던 시절에 대해서 선명하게 기억하고 있었다. 그녀의 집은 펑룽현 주변의 산골 중에서도 산골에 있었고, 100가구도 채 되지 않는 작은 마을이었다. 그녀는 학교에 가기 위해서 매일 아침 나지막한 산을 넘고 강물을 건너 약 20리를 걸어 다녀야 했다. 그렇지만 쉬펑친은 학교를 가는 것이 너무나 좋았다. 남동생이 한 명 있었던 그녀는 집안일을 하거나 동생을 돌보는 것보다 그렇게 걸어서라도 학교에 가는 것이 당시로서는 특권처럼 느껴졌다. 1949년생인 그녀는 사회에 관해 인식할 즈음, 이미 중국 농촌은 전역이 집단적 생산체제로 바뀐 다음이었다. 당시 집체 생활에 대해서 쉬펑친은 다음과 같이 기억하고 있었다.

노동력이 있는 사람들은 더 많은 양을, 노동력이 없다고 여겨지는 사람들은 더 작은 분량을 받았어요. 당신이 어떤 사람인가는 아무도 관심을 기울이지 않았죠. 지금도 매우 선명하게 기억하고 있어요. 우리 마을의 노동력 많은 사람, 한 집에 대여섯 명의 남자 노동력이 있다면 총 벌어들일 수 있는 노동점수가 얼마라는 것을요. 당시에 남성 노동력은 10점인데 여성 노동력은 그만큼 되지 않았어요. 특히 우리 가족은 누구도 노동력이 없었고, 따라서 양식배급을 받을 만큼만 겨우 벌 수 있었어요. 그 당시 쌀이 없었고, 벼도 없었고, 좋은 수수 배급이라고 해도 모두 붉은 수수였고, 흰 수수는 없었어요. 맛있는 흰 수수는 한 끼를 먹기가 어려웠지요. 우리뿐 아니라 다른 사람들도 모두 마찬가지였어요. 나는 양식배급을 받기 위해 40위안을 벌었고, 그것으로는 모자라 돈을 주고 식량을 더 사야 했는데, 약자들은 아주 많이 차별을 받았어요. 어렸을 때는 밥을 먹기 위해서 학교가 쉬는 일요일에도 밭에 노동하러 가야만 했어요. 노동을 하면 두 개의 옥수수 대를 받을 수 있었죠. 옥수수 대를 참깻잎 반쪽과 마른 고구마 잎을 갈아 넣어서, 지금은 건량(干粮: 건조한 식량)이라고 부르는 떡을 만들어 한두 조각으로 나누어 먹었어요. 면화는 들에 만발했지요. 하지만 어린아이의 노동은 느렸어요. 공작조에서는 나의 노동이 느리고 또 깨끗하지 못하다고 비난하면서, 또 내게 그런 비난을 인내해야 한다고 말했죠. 일을 마치면 할머니와 나 두 사람은 건량 조각을 두 개로 나누어 먹었어요. 여자들은 어떻게 일하든지 8점을 받았고, 남성은 일을 잘 하지 못하는 사람들도 10점을 받는 등 매우 불공평했어요.

앞서 제1장에서 언급한 바와 같이, 사회주의 혁명 이후 중국은 가장 먼저 혼인법을 개정하는 등 남녀평등 정책을 대대적으로 실시했다. 그렇지만 남녀평등 정책은 가부장적 문화에 기초한 친족 중심의 권력 관계에 타격을 주고 공산당이 권력의 중심이 되는 데에는 도움이 되었을지언정, 가정과 지역 내에 깊숙이 뿌리박힌 남녀차별의 문화는 근본적으로 변화시킬 수 없었다(Yang 1999; Wolf 1985). 남성 노동과 여성 노동은 각각 10점과 8점 등으로 가치가 다르게 매겨졌고, 그들이 맡은 집 안과 집 밖의 역할 구분도 근본적으로 폐지되지 않았다. 예컨대, 여성은 남성과 마찬가지로 집 밖으로 나와서 집

제3부 몸에 각인된 삶: 가족과 문화

단 활동에 참여할 것이 기대되었지만, 그들은 여전히 집안일과 아이 양육의 역할에서 자유롭지 않았다. 그러나 나중에 리페이민의 언급에서 확인할 수 있지만, 적어도 남편의 노동력만으로 양식을 충분히 벌 수 있다면 아내는 집안일이나 아이 양육을 이유로 집단 노동에 참여하지 않을 수 있었다. 이는 남자는 바깥에서 일하고 여자는 집안에서 일한다는 전통적인 젠더 구분의 사고가 사회주의 혁명 이후에도 계속되고 있었다는 것을 드러낸다.

집체 시절, 불평등은 남녀 간에만 존재하지 않았다. 평등을 중시하고, 가장 가난하고 억압받았던 자들에게 힘을 실어줄 것을 강조했던 마오쩌둥 시기의 공산당은 각 지역에서 여전히 권력에 따른 위계와 불평등을 눈감아주었다. 이러한 사실은 많은 이들에게 좌절감을 느끼게 했다. 쉬펑친은 열세네 살 당시의 생산대장이 자기의 아들과 며느리에게 특혜를 주었던 사실을 기억하고 있었다.

어떤 사람들은 점수가 낮아서 다른 사람의 물건을 훔치기도 했고, 또 바지 속에 분배받은 옥수수를 넣기도 했어요. 나는 이러한 것이 불공평하다고 생각해서 생산대장에게 "옥수수를 누구나 맘대로 집에 가져갈 수 있는 거냐?"고 물었죠. 그랬더니 그가 "그렇지 않다"고 대답했는데, 사실 그의 아들과 며느리가 이미 옥수수를 가득 챙긴 다음이었어요. 나는 말했어요, "오늘 누가 집에 옥수수를 가져가는지 보자"고. "나는 훔치지 않았고 내 바지에 옥수수를 넣지 않았지만, 누군가 다른 사람이 가져갔다"고 말했어요. 그랬더니 성격이 특별히 비겁했던 생산대장이 "네가 이런 식으로 행동하는 것은 옳지 않다"고 나한테 말하더군요. "모두 몸에 있는 것을 꺼내보면 알 것이다"라고 내가 말하자, 옆에 있던 서너 사람이 가져갔던 옥수수를 옷에서 모두 꺼냈어요.

그녀는 어렸을 때부터 불의를 보면 보복을 두려워하며 참기보다는 용기 있게 말하는 사람이었다. 생산대장의 아들과 며느리가 옥수수를 부당하게 취하는 것을 보고, 그녀는 어린 나이에도 생산대장에게 직접 문제를 제기했다. 생산대장은 다른 누구보다 공정해야 하는 직책이었기에 어린 쉬펑친이 "옥수수를 맘대로 가져가도 되느냐"는 질문에 원칙대로 말해야 했지만, 그는 동시에 생산대장이라는 자신의 권력을 이용하여 가족들이 다른 이들보다 더 혜택을 받을 수 있도록 했다. 쉬펑친뿐 아니라 마을 주민들은 집체 시절에도 생산대장이든 다른 직위를 가진 사람이든 간에 공산당이 부여한 권력을 조금이라도 더 가진 사람들은 자신의 가족과 친척을 우선적으로 챙겼다고 말했다. 예컨대, 모두 함께 공동식당에서 죽을 나누어 먹을 때도 권력을 가진 사람과의 친소 관계에 따라 누구는 알갱이가 가득 들어간 죽을 먹었고, 누구는 멀건 죽을 마셔야 했다.

매번 일이 끝나면 따온 면화 무게를 달았고, 무게에 따라 집마다 분배가 되었어요. 우리는 8근을 내려놓았는데 무게를 재는 사람이 면화를 몇 근 덜 다는 것 같았어요. 그래서 내가 삼촌에게 "우리의 면화를 제대로 달지 않는 것 같다. 불공평하다"고 했더니, 삼촌은 "공평하지 않을 리가 없다"고 말했어요. 당시에 우리 집은 무게를 재는 곳에서 가까웠고 문이 서쪽으로 열려 있었어요. 그래서 내가 급히 집에서 저울을 가져와서 재보니 3근이 모자라더군요. 이걸 알고는 화가 난 할머니가 집 밖으로 뛰쳐나왔어요. 이 일로 인해 마을이 소란스럽게 되었는데, 저울을 재는 사람은 "만일 내가 네 면화를 덜 달았다면 내가 다섯 명의 천둥 신과 싸우고 약을 먹고 죽겠다"고 큰소리를 치더군요. 나는 "그런 과장된 말은 할 필요도 없고, 당신이 그러든 말든 내가 상관할 일이 아니다"면서, "지금은 과학을 믿는 시대"라고 말했어요. 하지만 그의 말은 효험이 있었어요. 그 일이 지나고 같은 해 겨울에 그 사람은 스스로 약을 먹고는 거의 죽을 뻔하다가 살아났거든요. 그때 사람들이 말하기를, "그가 양심이 없어서 하느님이 노한 것"이라며, "절대로 농촌 여성을 함부로 무시해서는 안 된다"고 했어요.

쉬펑친은 농촌 여성에 대한 자부심을 지니고 있었다. 비록 농촌 여성은 배우지 못하고 세상으로부터 이런저런 억압과 차별을 받고 살지만, 그들은 자신들만의 지혜를 가지고 억세게 곤경을 이겨나가는 힘을 가지고 있다는 믿음을 가지고 있었다. 쉬펑친의 이러한 믿음은 나에게도 그대로 전수되었고, 내가 중국 농촌 여성의 지혜와 생존력에 대해 강한 믿음을 갖게 된 뿌리가 되었다.

대약진운동 시기가 지나고 곤경의 상황이 조금 나아질 무렵, 쉬펑친의 가족이 직면해야 했던 것은 갑작스럽게 불어 닥친 문화대혁명의 거센 열기였다. 이전까지는 별 탈이 없었지만, 문화대혁명의 격정적인 분위기 속에서 부농인 할머니는 비판의 대상이 될 수밖에 없었다. 그러나 할머니는 당시의 정책에 따라 열심히 집단 노동에 참여하고 가정 내 '혁명적인 분위기'를 증명함으로써 중농으로 성분을 바꾸었다. 중농으로 성분을 바꾸는 것은 집안을 이끌어가고 있는 할머니에겐 매우 중요한 과제였다. 당시 중국의 상황에서 빈농과 중농만이 학교를 다닐 수 있는 우선순위를 가졌기 때문이다. 중농은 단결대상이었고, 지주와 부농은 타도대상이었다. 만일 부농의 성분을 계속 지니고 있다면 쉬펑친은 학교를 계속 다니기가 어려울 수도 있었다. 다행히 부농은 집단 활동에 적극적으로 참여하고 노동을 통해 중농으로 변화할 수 있었는데, 할머니처럼 여성인 경우에는 과업이 많을 뿐 아니라 여성에 대한 차별로 인해 특히 쉽지 않았다. 그렇지만 할머니는 노력 끝에 중농으로 변화했다.

그러다가 문화대혁명은 쉬펑친의 집안에 큰 사건을 불러일으켰다. 당시 그녀의 아버지는 청더에서 주샨 산림공장으로 옮긴 이후 이곳의 공장장을 맡고 있었다.

문화대혁명 이후에 새로운 정책이 실행되면서 우리 가족은 감히 고개를 들 수 없었는데, 자본주의파로 변절했다는 것 때문이었어요. 내가 중학교에 다닐 때는 학생들이 모두 홍위병 완장을 차고 있었는데, 나중에 홍위병 완장을 찬 사람들은 그다지 혁명적이라고 할 수조차 없었지만, 나는 가족이 헤이우레이(黑五类: 중국에서 비판이나 숙청의 대상이 되는 지주·부농·반혁명분자·악질분자·우파분자와 그 자녀)가 되어 수업시간을 포함하여 고개를 들 수가 없었어요. 당시에 우수한 학생은 반장을 하거나 반 간부를 했는데, 갑자기 간부들은 선진적이지 않고 낙후한 존재가 되어버렸고, 하룻밤 사이에 헤이우레이가 되었어요.

마을에는 초중학교(중국의 중학교)가 없었기 때문에 모두 현이나 향에 있는 초중으로 다녔다. 그러나 쉬펑친은 초중 2학년이 되자 마오쩌둥의 어록에 적힌 바에 따라 '지식 청년'의 명분으로 다시 고향 마을로 하향을 해야 했다. 학생들은 졸업했건 안 했건 할 것 없이 모두 고향 마을로 돌아갔고, '지식 청년'은 초중 이상을 다니는 모든 학생들을 지칭하는 것이었지 지식이 있든지 없든지 상관이 없었다. 그러다가 다시 학교로 돌아왔는데, 학업을 쉬었던 만큼 곧바로 고중학교(중국의 고등학교)로 진학하게 되었다. 그리고 고중 2학년까지 학교를 다니다가 또다시 당의 지시에 따라서 모두 일괄적으로 졸업을 하게 되었다.

문화대혁명 당시, 쉬펑친은 아버지가 산림공장의 공장장이라는 이유로 헤이우레이로 취급당했으며, 그녀의 아버지는 자본주의파를 걷는다는 이유로 폭력의 희생자가 되어야 했다. 이미 아버지는 노력을 통해서 중농으로 성분 변경을 한 뒤였다. 그렇지만 희생자가 필요했던 당시 정치운동의 격렬한 분위기 속에서 쉬펑친의 아버지는 자본주의파를 걷는 사람으로 낙인찍혔다. 그 기억은 지금까지도 그녀에게 생생하게 남아 있었다.

아버지는 주샨 산림공장의 공장장이었을 때 체포되었어요. 자본주의파를 걷는다, 자본주의당권파를 걷는다는 이유에서였죠. 그러자 반에서도 나에 대해 '헤이우파 자본주의 노선을 걷는 사람(黑五派走资本主义路线)'이라고 말하기 시작했는데, 당시에는 그것을 받아들이기가 너무 힘들었어요. 나는 아버지가 자본주의파를 걷는 것이 아니며 마오 주석이 말하는 혁명적인 사람이라는 것을 믿었어요. '왜 아버지를 쫓아내는가, 아버지가 어떤 문제도 없는데 아버지를 쫓아낸다면 이것은 정치운동이다', 나는 그렇게 생각했죠. 나는 당시 어려서 이 문제에 관해 물어볼 수는 없었지만, 아버지에게 "어떠한 운동이든 간에 당신은 영원히 나의 아버지"라고 말했어요.

문화대혁명의 정치운동은 전국을 휩쓰는 강렬하고 혹독한 변화였지만, 그 속에서도 대부분의 농민처럼 쉬펑친도 우선적으로 가족과 가까운 사람들을 보호하고자 했다. 그들에게 공산당의 정책은 결코 '잘못될 수 없는' 것이었지만, 그것을 수행하는 사람 중에는 문제가 있을 수 있었다. 따라서 올바르게 정책이 시행되지 않거나 정치적인 상황에 따라 정책에 대한 해석이 자의적으로 변한다고 인식되었다. 공산당이 틀릴 수는 없지만, 그것을 수행하는 사람들의 문제로 인해 정책은 충분히 납득되지 않거나 잘못된 희생양을 만드는 측면이 있었다. 따라서 쉬펑친도 그녀의 아버지가 자본주의파라고 공개적으로 비판받고 학대받았을 때, 아버지가 자본주의파라고 비난받는 것은 '정치운동'의 결과라고 생각했다.

정치운동의 결과는 무척이나 가혹했다. 평생 산림공장에서 일했던 아버지는 공장의 최고 결정권자였다는 이유로 당시 텐진에서 하향한 젊은 학생에 의해서 공개 비판의 대상이 되었으며, 심지어 그의 폭력행위로 인해 갈비뼈 세 개가 부러져야 했다. 아버지는 학대받은 이후 다른 공장에 버려졌는데, 쉬펑친은 아버지를 구해야겠다는 생각으로 용감하게 아버지를 찾으러 나섰다.

이후에 나의 아버지는 다른 사람에 의해 몸이 말 그대로 부서져야 했어요. 톈진에서 하향한 왕청웨이라고 불리는 지식 청년은 사실 지식도 없고 사회성도 없는 떠돌이 혹은 방황하는 청년이었는데, 아버지가 공장장으로 있는 산림공장에서 일하다가 문화대혁명이 발생한 뒤 몇 명의 노동자를 중심으로 조직된 문화대혁명 영도 소조에 들어갔어요. 그러더니 곧바로 아버지를 비판했어요. 그는 무술을 할 줄 알았는데, 막판에는 아버지의 세 개의 근골을 부러뜨려 허리 추간판이 돌출하도록 만들었어요.

당시 주샨 산림공장은 이쪽에 있었고, 큰 산을 지나서 콴청(宽城) 그쪽에 빙거우 산림공장(冰沟林场)이 있었는데, 사람들은 아버지를 한껏 때린 다음 그쪽에 데려다놨어요. 그때 나는 열 일고여덟 살이었어요. 아버지는 이미 다쳐서 일어날 수 없는 상태였는데, 어떤 마음씨 좋은 나이든 노동자가 지금 총격 사건이 있어서 3930부대가 와 있다고 내게 말해주더군요. 아버지가 자주 산을 내려가 그들의 차를 타고 다녔기 때문에 나는 그들을 알고 있었어요. 그래서 그들을 찾아가서 장하이팡이라는 사람의 차를 얻어 타고 주샨 산림공장 앞에 내려서 아버지를 찾았어요. 그랬더니 그곳의 사람들이 아버지가 여기에 없고 산 아래 빙거우 산림공장에 있다고 하더군요. 그런데 그 공장은 이곳에서 멀리 떨어져 있을 뿐 아니라 산에 올라가야 하는데, 그 산은 길도 없고 오로지 전봇대의 전깃줄만 보고 따라 올라가야 하는, 늑대와 표범이 사는 처녀림이 있는 곳이었어요. 그 지역에 대해 가을에 잎이 노랗게 물들면 고즈넉하다고 말하는 사람들도 있지만 말이죠.

어떤 마음씨 좋은 사람이 내게, "너는 지금 헤이방(黑帮: 반동조직이나 그 구성원) 자녀이므로 지금 가면 안 된다"고, "길이 좋지 않으니 내일 가라"

고 하더군요. 지금 가면 내가 자본가와 관련이 있다고 말할까 두렵다고 했어요. 그렇다면 내일 아침에 아버지를 만나러 갈 터이니, 내가 잘 곳을 마련해달라고 그에게 요청했어요. 그러자 그가 공장의 소조 사무실에서 자라고 해서 문화혁명 소조 사무실의 부서진 침대에서 잠을 잤는데, 새벽이 오기 전에 잠이 깨었고 밤새 잘 자지 못했어요. 그 마음씨 좋은 사람이 내게 몽둥이를 하나 가지고 가라고 했는데, 이 지역에는 호랑이와 표범은 없지만 개와 토끼가 있고 작은 동물과 뱀이 있으니 뱀이 나오면 그 몽둥이로 때리라고 했지요.

나는 아버지를 찾고 싶은 마음이 절실했기에 잽싸게 좁은 길을 따라 나무와 나무 사이를 헤치면서 산을 올라갔어요. 그러다가 하얀 풀이 나 있는 가장 높은 꼭대기에 이르렀는데, 이곳에는 하얀 풀만 있고 나무가 없었어요. 당시 나는 머리를 두 갈래로 땋고 있었는데 머리를 묶었던 두 개의 끈은 이미 어디로 사라지고 없었어요. 그렇지만 감히 뒤돌아가서 끈을 찾을 생각은 할 수 없었는데, 그러다가 무슨 일이 생길까 두려웠기 때문이에요. 그래서 계속 앞으로만 걸어갔고, 산을 내려가자 2~3미터 떨어진 곳에서 인기척이 나는 소리를 들었어요. 나는 대화를 나누는 그들이 과연 좋은 사람인지 나쁜 사람인지 알 수가 없어서 마음이 심히 불안했죠. 언뜻 보니 늙은 노동자들이었어요. 그들은 나를 발견하더니 혹시 쉬 공장장의 딸이 아니냐고 자기들끼리 이야기했어요. 나는 그저 가만히 듣고 있었어요. 그리고는 "아저씨, 아버지가 어디 계셔요?"라고 물었더니, 공장 안에 있다고 그들이 말해주더군요. 그들은 전봇대의 전깃줄만을 따라서 산을 타고 온 나를 감히 돌려보낼 생각을 하지 못했어요.

아버지를 보자마자, 나는 갑자기 울음이 터져 나오는 것을 멈출 수 없

제3부 몸에 각인된 삶: 가족과 문화

었어요. 아버지는 허리가 꺾여 있었고, 사람들에게 맞아서 뼈가 모두 부러져 있었어요. 그들은 방 안에 표어를 가득 붙여놓았는데, "쉬원헤이를 타도하자(打倒许文墨)", "절대로 당이나 마오 주석을 반대해서는 안 된다(千万別反对党. 反对毛主席)"와 같은 것들이었어요.

나는 아버지에게 우선 치료해야 한다고 말했어요. 그리고 다음날 아침 조용히 나가서 도망치자고 했어요. 여전히 일부 사람들이 감시를 하고 있었기 때문에 큰 소리로 말할 수는 없었어요. 그들 중에 나이든 노동자 한 분이 특별히 좋은 사람이었는데, 그가 마차를 불러다 주어서 우리는 그 안에서 잠을 잘 수 있었어요. 우리는 도망자처럼 마차에 앉아 조용히 빙거우 산림공장에서 탈출했어요. 도망쳐 나와 콴청을 향해 달렸는데, 강을 따라가다 보니 콴청 시내가 나왔어요. 나의 아버지는 콴청현 무장부(武装部: 군대)에 몇몇 사람들을 알고 있었는데, 그들도 참 좋은 사람들이었어요. 무장부에 도착하자마자 아버지는 병원으로 신속히 이송되었어요. 그리고 콴청현 인민병원에 머물렀어요. 당시 어머니와 할머니는 집에 있었는데, 나와 아버지가 겪은 이러한 사실에 대해서는 조금도 몰랐어요.

셋째 날, 문화혁명 소조는 공장으로 가서 쉬펑친의 아버지가 도망쳤다는 사실을 알게 되었고 그녀의 아버지를 찾기 시작했다. 이러한 움직임을 예상했던 쉬펑친의 아버지는 이튿날 그녀를 병원에서 내보냈다. 만일 쉬펑친이 집이나 학교에 없다는 것을 알게 되면 트집을 잡아 그녀 역시 공개 비판에 회부할 것을 걱정했기 때문이다. 그러나 그녀가 아버지가 입원해 있는 콴청현에서부터 집으로 돌아오기는 쉽지 않았다. 다른 사람의 차를 겨우 얻어 탔는데 서쪽으로부터 반쯤 온 다음부터는 차가 없었다. 나중에 트럭이 와서 좀 더 가까운 지역까지 데려다주었지만, 아직 집까지 가려면 한참 더 가야 했다. 그때 마침 쉬펑친은 그곳 근처에 동창이 한 명 살고 있다는 생각이 나서 그녀의 집으로 향했다. 그리고 마침내 그 동창을 만나고 동창 아버지의 도움을 받아 집으로 돌아올 수 있었다.

주샨의 문화혁명 영도소조에서는 빙거우 산림공장에 가둬놓았던 쉬펑친의 아버지가 사라졌으며 그의 딸이 찾아왔다는 소식을 전해 듣고, 두 명을 보내 그녀를 찾았다. 그들은 쉬펑친에게 아버지가 어디로 갔는지 물었지만, 쉬펑친은 아무 것도 모르는 척, "모른다, 너희의 산림공장에 있던 것이 아니냐?"라고 오히려 반문했다. 그들은 쉬펑친이 왔을 때 네 아버지는 아직 그곳에 있었는데, 그는 어디로 간 거냐고 다그치자, 그녀는 아버지의 행방에 대해서 알 수 없다며 도리어 "나는 아직 당신들이 아버지를 돌려주기를 기다리고 있단 말입니다!"라고 외쳤다.

쉬펑친은 당시의 분위기 속에서 스스로 자본주의파의 딸이라는 것을 인정해야 했다. 그 결과 홍위병 완장은 떼어내야 했고, 정치활동에 참여하는 대신에 학교에서 매일 대자보를 베껴 써야 했다. 하나의 큰 대자보를 보면서 계속 베껴 쓰는 작업을 종일해야 했기 때문에 나중에는 엄청나게 베낀 종이들이 쌓였다. 그러나 쉬펑친은 긍정적인 사람이었다. 그녀는 비록 학교에서 자본주의파의 딸이라고 비난받고 집단 활동에서 소외되었지만, 크게 개의치 않았다.

(헤이우레이라고 비판받았지만) 나에게 별일은 없었어요. 그저 비판 활동에 참가할 수 없었고, 어디든지 걸어 다녀야 했으며, 도서관에서 책을 읽을 수 없었지요. 사람들은 〈들불 봄바람을 보고 옛성을 도려내어〉라는 영화를 보면서 당신을 자본가계급이라고 비난할 거예요. 나는 사람들을 피해 돌아서 가면 되었고, 베껴 쓰는 일은 한 장을 쓰고 또 한 장을 쓰고, 아주 잘 썼어요. 마오쩌둥의 어록을 쓰는 것은 아주 빨리 할 수 있었는데, 매일 연습했기 때문이지요.

얼마 후 또다시 두 명의 소조원이 아버지를 찾아 마을에 왔고, 이번에는 대대서기를 찾았다. 당시는 마을 한 개가 대대라는 군대 조직의 형태로 조직되었던 시기라서 마을서기는 '대대서기'라고 불렸다. 다행스럽게도 당시 대대서기는 정치운동에 대해 분별력이 있고 마을 주민들을 보호할 줄 아는 사람이었다. 소조원이 쉬펑친의 아버지를 '개매국간첩(狗汉奸特务)'이라고 부르며 어디 있는지를 물었을 때, 대대서기는 "우리는 그가 무엇을 했는지 모른다. 그가 공산당이었다는 것만을 안다. 그리고 당신들의 주산 산림공장의 서기였고, 당신들이 있는 산꼭대기로 갔다. 그의 집에는 아이건 어른이건 먹을 것이 없어서 촌에서 그들에게 돈을 준다"라고 말했다.

마침내 그들은 쉬펑친의 아버지가 콴청현 병원에 있다는 사실을 알아내고는 병원에 가서 '자본주의파'인 그를 치료해서는 안 된다고 했다. 그렇지만 콴청현 병원의 의사는 "그가 어떤 파든지 상관없이 상처 입은 사람이라면 구해야 한다"고 그들의 요구를 거절했다. "우리는 자본가 진영에 신경 쓰지 않고 자본가에게 돈을 지불하지 않았다"며 의사는 단호하게 말했다. 당시 콴청현 군대에는 쉬펑친의 아버지와 잘 아는 사람이 있었는데 그들의 관계는 철과 같이 상당히 견고했다. 따라서 소조원이 병원으로 찾아왔을 때도 쉬펑친의 아버지를 보호할 수 있었다.

이후 쉬펑친의 아버지는 콴청에서 베이징으로 옮겨 베이징의 작은 병원에서 치료를 받았다. 당시에 벌써 조금씩 문화대혁명의 정치운동이 사그라지고 해방의 장소가 마련되고 있다는 소식이 들려올 때였다. 그래서 아버지는 자신이 반당파이거나 반사회주의자가 아니며, 충성스럽게 임업에 헌신하고, 청더의 산과 강을 다니고 펑롱의 산과 강을 다니면서 임업을 위해 평생을 보냈다는 사실을 적어 그가 받는 불명예로부터 당이 해방시켜주기를 청원했다. 당시 쉬펑친은 아버지가 걱정되어 휴가를 내어 베이징을 찾기도 했다. 비록 열일곱 살이었지만, 그녀는 도전적이고 독립적인 성격이었다.

쉬펑친 아버지의 사례는 문화대혁명의 정치운동의 불길이 어떠한 방식으로 농촌에서 타올랐는지를 보여준다. 마을 사람들은 아무리 정치운동의 불길이 타오른다고 하더라도 자신의 가족과 친척들을 고발하기가 쉽지 않았다. 그러나 외지에서 온 청년들은 마을 사람들과 개인적인 친분 관계를 가지고 있지 않았고, 공산당이 당시에 부여한 절대적인 권력에 힘입어 자신들의 힘과 폭력을 마구잡이로 휘둘렀다. 쉬펑친 아버지의 사례에서 보듯이, 지역 주민들은 자신들의 지역 주민들을 보호하기 위해 애쓰는 사람들이 있었으며, 같은 산림 공장에 일하는 노동자라고 하더라도 모두 공장장을 공격하려는 마음이 한 가지로 통합되어 있지는 않았다. 그들은 정치운동의 흐름을

제3부 몸에 각인된 삶: 가족과 문화

직접적으로 반대하지는 못했지만, 그들이 취할 수 있는 여러 가지 방법을 동원하여 자신들이 옳다고 생각하는 도덕을 지키기 위해 애를 썼다. 그리고 그 핵심에는 사람들 간의 인맥과 신의가 존재하고 있었다.

쉬펑친은 아버지는 불명예를 회복하기 위해 펑롱현의 인민정부 창구에 청원을 넣었지만, 그의 불명예는 쉽게 회복되지 않았다. 당시는 타도당한 간부들도 모두 해방되었을 때였다. 펑롱현의 상임위원회는 각각의 타도대상이었던 간부들의 회복에 대해 결정하는 역할을 맡았는데, 문화대혁명 당시 권력을 가졌던 사람들은 상임위원회에 여전히 남아 있었고 그들은 쉬펑친의 아버지의 지위를 완전히 회복시키기를 원치 않았다. 여러 번의 청원 끝에 그녀의 아버지는 '타도 대상'으로부터는 해방되었지만, 원래의 지위로 복귀되지는 않았으며 더 이상 임업에 참여할 수 없게 되었다. 쉬펑친의 아버지는 임업이 아닌 유리 공장으로 보내져서 공장장 일이 맡겨졌다. 그에게는 낯설기 그지없었을 뿐 아니라 잘하기 어려운 일이었다. 이처럼 문화대혁명 당시의 권한을 가졌던 사람의 방해공작으로 쉬펑친의 아버지는 임업에 다시 종사할 수 없을 것 같았지만, 쉬펑친은 당 위원회의 서기와의 우연한 관계 맺음을 통해 아버지의 일을 해결할 수 있었다. 그녀는 우연히 당 위원회의 서기를 식사도 제대로 할 수 없는 어느 산골 마을에서 만났을 때, 그에게 직접 만든 식사를 대접하면서 그녀의 아버지가 그와 동갑내기라는 점을 강조하며 상황에 대해서 설명했고, 결국 아버지는 비록 지위는 예전 같지 않지만 임업 노동에 종사하면서 생을 마감할 수 있었다.

아버지의 불명예가 회복되면서 쉬펑친도 다시 조직 활동을 시작할 수 있었는데, 그녀는 맨 처음 농촌에서 선전팀으로 일했다. 그러다가 3년 동안 인쇄공장에서 노동자로 일하면서 문화대혁명이 끝나는 것을 맞았다. 그녀는 인쇄공장의 일에 흥미를 느낄 수 없었으며, 부련 일을 하기를 원했다. 쉬펑친은 1973년 부근의 향에서 청년 및 부녀활동을 담당하는 공사단서기와 부련 주임 역할을 하다가 1978년에 현 부련으로 이전했다. 이후 현 부련 비서에서 부주석, 주석에 이르게 된다.

나는 인쇄공장이 재미가 없었어요. 그곳에서 생산적이지 않다고 간주되는 노동은 임금이 공제되었고, 맘대로 나가지도 못했으며 자유가 없었죠. 당시 부련(부녀연합)에서 여성 간부들을 모집했는데, 전 부련 주석을 알고 있었기 때문에 내가 이 일을 할 수 있다고 느꼈어요. 부련에서 제일 처음 내가 왔으면 했을 때, 인쇄공장에서는 나를 그곳에 가지 못하게 했는데, 거기서는 나를 공장 감독으로 훈련시키고 싶어 했기 때문이에요. 그렇지만 나는 공장 감독을 하고 싶지 않았고, 인쇄공장의 지도자에게 부련에 가고 싶다고 말했어요. 그래서 맨 처음에 5년 동안 장장즈 부련에 가서 일했고, 그다음에는 현 부련으로 갔지요. 이후 8년 정도 당에서 세 종류의 사람들을 청소할 때 사람들은 모두 저를 두려워했어요. 그 당시 나는 부련에 있었고, 핵심에 있었으며, 언제든지 그들을 찾아 한 마디만 하면 그들의 인생을 끝내버릴 수 있었지요.

부련에서 일하게 된 것은 순전히 쉬펑친 그녀의 선택이자 노력의

제3부 몸에 각인된 삶: 가족과 문화

결과였다. 그리고 부련에서 그녀는 장장 20년 이상 일했으며, 마침내 현 부련 주석까지 오르게 된다. 문화대혁명이 종결되고 그녀가 부련에서 권한을 가지게 되었을 때, 그녀는 아버지의 갈비뼈 세 개를 부러뜨린 사람들을 찾을 수 있었다. 그중 한 사람은 심지어 가까운 마을에 거주하고 있었다. 그렇지만 쉬펑친의 아버지는 모두 정치 운동의 결과일 뿐이라며 그들을 찾지 말라고 그녀를 설득했다. 그녀는 찾고 싶었지만 나중에는 생각이 바뀌었다. '만일 내가 그들을 찾아서 도대체 무엇을 할 수 있단 말인가?' 아버지는 이미 억울한 누명에서 벗어나 해방이 되었고, 복수는 복수를 낳을 뿐이었다. 나중에 아버지의 뼈 세 개를 부러뜨린 사람은 자신이 잘못했음을 인정했으며 톈진으로 돌아갔다. 벌 받을 것을 두려워한 그는 톈진으로 떠나기 전에 쉬펑친과 그녀의 아버지에게 장작 두 수레를 가지고 와서 용서해주기를 바랐다.

나는 어렸을 때부터 강한 것은 두려워할 필요가 없고 부드러운 것은 속일 필요가 없다는 것을 알고 있었어요. 나는 강한 것에 대해서 두려워하지 않는 사상을 지니고 있어요. 나는 지도자 앞에 무릎을 꿇은 적이 없어요. 나는 지도자를 존중하지만 지도자에게 아부하지는 않아요.

소학교 시절, 이미 생산대장에게 옥수수를 마음대로 가져가도 되냐며 불공정함에 대해 시정을 요구했던 쉬펑친의 행동은 순전히 그녀의 용감한 자질로부터 나온 것이었다. 그리고 위에서 언급한 것처럼, 그녀는 강한 자를 두려워할 필요가 없으며, 약한 자를 속일 필요가 없다는 신념을 가지고 있었다. 그렇기에 그녀는 이후에 점점 더 많은 권한을 갖게 되었지만, 변함없이 중국 사회의 가장 밑바닥에 있는 농촌 여성의 삶에 관심을 기울였고, 어떻게 해야 그녀들의 삶을 조금 더 낫게 해줄 수 있을까를 고민했다.

이전에 친황다오시의 사람들은 펑롱현이 매우 가난한 곳이라고 여기고 있었어요. 내가 펑롱현 부련에서 일할 때 친황다오의 서기는 "펑롱은 바이지우(白酒: 고량주)도 마시지 못하는 곳"이라고 경멸조로 이야기했지요. 그래서 그와 싸웠어요. 만일 내가 회의에 좋은 옷을 입고 가면, 사람들은 내가 펑롱에서 왔다고 생각하지 못했어요. 나는 사람들이 펑롱에 대해서 가지고 있는 이러한 부정적인 인식을 떨쳐버리고 싶었어요. 어떻게든 농촌 여성들이 가난을 벗어날 수 있도록 하고 싶었지요.

농촌 출신이자 한 번도 농촌이라는 삶의 현장에서 벗어난 적이 없는 쉬펑친은 부련 주석일 때도 농촌 여성의 요구 사항을 잘 알고 있었다. 개혁개방이 되었지만, 펑롱현은 허베이성에서도 여전히 가장 빈곤한 지역이었고 농촌 여성들의 삶은 쉽게 나아지지 않았다. 그녀들은 무엇보다 가난에서 벗어나기를 원했다. 그러한 소망을 위해 현 부련에서는 털스웨터 공장을 설치하여 농촌 여성을 불러 모아 뜨개질을 하도록 했다. 간부들은 그 직물을 싣고 도시에 가서 팔았으며 현금화하여 농민 여성에게 돌려주었다.

펑롱현의 부련 주석이었을 때, 그녀는 당시 농가녀 잡지의 씨에리화(謝麗華) 편집주간을 알게 되었다. 당시에 농가녀 잡지 1만 부를

농가녀 잡지(2006년)

현 전체에서 구독하면 농가녀 잡지에서 지프차 한 대를 선물로 주었다. 당시 부련에서 스웨터를 떠서 팔아도 차가 없어서 곤란했던 상황인지라 쉬펑친은 농가녀 잡지 구독자를 모집하러 다녔다. 그렇지만 평롱현은 가난한 현으로 아무리 노력해도 1만 부를 채울 수 없었고 3000부를 구독하게 되었다. 이로써 쉬펑친과 씨에리화의 관계가 가깝게 되었다. 처음엔 농가녀 잡지의 편집장이었던 씨에리화는 조직이 확장됨에 따라 나중에는 NGO 농가녀문화발전중심의 서기장이 된다.

시안(西安)에서 회의가 있었을 때, 씨에리화가 갑자기 저에게 농가녀 구독자 모집 회의에 오라고 초대를 했어요. 그때 단오절이라서 단오절이 지난 다음 내가 갔지요. 당시 나는 부련 주석이었고 농가녀학교는 설립된 지 얼마 되지 않았을 때였어요. 94년이었으니까요. 그때 나는 그녀와 함께 구독자를 모집했어요. 1만 부를 모집하면 잡지사에서 지프차를 장려물로 줬어요. 당시에 부련은 너무 가난해서 돈도, 권한도, 차도 없었고 뜨개질한 털옷을 차로 날라야 하는데, 당시 부련은 가공공장과 비슷해서 일반적인 부련 활동 이외에도 가공공장을 운영하고 있었고, 이 가공공장의 노동자들은 모두 농촌 여성들로 총 40개의 향진 중에서 15개의 향진에서 운영하고 있었어요. 차가 없어서 우리는 마을로 내려갈 때면 다른 사람의 차를 빌려 타거나 버스를 타고 가야 했고, 기술자를 고용할 돈이 없어서 모든 부련의 자매들이 하나로 뭉쳐 마음을 합쳤고, 내가 앞장서서 모양을 뜨는 법을 배웠지요. 먼저 고난을 견뎌야만 이후에 향유할 수 있는 법이니까요. 밤차로 갈 때는 혼자 돌아가지 않도록 했고, 그 당시에는 모든 사람이 밥도 다 함께 먹었는데 그것도 간단한 일은 아니었어요.

부련 주석이었던 쉬펑친의 활동 반경은 이후에 점점 넓어졌다. 그녀가 가지고 있는 특유의 부드러운 인간관계와 남다른 실행력은 현 정부에서 그녀가 참여할 수 있는 영역을 점점 더 확장시켰다. 1998년 9월 쉬펑친은 현 부련 주석을 그만두고 현 공상국에서 임명한 당위원회 서기 및 공상국 부국장으로 자리를 옮겼으며 중국인민정치협상회의, 인민대표회의 및 상임위원회에 위원으로 참여했다.

2001년 쉬펑친이 베이징 농가녀학교의 부교장으로 초빙되었을 때, 그녀는 아직 펑롱현에서 공상국의 일을 맡아 하던 중이었다. 그렇지만 그녀는 씨에리화가 부탁하는 일을 쉽게 거절하기가 어려웠다. 또한 그 일은 농촌 여성을 위한 일이었다. 정부의 어떤 부서에도 속해 있지 않고 주로 해외의 기금에 의해서 사업을 진행하는 농가녀학교는 비정부조직 지위를 가지고 있었지만, 일을 진행할 때면 정부 기관의 담당 부서와 타협과 조정이 필요했다. 특히 특색사회주의(特色社會主義)라는 상황 속에서 자본주의적 경제활동은 가능하다고 하더라도 여전히 공산당의 절대적인 권한은 유지되고 있었기 때문에 각 부문의 간부와 좋은 관계를 맺고 잘 협상하거나 조정하지 않으면 비정부조직이 일을 해나가는 데 많은 어려움이 있을 수밖에 없었다. 이러한 협상은 정부 기관과 당 조직에 대해서 잘 알고 있는 사람이어야 가능했다.

중국에서 비정부조직 활동은 1990년대 중반부터 시작되었지만, 2000년대에 들어와서도 공산당의 강력한 지배체제 속에서 그야말로 특색 있는 모습을 띠고 있었다. 중국 사회는 국가가 직접 통제하지 않는 비정부조직의 활동에 대해 받아들일 준비가 충분히 되어 있지 않았다. 또한 비정부조직이라고 하더라도 실질적으로 공산당의 통제로부터 벗어날 수 없었으며 항상 담당 행정기관의 감독 속에 있었다. 대표적인 예가 부녀연합(부련)으로, 1995년부터 부련은 정부의 물질적 지원으로부터 독립하여 비정부조직의 형식을 취하기로 결정했지만 국내외 누구도(심지어 부련 간부들조차도) 부련이 당과 독립된 기관이라고 생각하지 않았다(Wesoky 2001).

이러한 상황에서 농가녀학교는 조직 활동에 대해 많은 경험을 가진 사람을 필요로 했고, 쉬핑친은 농가녀문화발전중심의 창립자이자 책임을 맡은 씨에리화의 요청에 의해 오게 된 것이었다. 2001년부터 2003년 쉬핑친은 농가녀학교의 부교장으로 참여하면서 정부

기관과의 조정 역할을 맡았다. 동시에 그녀는 펑룽현에서 공상국 부국장이었기 때문에 대부분의 일은 부하 직원에게 맡길 수 있었지만 중요한 일이 있으면 베이징에서 기차를 타고 친황다오시 공상국 회의에 참여하곤 했다. 그러다가 2년 뒤인 2003년, 아버지가 위독하여 입원 치료를 받게 되면서 다시 펑룽현의 공상국으로 돌아오게 되었다. 그 후 만 55세가 되던 2005년 8월에 공상국에서 정식으로 은퇴했다.

씨에리화의 잡지 《농가녀》가 발전하자, 그들은 농촌 여성 위생, 문맹 퇴치, 여성 질병조사 등의 프로그램을 실행했고, 그러다가 1998년 10월 농가녀실용기능학원(農家女實用技能學院)을 차렸어요. 이후 '품팔이 여성 노동자의 집(打工妹之家)'을 만들어 농촌마을에서 일하는 여성 청년들을 위해 일했지요. 베이징에서 다공(打工: 품팔이)을 하는 젊은 여성들은 이곳에 와서 어려움을 하소연하기도 하고 교류했어요. 이후 잡지와 공익 프로그램을 위해 따로 '베이징농가녀문화발전중심(北京農家女文化發展中心)'을 등록해 '품팔이 여성노동자의 집'과 '농가녀실용기능학원'을 이끌었고, 전국 각지에서 공익사업을 벌였어요. 쉬롱은 당시에 채용한 프로젝트 담당자였지요. 저는 2001년 3월부터 2003년 3월, 학교가 가장 가난했던 초창기에 부교장을 맡았어요. 학교 건물을 개축하고 간쑤, 닝샤, 허난 등 가난한 곳을 찾아다니며 가난한 중학교를 중퇴한 소녀들을 데려다가 컴퓨터, 의류 디자인(커팅, 봉제) 등 실용기술을 가르쳤지요. 보통 6개월 과정이었는데, 조금 더 길게 한 적도 있습니다. 옌지아오도 농가녀학교에서 컴퓨터 반에 다녔어요. 당시 숙식은 모두 무료이고 나이는

농가녀실용기능학원(2004년)

16세부터 20세 여성 청년들을 대상으로 했지요. 아직도 간쑤에서 왔던 4기 수강생들은 나와 관계를 유지하고 있어요.

 2003년 펑롱현으로 돌아온 다음, 2004년 쉬펑친은 베이징 농가녀문화발전중심에서 개최하는 자살예방프로그램에 다른 두 현과 함께 참여하게 되었다. 당시 자살예방프로그램은 5일 동안 숙식을 제공하며 이루어진 것으로 펑롱현 이외에도 허베이성의 두 곳 현의 농촌 여성을 대상으로 이루어진 것이었다. 이곳을 다녀오면서 쉬펑친은 실제로 자살 생각이 있고 생활을 활기 있게 보내지 못하던 사람들이 급변하는 것을 직접 목격하게 되었다. 그리하여 베이징 농가녀문화발전중심의 지원을 받아 펑롱현에서 자체적으로 NGO 활동을 시작하기로 했다. 그리고 2004년 7월, 펑롱현 민정국(民政局)에 독립적인

NGO 기관인 농가녀건강촉진회(农家女健康促进会)를 등록했다.

이후 쉬핑친은 농가녀문화발전중심에서 시작되었던 운동을 펑롱현에서 자체적으로 이어가고자 했다. 공상국에서 은퇴하면서 그녀는 더 많은 시간을 가질 수 있게 되었고 NGO 활동에 전념할 수 있었다. 펑롱현의 농가녀건강촉진회는 그 이후에도 농가녀문화발전중심과의 관계가 지속되었다. 농가녀의 프로그램은 펑롱현을 포함하여 진행되었는데, 대표적인 것이 2004년부터 2006년까지 계속되어 온 자살예방을 위한 프로그램이었다. 이 프로그램을 통해 펑롱현의 서른 명이 넘는 농촌 여성들이 참여하여 도움을 받을 수 있었다.

쉬핑친은 펑롱현에 사무실까지 손수 마련하여 이후에도 계속 지역에서 농촌 여성을 위한 NGO 활동을 계속하고자 했지만, 여러 현실적인 어려움에 부닥쳤다. 마오 시기의 활동가들은 개인의 삶을 뒤로 하고 조직에 충성하여 정치운동을 하는 것이 가능했지만, 이제 개혁의 물결 속에서 여성들은 자신의 생활을 하는 데 너무 바빴기 때문이었다. 아무리 좋은 의도와 의미를 지닌 활동이라고 하더라도 집안의 생계를 뒤로 미루고 할 수는 없는 노릇이었고, 같이 할 사람들을 모으기도 쉽지 않았다. 그리하여 2010년, 쉬핑친은 펑롱현에 개설했던 농가녀건강촉진회 사무실 문을 닫기에 이르렀다.

쉬핑친의 일대기는 농촌 산골에 살던 한 여성이 어떻게 복잡하고 혼란한 중국 현대사를 겪으면서 가까운 가족들을 돌보고, 나아가 자신의 꿈을 한 걸음 한 걸음 펼쳐왔는가를 잘 보여준다. 그녀의 삶은 여러 가지 즐거움과 고통이, 그리고 노력과 운명이 뒤섞여 있는 파노라마와 같았다. 그리고 쉬핑친은 늘 농촌의 여성이 가난에 허덕

일지언정 결코 남에게 무시당할 만큼 무능하거나 무력하지 않다는 것을 몸소 실천한 사람이었다. 농촌 부녀에 대한 굳건한 믿음과 희망—그것이야말로 그녀가 오랫동안 농촌 부녀들과 함께, 그리고 그들을 위해 살아올 수 있는 이유이자 동력이었다.

2. 리페이민, 나의 고모이자 주요 정보제공자

리페이민을 알게 된 것은 쉬펑친을 통해서였다. 농촌 여성의 자살 문제를 연구하겠다는 외국인인 나를 신뢰해준 쉬펑친은 당시 평룽현에서 농가녀문화발전중심의 자살예방프로그램에 참여하는 서너 개의 마을 중에 가장 큰 마을인 첸장촌으로 나를 데려갔다. 그리고 그녀의 이종사촌동생인 리페이민에게 나를 돌봐달라고 부탁했다. 나는 그 집에 머무르면서 인류학 현지조사를 진행할 것이었다.

지금 생각해보면 어떻게 그들이 나를 신뢰할 수 있었는지, 그리고 설령 신뢰했다고 하더라도 어떻게 그렇게 순순히 방을 주고 나를 머물게 해주었는지 놀랍기만 하다. 물론 나는 그들로부터 자주 '조심해야 한다'는 말을 들었다. 과거에 문화대혁명 시기에는 외국인과 접촉하기만 해도 공개 비판의 대상이 되었다는 것이다. 이미 개혁개방이 된 지 반세기가 흘렀다고는 하지만 언제 국내 정치 상황이 변할지 모른다고 생각하는 그들 마음 한쪽 구석에는 외국인 나와의 잦은 접촉에 대한 두려움이 있었다. 더욱이 첸장촌의 내가 머무르던 집 옆집에는 공안국 직원이 살고 있었다. 맘만 먹는다면 그는 언제든지 트집을 잡아 나를 공안국에 신고할 수 있었다. 그렇지만 마을 사람들은 나를 신뢰해주었다.

리페이민을 두 번째 소개할 인물로 정하게 된 것은 그녀로부터 또 다른 의미에서 농촌 여성의 강인한 모습을 만날 수 있었기 때문이다. 펑룽현에서는 중국어로 강한 여성을 가리키는 두 가지 단어가 동시에 쓰이고 있었는데, 한 가지는 '뉘창런(女强人)'이고, 다른 한 가지는 '창뉘런(强女人)'이다. '창뉘런'이 마치 '남성처럼 강한 여성'을 뜻한다면, '뉘창런'은 '남성적'이라는 젠더적 함의를 떠나 '유능한 여성'을 가리키는 말이다. 두 가지 의미에서 생각해보면, 리페이민은 유능하면서도 동시에 남성에 밀리지 않는 강한 여성이었다. 그녀는 뉘창런이지만 동시에 창뉘런이었다. 그녀 덕분에 나는 첸장촌에서 일어나는 주요 일들에 대해서 정보를 얻을 수 있었으며, 여러 사람을 소개받을 수 있었다. 또 우리는 밤마다 온돌 위에서 이불을 옆에 펴고 같이 잠들었는데, 잠들기 전에 그녀와 나누었던 이야기는 이후의 나의 연구에 커다란 도움이 되었다. 그녀는 나와 똑같은 성씨를 가졌기 때문에 처음부터 나는 그녀를 '고모'라고 불렀고 곧이어 사람들도 나를 그녀의 조카처럼 대해주었다.

리페이민은 대가족 출신이었다. 그녀의 삶에 대해서 말해달라고 하자 그녀는 다음과 같이 이야기를 시작했다.

우리 가족은 원래 24명의 사람이 있었어. 아버지는 네 명의 형이 있었고 모두 같이 살았지. 당시에는 모두 자녀를 많이 낳았어. 가정생활은 경제적으로 어려웠지. 형제들이 분가했을 때 집은 다섯 칸의 앞방, 세 칸의 윗방, 그리고 다섯 칸의 문간방이 있었어. 큰어머니와 둘째 큰어머니는 뒷집에 있는 다섯 칸 앞방에 살았고, 각 형제가 두 칸 반의 방을 가졌는데, 우리 집은 세 칸 동쪽의 윗방에 살았어. 그런데 동쪽 윗방은 여름에는 태양이 너무나 세게 내리쬐어 뜨거웠기 때문에 도저히 잘 수가 없었어. 낮이면 창에 발을 걸어서 태양을 가려야만 했지. 생활조건이 너무나 좋지 못했어. 나는 오빠, 남동생, 그리고 두 명의 여동생이 있었는데, 모두 일곱 명이 하나의 구들 위에 살았어. 방구들은 아주 뜨겁고 3미터로 길었고, 한 사람만 겨우 걸어 다닐 만큼의 구들 아닌 바닥이 있었는데, 그렇게 생활이 어려웠지만 우리 아버지는 사상이 매우 선진적이었어. 아버지는 문화를 갖는 것을 제일 중요하게 생각해서 우리 다섯 남매에게 모두 공부를 시켰지. 그래서 다섯 남매 모두 고중학교(중국의 고등학교)를 졸업할 수 있었고, 심지어 오빠와 남동생은 대학을 갔어. 우리 세 자매는 모두 대학을 가지 못했는데, 모두 자신의 능력이 부족해서 못 간 것이기 때문에 부모를 원망하지는 않아.

1960년생인 리페이민이 어린 시절을 보내던 때는 중국이 경제적으로 매우 열악했던 시기였다. 소련과의 관계가 틀어지면서 마오쩌둥은 1958년부터 소련에 진 빚을 갚는다는 명목으로 대약진운동을 추진했고, 전국의 인민은 허리띠를 졸라매고 노동에 참여해야 했으며 주린 배를 움켜쥐어야 했다. 주민들의 증언에 따르면, 당시에는 먹을 것이 없어서 나무껍질이나 풀뿌리를 캐서 아주 적은 양의 곡식을 넣어 죽을 끓여 먹었고, 허기를 참지 못하고 잘못 독성이 있는 풀뿌리나 열매를 먹다가 죽는 사람조차 있었다.

리꿰이민의 가족 구성(2011년 저자가 사진을 다시 촬영)

　그렇지만 리꿰이민의 집은 대가족을 꾸리고 있었고 어려운 상황
이지만 상호부조가 가능했으며, 자녀들은 학교에 다닐 수 있었다.
특히 딸들도 고중학교를 다녔다는 것은 이 마을에서 상당히 드문 경
우라고 할 수 있다. 딸은 시집을 보내고 나면 집안의 재산(노동력)이
아니라고 생각하여, 당시의 부모들은 딸을 학교에 보낸다는 생각을
잘 하지 못했다. 비슷한 또래의 첸장촌 여성 주민 중에는 소학교만
졸업하거나 그조차도 졸업하지 못하는 경우가 대부분이었다. 배울
기회를 제대로 얻지 못한 사람들은 자신의 이름조차도 제대로 쓰지
못해서 필요할 때마다 마을의 서기가 대신 써줘야 하기도 했다.

　쉬펑친보다 무려 10년 이상 더 늦게 태어났지만, 리꿰이민도 집체
시절의 어려웠던 삶에 대해서 가장 생생하게 기억하고 있었다. 앞서
쉬펑친의 이야기에서도 적었지만, 생산대에서 집체 노동을 할 때 남

녀의 노동 종류가 달랐을 뿐 아니라 획득할 수 있는 노동점수도 달랐다.

　남자는 힘든 일을 하고 여자는 쉬운 일을 하는 등 남자와 여자는 달랐어. 남자는 마차를 이용하여 농장 비료를 밀고, 그러니까 농가의 돼지우리에서 비료를 가져다가 길에 쌓는 일을 하는 일을 하고, 여자는 작은 소가 끄는 손수레를 사용하여 배설물을 넣은 다음 수레를 앞뒤로 움직이면서 땅에 뿌리고 난 뒤, 돌아와서는 집안일을 했지. 땅을 경작하는 일은 남녀 모두 똑같았지만 말이야. 곡식을 거둘 때면 남자는 집으로 가져오는 일을 맡고, 여자는 밭에서 곡식을 거두는 일을 하곤 했어. 비료를 줄 때는 남자는 구덩이를 파고, 여자는 비료를 넣지. 남자 중에서 생산대장인 남자가 있고, 여자 중에서도 생산대장인 여자가 있었어. 남자가 쟁기질하면, 여자는 씨를 뿌리지. 생산대에서 새벽같이 일어나서 노동을 하다가 아침 7~8시가 되면 그때서야 집에 돌아가서 밥을 먹었어. 밥을 먹고 나면 대장이 종을 울리고 사람들은 일을 하다가 다시 한숨을 자고 일어나서 2시경에 다시 일을 시작해서 깜깜해지면 집에 돌아오는 일정이었지. 하루 일하면 8점을 버는데, 여성은 8점을 한 개의 노동으로 치고 남성은 10점을 한 개의 노동으로 쳤어. 생산대에서는 연말에 총 수입을 합산하여 각 가정에게 돈을 주는데, 10점 노동이 제일 높은 가격일 때 3지아오 4편이었어. 8점은 3지아오에 미치지 못하고. 10점이 3지아오 4편이니까, 8점은 2지아오가 좀 넘었지. 1년 동안 한 명의 여성이 2000점을 얻게 되면 오륙십 위안을 버는 건데, 이 정도 버는 여성은 가장 많이 일한 여성이고, 무슨 일을 해도 실수 없이 잘 하는 사람이었지.

펑롱현에서 농사를 짓는 장면(남성들이 쟁기질을 하고 여성이 뒤따라가며 씨를 뿌리고 있다. 2006년)

　당시 성냥은 2개 상자가 들어 있는 한 세트에 2편이었다. 염색하지 않은 천은 1척에 2지아오 9편이었다. 그 당시 돈은 너무나 귀했다. 그렇기에 비농업호구로 월급을 받는 사람에 대한 동경이 크게 있었던 셈이다. 일반 농민들은 새벽에 고구마를 먹고, 점심에는 고량미를 넣어 끓인 고량미죽을 먹었다. 점심에 두 개의 큰 냄비를 끓여서 한 냄비는 점심에 먹고, 다른 한 냄비는 저녁에 먹고, 일 년 내내 종일 이렇게 똑같이 먹었다. 국경절(중화인민공화국 건국일, 양력 10월 1일)과 새해를 맞이할 때만 식량배급소(糧站)에서 개개인에게 밀가루를 각각 1근과 2근씩 주어서, 일 년 동안에 한 사람이 3근의 밀가루를 받을 수 있었다. 근본적으로 밀가루라는 것이 없었고, 그저 1월 1일에 한 그릇을 먹고, 8월 15일에 한 그릇을 먹고, 1년에 딱 두 그릇 먹는 게 전부였다. 지금은 너무나도 흔한 라오빙(饶井: 구운 떡)도 그 당시에는 없었다.

이처럼 음식이 귀했기 때문에 사람들은 당시에 허락되지 않은 방식으로 몰래 음식을 숨겨두었다가 팔아서 다른 물건을 구매하곤 했다. 리꿰이민의 집안도 허락되는 돼지를 잡을 때 좀 더 큰 돼지를 잡아서 고기를 남겨두고, 그것을 팔아서 집안에 필요한 다른 물건으로 바꾸는 데 사용했다.

보통 때는 돼지를 죽이지 않고, 새해가 되면 그제야 모든 집에서 돼지를 죽여. 돼지는 수수를 먹는데 우리집에서는 96근이 나가는 돼지 한 마리를 죽였어. 그건 우리 생산대에서 가장 큰 돼지였는데. 어머니는 나보고 밖에 나가서 말하지 말라고 하면서 좀 남겨서 먹겠다고 하더라고. 그래서 고기를 많이 남긴 후, 아버지를 시켜서 랴오닝성에 가서 팔라고 했어. 여기서부터 30리가 떨어진 곳에 아버지는 차를 몰고 가서 팔았지. 팔아서는 식량대금으로 바꾸어왔어. 식량대금은 노동해서 번 게 충분치 않으면 돈으로 내야 했는데, 20근 고기를 남겨 팔아서는 식량대금을 내는 데 사용한 거야. 당시에 만일 당신이 돼지를 팔면 생산대가 알고는 당신을 비난할 거야. 당신이 돼지를 팔았고, 기회를 엿보다가 써레질을 한다고, 물건을 사고파는 것은 해서는 안 되는 일이라고 당신을 비난하겠지.

당시에 돼지는 함부로 잡을 수 없었을 뿐만 아니라, 같은 성에서는 팔 수 있어도 다른 성에 가서 파는 것은 금지되어 있었다. 랴오닝성에 가서 팔면 더 돈을 많이 받을 수 있었지만, 이처럼 이윤을 위해서 활동하는 것은 금지되어 있기 때문이었다. 그렇지만 리꿰이민의 아버지는 겨울이면 고구마를 갈아서 전분을 만든 다음 약 70리가 떨어져 있는 랴오닝성에 가서 팔아 돈을 벌었다. 랴오닝성에는 고구마를 생산하지 않기 때문에 전분을 파는 것은 이익이 되었다.

대약진운동 시기의 배고픔은 리꿰이민에게도 강한 기억으로 각인되어 있었다. 당시 리꿰이민은 학생이었지만 공부는 뒷전일 수밖에 없었고 국가의 명령에 따라 집단 노동에 동원되었다. 온 가족이 부지런히 일했지만 양식을 구매하기에는 노동점수는 늘 부족했다.

내가 고중학교에 다닐 때 우리 집은 아직 부유하지 못했어. 그때는 커다란 집체활동을 할 때였는데, 일 년 동안 노동점수를 벌었지만 충분하지 못했지. 아버지는 노동력이었지만 양식이 부족해서 돈을 주고 양식을 사야 했어. 노동점수가 충분하지 않으면 돈을 줘야 했으니까. 그 당시에는 노동력이 부족하여 학교에는 여름방학이 없었고, 가을방학과 겨울방학이 있었어. 가을방학 때 우리는 수수 잎을 따서 건조시킨 다음에 당나귀를 키우는 생산대에 가서 팔았지. 그리고는 당나귀를 팔 때까지 기다렸다가 양식을 받곤 했어. 방학이라고 해도 휴식하는 시간은 아니었고 강에서 나뭇잎을 모아야 했는데, 오빠는 새벽같이 일어나서 장작을 자르기 위해 산에 올라가야 했으니 더 힘들었지. 지금은 방학하면 숙제를 할 수 있지만 예전에는 숙제하기란 어려웠어. 어머니는 불을 피우고 음식을 하고 나서도 생산대에 가서 일하셨어. 가족 중의 칠팔 명의 사람들이 노동점수가 모자라서 여전히 양식이 부족했어. 지금도 아버지는 기침하시는데 모두 그 당시에 고생했던 까닭이야.

리페이민의 오빠는 이후에 사범학교에 들어가서 비농업인구가 되어 교사직을 얻게 된다. 당시에 비농업인구가 되는 것은 유일하게 양식을 충분히 살 수 있는 능력을 의미했기 때문에 선호되었다. 그렇지만 리페이민의 가족들은 여전히 굶주렸고, 어린 아이들은 산에서 꺾어온 풀을 넣어 만든 죽으로 식사를 대신해야 했다.

나중에 나는 고등학교를 졸업했고, 또 오빠는 핑취안 사범학교에 들어갔어. 그때 오빠는 이미 올케와 결혼한 다음이었지. 올케는 집에 남아서 노동점수를 벌고 있었어. 나의 세 번째 여동생과 남동생은 1중을 다니고 있었는데, 매달 6위안어치의 음식을 먹고 나서 또 채소를 가져다가 죽을 끓여 먹었어. 당시에는 1편의 채소를 사는 것도 아까워서 내가 산에서 꺾어온 풀로 대신했어. 침대 위에는 잘라온 풀을 담은 커다란 가마니가 놓여 있었지. 당시에 신발은 자기가 스스로 만든 신발을 신었어.

'고생을 말하기(诉吃苦)'는 마오쩌둥 시기를 살았던 중국인과의 면담에서 자주 발견할 수 있는 현상이다. 쉬펑친과 마찬가지로 리페이민도 그녀의 삶에서 가장 힘들었던 시기, 대약진운동 시절의 고생스러움에 관해서 이야기하고 있었다. 그러나 두 사람의 내러티브는 좀 달랐다. 모든 일을 긍정적으로 바라보며 후회를 남기지 않는 쉬펑친과 달리, 리페이민은 언제나 걱정과 후회가 많은 사람이었다. 이제 예순 살이 된 그녀가 가장 후회하는 일은 두 가지가 있었다. 하나는 그녀가 대학을 갈 기회가 있었는데 가지 못했다는 것이고, 다른 하나는 그녀가 현재의 남편과 결혼했다는 것이다. 그녀는 매우 능력이 있고 적극적인 사람이었지만 행복한 가정생활을 꾸리지는 못했는데, 무엇보다 성격이 다른 남편과 자주 다퉜다. 더욱이 마을 안에서 상대적으로 부유한 편에 속하면서도 그녀는 늘 더 잘사는 사람과 비교하며 부족함을 느끼곤 했는데, 그러한 아쉬움은 곧장 그녀가 대학을 가지 못했던 후회로 연결이 되곤 했다.

리꿰이민은 고중학교 때 공부를 잘해서 주변 사람들도 그녀가 충분히 대학을 갈 수 있으리라고 생각했다. 현재는 중국에서 소학교 6년, 초중 3년, 고중 3년이 의무교육 기간으로 명시되어 있지만, 당시에는 초중과 고중이 모든 사람에게 의무교육이 아니었다. 특히 노동 점수를 따는 것이 중요했던 시기이기 때문에 딸에게는 고중까지 다니게 하는 경우가 드물었다. 또한 문화대혁명 기간에는 공부를 잘하는가보다 집안 환경이 더 중요하게 여겨졌고, 대학을 가는 것은 대대의 추천에 의해서 갈 수 있었는데 빈농 출신이 우선 추천이 되었다. 상황이 이렇다보니 노동자나 민병을 제외하고는 대학을 잘 가지 않는 풍토였다.

그러다가 그녀가 고중을 졸업하고 3년쯤 지나자 문화대혁명이 마무리되고 새롭게 개혁의 분위기 속에서 농민들도 대학을 가는 분위기가 만들어졌다. 학교에서는 그녀에게 대학을 가기 위한 재수반에 들어오라고 했지만, 동생들이 다 학교에 다니고 아버지 혼자 노동점수를 버는데 자신까지 재수반에 들어가는 것은 안 되겠다 싶어서 다니지 않았다. 대신 혼자 공부해서 대학시험을 봤는데 점수가 모자라서 그만 떨어지고 말았다. 그 이후에도 다시 시험을 칠 수 있었지만 그녀는 다시 시험을 보지 않았다. 그런데 그녀는 지금까지 당시의 결정을 아쉬워하고 있었다.

　내가 졸업하고 삼 년 후에야 비로소 대학시험 보는 것이 주류가 되었어. 그런데 나는 이삼 년 동안 생산대 노동을 하면서 공부했던 내용을 모두 잊어버렸지 뭐야. 그때라도 재수반에 들어갈 수는 있었지만 내 생각에 집안이 너무 어려워서, 그러니까 집에서 아버지 혼자 노동점수를 벌고 오빠와 동생들이 모두 학교에 다닌다는 생각에 차마 학교에서 하는 재수반에 들어갈 수가 없더라고. 그래서 재수반에 들어가는 대신 집에서 혼자 복습을 했어. 내가 특별히 화학을 잘하지 못했는데 대학 입학시험에서 13점을 맞았어. 하지만 어문은 내가 지역 다섯 개 공사에서 가장 높은 점수를 받았다고 하더라고. 선생님이 내게 학교에 와서 과외를 받으라고 했지만 나는 가지 않았어. 한 번 시험 치고는 다시 시험 치지 않았어.

　리꿰이민은 고중을 졸업한 후부터는 생산대에 노동력으로 참여하여 가족을 위해 노동점수를 벌었다. 그리고 곧 그녀의 나이는 결혼할 상대를 찾을 나이가 되었다. 그 당시 사람들은 결혼 상대를 찾을 때 경제적 빈궁을 해결하는 것을 가장 중요하게 여겼으며, 무엇보다 집이 있는 사람을 찾았고, 그리고 가능하다면 출근을 할 수 있는 사람과 결혼하기를 원했다. 당시에 집안에 비농업인구로 출퇴근하는 사람이 하나 있었으면 월급을 가지고 식량을 바꾸어서 충분히 배부르게 먹고 살 수 있었기 때문이었다. 고되게 들판에 나가서 노동점수를 벌 필요도 없었다. 그 당시는 '배가 부른 것이 곧 행복한 것'이었다고 리꿰이민은 이야기한다.

만일 네가 양식을 사고 싶다면 양식표를 받아야 해. 그런데 만일 너희 집에 출근하는 사람이 있다면(비농업인구가 있다면) 출근하는 사람은 직장에서 조금 덜 먹는 대신 양식을 양식표로 바꾸어올 수 있어. 그런 이유 때문에 내가 이 집에 시집오기로 한 거야. 왜냐하면 남편의 아버지가 출근하는 사람이어서 양식표를 받아올 수 있었거든. 비록 농촌에 출근하는 사람은 몇 명 되지 않았지만, 출근하는 사람들은 농민보다는 생활 형편이 훨씬 나았어.

리페이민은 자기주장이 강하며 의견이 분명한 사람으로, 결혼 상대자를 고를 때도 '사랑'이라는 감정보다는 실제로 함께 부부생활을 잘 할 수 있는가 하는 실용적인 부분을 중시했다. 그리하여 출근하여 월급을 받는 비농업호구인 집안의 아들이야말로 농민인 자신이 혼인하기에 가장 이상적인 후보자라고 생각했다.

부모님은 (내 배우자 선택에) 동의하지 않았어. 시어머니의 성격이 좋지 않기 때문이야. 시어머니는 인정이 많지 않았고, 대인 관계가 좋지 않기 때문에 부모님은 남편의 집안을 좋아하지 않았어. 남편 가족이 사는 방식은 우리 집안과는 달랐어. 우리 가족은 친구를 사귀는 것을 좋아하지만, 그 집안은 친구를 사귀지 못했지. 그래서 부모님은 동의하지 않았어. 그런데 나는 당시에 그의 가족이 시내에 집을 가지고 있다고 생각했어. 또 아들 하나이니 집을 개조할 필요가 없었고 말이야. 더욱이 그 집안에서 나를 좋아했어. 나는 일을 잘했으니까. 하지만 그의 집에 가서 일할 필요조차 없었어. 당시 생산대 시절에는 한 사람이 외지에 출근을 하면 가족들이 모두 행복했거든. 그래서 나는 결혼에 동의했지. 당시에 생각하기를, 남편이 (시)아버지의 자리를 승계 받을 수 있을 것이라고, 그렇게 되면 나는 그저 집에 가만히 앉아 있어도 (남편이 다 벌어오니) 행복할 것이라고 생각했던 거지. 그런데 상황은 그렇게 흘러가지 않았어.

자신의 바람과 달리, 결혼 생활을 하면서 그녀는 여러 아쉬움을 느꼈다. 그중 한 가지는 시부모에 대한 불만이었다. 그녀는 같은 마을 안에서 결혼했고 가족들이 근처에 살고 있었기 때문에 어떤 면에서는 다른 혼인한 여성에 비해 비교적 유리하고 지지받는 삶을 살고 있었다. 일반적으로 혼인한 여성이 주변에 그녀를 편들어줄 가족이 없을 때 시부모나 남편으로부터 불이익이나 폭력적인 대우를 받을 가능성이 커질 수 있다. 따라서 마을 사람들은 만일 딸을 귀하게 여긴다면 같은 마을이나 가까운 이웃 마을에 있는 남자를 찾아서 혼인을 시키고 언제든지 도움을 줄 수 있도록 한다고 이야기하곤 했다.

같은 마을에 친정과 시댁이 있었던 리페이민은 그런 면에서 여성으로서 유리한 입장이었지만 남편 가족과 서로 다른 문화로 인해서 실망감과 불만을 느끼고 있었다. 리페이민의 시부모는 둘 다 비농업 호구인 데다가 두 사람 사이에 자녀가 없었다. 리페이민의 남편은 그들이 양자로 데려온 아들이었다. 상황이 이렇다 보니, 어떤 면에서 비농업호구의 집안으로 시집을 감으로써 '상향혼'을 한 것이었지만 시부모와 친정부모 집안이 같은 마을에 살면서도 서로 가깝게 지내지 못할 만큼 가족 문화가 너무나 달랐다. 친정집은 농민 가족인 데다가 대가족 분위기였던 반면에 시부모는 형제도 없고 외아들인

데다가 자식마저도 입양한 아들 한 명뿐이었다. 시어머니는 여동생이 한 명 있는데 시내에 살고 있었다. 남편의 집안과 달리, 리쩨이민의 집안은 사람들을 사귀고 함께 모여 노는 것을 좋아했다. 또한 대가족인 리쩨이민 집안에서는 돌이나 혼인, 장례와 같이 부조를 해야할 행사가 잦을 수밖에 없었는데, 그때마다 시아버지는 부조금을 내는 것을 좋아하지 않았다.

더군다나 개혁개방의 분위기 속에서 남편은 출근하는 직업을 계속 갖지 못하게 되고 그에 따라 일반 농민과 차이 없는 신세가 되었다. 남편은 당시 비농업호구였던 시아버지의 지위를 계승하여 공소사에 출근하게 되고 비농업호구로서 월급을 받는 지위를 지닐 수 있었지만, 개혁개방 이후 국영기업이 하나둘씩 문을 닫거나 축소하면서 그는 계속 그 직장을 유지할 수 없게 되었다. 계속 국영기업에 다니기 위해서는 위험공제금이라는 것을 내야 했는데, 당시 1인당 1만위안이라는 금액은 일 년 수입이 1000원이 채 되지 않는 수준이었던 대부분의 농촌 가구에서 마련하기가 쉽지 않은 금액이었다.

나중에 남편은 아버지의 자리를 인계받아 외지에 있는 공소사(供销社: 공급판매합작사)에 출근했어. 그런데 개혁 이후에는 공소사가 없어져서 남편은 1990년에서 1992년까지 2년 동안 일하다가, 그 당시 승포제가 실시되어 모든 사람이 위험공제금으로 1인당 1만 위안을 내야 했는데 남편은 그 돈이 없어서 일을 그만두었지. 그리고는 집에서 작은 차를 하나 사서 물건을 사다가 각 마을의 작은 매점에 물건을 가져다주는 일을 하기시작했어. 이 일로 조금씩 돈을 벌어서 집을 개조했지. 집에서 일하는 것은 밖에서 일하는 것보다 마음이 많이 쓰여.

　남편의 노동에만 의존해서 사는 것은 너무 힘들다고 생각한 리꿰이민은 1984년에 둘째 아들을 낳고는 바로 일을 시작했다. 장에 나가서 물건을 팔기 시작한 것이다. 그녀는 장에서 양말, 조끼, 모자 등 직물을 팔았다. 리꿰이민은 개혁개방의 분위기에 걸맞은 사람이었다. 그녀는 천성적으로 부지런하고 가만히 있지 못하는 사람이었고, 물건을 팔아 돈을 벌어가는 데 남다른 기쁨을 느끼는 사람이었다. 그리하여 처음에는 장에서 잡화를 팔고, 나중에는 유리를 잘라서 팔면서 돈을 모아 현재의 집과 소매점을 개조했다.

　둘째 아들이 10개월 때부터 나는 자전거를 타고 장에 다니기 시작했어. 그 당시에는 하루에 3위안을 벌면 매우 기뻐하던 시절이었지. 생산대에서 나누어주는 돈이 겨우 3지아오에 불과했으니까. 개혁개방 이후 장에 가서 3위안을 벌게 되니 더없이 기뻤어. 첫해에는 3개월을 벌었더니 무려 380위안의 돈이 되었어. 난 그곳에서 양말, 조끼, 니트웨어, 모자를 팔았지. 두 번째 해에는 1700위안을 벌고, 2년간 일한 후에는 지금 있는 소매점을 개조했어. 이제 1년에 3000위안을 벌 수 있었는데, 나중에는 자전거를 타고 장에 가는 일이 쉽지 않아서 장사를 그만두었어. 그러다가 남편이 아버지의 자리를 이어받았을 때 나는 집에서 유리를 잘라 팔았지. 다른 사람의 뤼차(당나귀가 끄는 마차)를 얻어 타고 다른 마을에 가서 유리를 팔았어. 유리 조각을 팔면 그 집의 창문을 만드는 데 사용되거든. 나중에는 5일간 5개의 장이 생겼는데, 저녁에는 다른 사람을 시켜서 유리를 잘라서 팔았지. 돈을 벌기가 쉽지 않았지만, 나중에는 돈을 벌어서 북쪽에 있는 다섯 칸 집을 개조했어. 그리고 다시 소매점을 열어서 지금에 이르게 된 거야.

개혁개방이 이루어지고 공소사가 문을 닫는 등 변화하는 중국 사회의 풍랑 속에서 남편과의 결혼은 리꿰이민 자신이 기대했던 것과는 다른 상황을 만들었다. 그녀는 그러한 변화와 기대의 무너짐을 어쩔 수 없는 결과라기보다는 남편의 무능력과 결혼의 실패로 받아들였다. 그리하여 두 사람은 자주 싸웠을 뿐 아니라 일상적으로 서로에 대한 사랑이나 배려를 기대할 수 없었다. 두 사람은 각방을 썼는데, 리꿰이민은 북쪽의 넓은 구들에서 시어머니, 손자, 그리고 나와 함께 잤고, 남편은 남쪽 소매점 안에 있는 작은 방에서 잤다. 리꿰이민과 그녀의 남편과의 관계를 보면, 중국 사회의 격변과 제도적 장치 속에서 어떻게 결혼이라는 것이 왜곡된 형태로 나타날 수 있는가를 알 수 있다. 다음은 두 사람이 격하게 싸웠던 하나의 사례이다.

유리를 팔았을 시절에 어떤 사람이 우리 집으로 유리를 사러 왔었어. 큰 한 장의 유리를 잘라서 포장을 해서 그 사람이 가져갈 수 있게 해야 했지. 남편은 잘 자르지를 못해서 모두 내가 잘라야 했어. 토다오허즈촌의 한 사람이 장롱의 미닫이문을 만들어야 하는데, 특별히 문을 잘못 만들어서 내가 유리를 1공펀만큼 크게 잘라서 맞지 않았어. 남편이 돌아와서는 잘못 잘랐다며 나에게 화를 냈어. 결국 자른 유리가 쓸모없어져 버린 거지. 남편은 나를 비난하면서 따졌어. "너는 도대체 무슨 짓을 한 거냐?"고 하길래 내가 "그럼 당신이 잘라봐라"라고 했지. 사실 그는 자르지를 못하거든. 그는 뭐든지 잘 하지 못하면서 나를 비난해. 나중에 나는 화가 나서 유리를 모두 부숴버렸어. 우리는 싸웠고, 나중에 다시 새로운 유리를 잘라서 그 사람에게 가져다주었지. 이렇게 유리를 자르는 일은 특별한 측정이 필요해. 만일 그가 자를 수 있으면, 그러니까 만일 그가 나보다 더 잘 자르면 내가 그에게 복종할 테지만 우리는 서로를 두려워하지 않아. 그래도 지금은 많이 좋아진 거야. 나이가 많아지고 큰 소리로 싸우기가 어려워졌으니까.

그렇게 바빠 살아가던 중에, 리페이민은 마을의 부녀주임을 맡게 되었다. 1995년, 개혁개방 이후 마을위원회는 제대로 굴러가지 않았고 거의 마비되어 있었기 때문에 향 정부에서 직접 사람이 내려와서 마을위원회를 구성했다. 이미 개혁이 진행된 지 오랜 시간이 흘렀고, 마오 시기의 정치운동은 사라졌다. 부녀주임이 해야 할 일은 여성을 위한 일이라기보다는 계획생육, 즉 국가의 시책에 맞게 여성들이 피임을 제대로 하고 있는가를 검사하고 국가가 명한 시기에 따라 임신할 수 있는 권리를 부여하는 작업이었다. 리페이민은 이 일이 그다지 의미 있다고 여기지 않았다. 게다가 향 정부는 마을위원회의 다른 직책과 달리 부녀주임에게는 더 적은 월급을 주기를 결정했다. 리페이민은 이러한 결정이 불평등하다고 생각했으며, 다음 해는 부녀주임 일을 맡지 않았다.

향 정부에서 사람들을 보내 마을에서 (마을위원회를) 조직한 후, 나에게

계획생육 정책에 따라 마을에서 정기 검진을 받는 여성들(2006년)

와서 부녀주임이 되어달라고 부탁했어. 당시 특별히 어려운 일이 계획생육인데, 농촌 사람들은 사상이 낙후되어 만일 아들을 낳으면 집안을 이을 사람이 있고 아들이 없으면 후임자가 없다고 생각하고(有传宗接代的), 더군다나 여성은 후임자가 될 수 없다고 생각하지. 당시에 계획생육은 너무 빡빡했는데, 농촌 여성들은 일 년에 4번 임신 검사를 받아야 했어. 마을 지도부와 당 지부가 나에게 부녀주임을 하라고 사상공작을 하려고 왔지. 나는 당시에 하고 싶지 않았어. 그래서 상부에 누구에게 하라고 하면 반드시 해야만 하는 거냐고 따지면서, 나는 나중에 하겠다고 했지. 부녀주임에게는 향에서 비서관 한 명이 마을로 와서는 1년에 1000위안을 줬는데, 남자 위원들은 2800위안을 벌었어. 남자와 여자는 너무 불평등했지. 그래서 나는 1000위안을 받고는 하지 않겠다고 말했고, 1996년에는 부녀주임을 하지 않았어.

그러다가 그 다음해 1997년에는 부녀주임을 선거로 뽑게 되어 리페이민이 당선이 되어 다시 하게 되었다. 이때는 마을위원회의 다른 남자들과 일도 비슷하고 급여도 같았다. 리페이민은 고중을 졸업했고, 당시 마을 여성들에 비해 상당히 학력이 높았으며 무슨 일이든지 시작하면 되도록 만드는 추진력이 대단히 좋았다. 그녀는 자신이 남자와 상대해도 뒤지지 않을 정도의 능력이 있다는 것을 자랑스럽게 생각했으며 그렇기 때문에 남자보다 자신이 불평등하게 대접받는 것을 원치 않았다. 또한 리페이민은 마을에서 여성들의 문제들을 해결해주는 등 다른 여성들과의 인맥 관계도 좋았기 때문에 부녀주임으로서 매우 적합한 자질을 가지고 있었다.

나는 고중학교를 졸업했고, 또 내 성격은 남자의 성격과 비슷해. 나는 무엇이든지 감히 하고, 감히 그것을 감행하지. 나는 또 남자가 하는 말을 감히 말할 수 있어. 나는 말한 것을 곧바로 행할 수 있으며, 남자에게 복종하지 않지. 남편은 내가 가진 유능한 능력 때문에 나를 아내로 선택했고, 나는 남편보다 유능하고 또 농사일의 절반 이상을 수행해. 채소를 키우는 것도 모두 내가 하지. 또한 마을 사람들도 비교적 나를 신뢰해. 내가 일하는 것은 농민들과 같지 않고, 농촌 공작을 아주 잘하는데, 농촌 공작을 잘하려면 대인 관계를 잘해야 하지. 대인 관계를 잘 하지 않으면 농촌에서는 일을 잘 처리할 수 없어. 당신이 인간관계가 좋아야만 사람들이 당신을 지지할 거야. 최근 몇 년 동안 선거에서 나는 가장 많은 표를 얻었어.

해마다 가장 많은 표를 얻으며 10년이 넘도록 부녀주임을 맡아서 하고 있었지만, 사실 리페이민은 현재 부녀주임이 하고 있는 활동이 잘못되었다는 생각을 가지고 있었다. 그녀에 따르면, 부녀주임은 활동을 '여성의 일'에 초점을 맞추어야 했다. 그렇지만 오늘날 부녀주임의 일은 오로지 여성들의 출산을 통제하는 '계획생육'에 맞춰져 있었고 여성들에 대한 교육이나 가르침은 전혀 없다고 강조했다. 특히 개혁기 중국 농촌에서 많은 여성들이 관심을 갖고 있는 것은 어디서 어떻게 돈을 벌 수 있는 것이라며, 국가는 중국 여성을 강하게 만들기 위해서는 이러한 것에 도움을 줄 수 있어야 한다고 했다. 지금까지 오랫동안 부녀주임을 맡아서 하고 있었지만, 그녀가 가장 의의 있다고 판단하고 있는 활동은 2004년 베이징농가녀문화발전중심에 참여했던 자살예방프로그램이었는데, 그것은 이 활동을 통해 많은 여성들이 생각이 변할 수 있었기 때문이었다. 그녀는 당시 그 활동은 무급의 활동이었지만 자신이 부녀주임으로서 일하면서 가장 뿌듯했다고 말했다.

반면 가족계획은 예전보다는 느슨해졌지만 아직까지 국가의 시책으로 부녀주임의 역할로 계속되고 있었는데, 리페이민은 이러한 정책들이 '거짓' 혹은 '형식적'으로 이루어지는 것에 대해서 비판했다.

농촌에는 가족계획협회가 있는데, 이러한 사실을 외부로 발설하는 것은 허용되지 않아. 협회는 세 가지의 결합이야. 세 가지의 결합은 가족계획 서비스와 매 단위의 지도자와의 결합, 가족계획에 문제가 있는 가족을 돕고 기술을 배우는 데 도움을 주는 것, 이렇게 세 가지를 의미해. 그러나 도움을 줄 사람이 없어. 매해 반년 점검과 1년 점검을 해야 하고, 계정과 카드를 미리 준비해야 하지. 숫자는 같아야 해. 협회와 세 가지 결합은 모두 거짓으로 수행하고 있는데, 만일 결과가 좋지 못하면 향의 계획생육복무기관에서 당신을 좋지 않게 보고, 성에서 조사가 나오며, 시에서도 너를 좋지 않게 봐서 시에서도 조사가 나올 거야. 현에서도 너를 좋지 않게 보아서 너에게 공작이 목표에 잘 맞춰지지 않은 것은 진정으로 마을 사람들에게 가서 공작하지 않았기 때문이라면서 어떻게 해야 그러한 목표를 달성할 수 있을 것인지 말하겠지.

리뻬이민은 부녀주임의 일에 대해서 이미 좀 지쳐 있는 듯했다. 그리고 앞으로는 당분간 부녀주임을 맡지 않겠다고 했다. 무엇보다 그녀는 부녀주임의 일로 인해서 가까운 마을 주민들에게 스스로도 설득할 수 없는 일을 떠맡겨야 한다는 것에 대해서 불편을 느꼈다. 국가는 농촌 여성에게 과거 마오 시기보다도 더 관심이 없다고 생각하고 있었고, 농촌 여성들은 무엇보다 사람들 사이의 생각을 나누고 바깥 세계에 대한 학습을 통해 점차 발전해야 할 것이 필요했지만, 그에 대해서 신경을 쓰는 사람은 아무도 없었다.

현재 농촌 부녀의 가장 큰 요구는 활동할 수 있는 장소를 찾아서 학습을 더 많이 하고, 사람과 사람 사이의 사상을 서로 나누고, 절대적으로 심리와 사상상에서의 매년 변화가 필요하다는 거야. 집에 계속 있어서는 바깥세상이 어떻게 변화하는지를 알지 못해. 만일 당신이 능력이 있는 사람과 소통을 하면 점점 더 능력이 생길 거야. 사람의 지혜는 학습에서 나오는 것이니까. 사람들이 말하기를 첸장촌 사람들이 총명하다고 하는데, 단지 총명할 뿐 아니라 첸장촌은 마을이 크고 각종 일을 하는 사람들이 다 있어서, 서로 학습을 하면 경제조건이 평등해질 것이고 빈부 차이도 없어질 것이고, 노력을 하면 여학생들도 대학시험을 잘 볼 것이고, 물건을 팔면 돈도 더 잘 벌 수 있을 거야.

리페이민의 진취적이고 개방적인 태도는 안타깝게도 마을 안팎에서 크게 빛을 발하기가 어려웠다. 그녀는 열심히 부녀 공작을 한 대가로 외부 기관에서 상을 받기도 했지만, 그녀가 처해 있는 환경은 안타깝게도 그녀가 극복하기엔 너무나 견고했다. 중국 정부의 계획생육 정책은 그녀의 비판처럼 거짓과 강요로 이루어진 부분이 있었지만, 이러한 거짓에 대한 반성으로 변화하기에는 이미 너무 강력한 체제를 구축하고 있었다. 계획생육 체제가 변하기 위해서는 몇 년 뒤, 중국 인구의 감소가 국가 경제에 위협이 될 때까지의 시간이 필요했다. 그리고 무엇보다 그녀의 활약을 가로막고 있는 것은 그녀의 가정환경이었다. 그녀의 큰아들은 첫 번째 부인을 일찍 연탄가스 사고로 잃게 되었는데, 남겨둔 한 살 남짓의 손자를 리페이민이 맡아서 키워야 했다. 큰아들이 빨리 재혼하기를 바랐지만 큰아들은 아내를 잃어버린 자신을 탓하며 결혼을 몇 년 동안 하지 않았고, 나중에 결혼했을 때 새 부인은 전 부인의 자식을 키우기를 원하지 않았다. 결국 리페이민이 계속 손자를 맡아 키워야 했고, 그 일로 인해서 그녀는 삶에 많은 제약을 가질 수밖에 없었다. 그녀의 이러한 삶의 모습은 한 여성의 능력이 가정환경과 여성에게 주어진 역할로 인해서 어떻게 빛을 발하지 못하고 사그라드는가 하는 안타까운 또 하나의 사례가 될 수 있다.

나는 가끔 리쩨이민이 다른 환경에서 다른 운명을 타고 났으면 그녀의 삶이 어떻게 달라질 수 있었을까를 생각한다. 그녀는 부지런했고, 적극적이었으며, 진취적이었다. 이종사촌언니인 쉬펑친의 말에 따르면, 리쩨이민의 단점이라면 "지나치게 돈을 밝힌다"는 데 있다고 했지만, 어찌 보면 돈을 밝히는 그녀의 성격은 개혁개방 시기에 많은 사람에게서 추구되고 있던 바람직한 모습일 수도 있었다. 그러나 농촌 사회에서 그녀의 진취적인 감각과 성격은 다른 사람들의 호응을 받을 수 없었고, 개혁 시기에 여성은 집 안팎에서 과도한 역할을 부여받았으며, 그러면서도 자신의 의견이 있다면 그것을 내세우기보다 순종적이며 가만히 있어야 했다. 물론 리쩨이민이 그러한 사회적 요구를 그대로 수용한 사람은 아니었다. 그렇지만 그녀 역시 가부장적인 질서와 남녀의 젠더 역할 차이를 거스를 만큼 강력하지는 못했다. 큰며느리의 사망과 큰아들이 홀로 되는 상황 속에서 그녀는 할머니로서 손자를 떠맡아 양육하는 젠더 역할을 거부할 수 없었다.

제8장

'자궁가족'을 넘어:
오늘날 중국 농촌의 현실과
농촌 여성의 주체성

1. 자궁가족과 마오 시기의 여성해방 정책

마저리 울프는 '자궁가족(uterine family)'이라는 용어로 중국 여성 삶의 특징을 설명한다. 중국에서 여성은 남편 마을로 시집온 다음에 한동안 마을에서 가장 낮은 지위로서 힘을 갖지 못하고 살아간다. 그러다가 자궁가족을 형성하면서 조금씩 힘을 가지게 되는데, 자궁가족은 혼인한 여성과 그녀가 낳은 자녀들을 뜻한다. 특히 자궁가족원으로 혼인한 여성에게 아들이 있는가는 중요한데, 아들은 집안에서 대를 이을 사람으로 딸보다 더 귀하게 간주되고 집안에서 더 큰 영향력을 행사할 수 있기 때문이다. 자궁가족이 형성되면서 혼인한 여성은 자궁가족원과 남편을 시부모, 시동생, 시누이 등 시집 식구

손자에게 음식을 씹어서 먹여주고 있는 리꿰이민(2006년)

들과 경쟁과 갈등 관계로 보면서 점차 세력을 키워가게 된다. 남편과 시부모는 처음에는 마을 내의 지위 면에서 힘이 강하지만 시간이 지날수록 점차 늙어가면서 약해지고 소외되기 마련이다. 따라서 여성은 점차 장남을 비롯한 자식들과의 감정적 유대관계를 개발하고 그들의 성장과 함께 아들을 조정하면서 가족관계에서 막강한 영향을 행사하게 된다는 것이다(Wolf 1985).

  '자궁가족'이라고 상징적으로 요약할 수 있는 전통적인 여성의 가족주의 문화는 정도의 차이는 있지만 1949년 사회주의 혁명으로 인해 급격한 제도상의 변화를 겪는 과정에서도 암묵적인 문화적 힘으로서 계속 작동해왔다. 사회주의 혁명으로 신중국이 성립됨과 동시에 국가는 여성을 집 밖으로 불러내어 가족보다는 국가에 헌신하는 노동력이 되기를 요구했다. 문화대혁명 기간에는 당사자의 정치적 성향이 어떠한가가 우선시되었고, 전통적인 연령과 젠더 위계는 극단적으로 부정되기도 했다. 그렇지만 그러한 시기 동안에도 여성은 시집온 뒤 아이를 낳기 전에는 여전히 집안과 마을에서 사회적으로 가장 약한 존재에 불과했고 여전히 아들을 낳을 것을 기대 받았을 뿐 아니라, 그 아들이 자신을 대변해줄 수 있을 시점부터야 집안과 마을에서 목소리를 낼 수 있었다.

　개혁개방 이후에도 '자궁가족'은 어느 정도 지속적인 영향력을 발휘해왔다. 처음 마을로 시집온 여성들은 아이를 낳아서 키울 때까지 가족과 마을 내에서 큰 목소리를 내기가 어렵다. 만일 가족이 그녀를 학대하거나 잘못 대해준다면 그녀는 매우 외롭고 고통스러운 삶을 살아갈 수 있다. 자살과 같은 극단적인 선택을 하는 경우도 대개는 마을에서 힘을 내기 어려운 젊은 시절에 발생한다. 또한 집안 내에서 다툼이 벌어질 때면, 혼인한 여성이 "시집와서 아들을 낳아주었다"는 것을 자신의 성과로 강조하는 것을 흔하게 발견할 수 있다. 이로써 아들을 낳았다는 것이 적어도 아내로서 일차적인 의무는 다했다고 여겨진다는 사실을 알 수 있다. 반면 딸만 낳은 사람의 경우에는 이러한 '큰소리'를 내기가 어렵다. 또한 부부가 싸우거나 시부모가 여성에게 지나친 비판을 할 때면 자녀가 나서서 어머니의 편을 들어주는 모습을 발견할 수 있는데, 이것은 마저리 울프가 말했던 것처럼 어떻게 힘이 없던 여성이 집안과 마을에서 힘을 갖게 되는가를 보여주는 사례라고 할 수 있다.

　그렇지만 사회주의 혁명과 개혁 이후의 급격한 정치적이고 사회경제적인 변화 속에서 어떻게 '자궁가족'이 성격을 달리해왔는가를 살펴보는 것은 의미가 있다. 적어도 현장에서 관찰한 바에 따르면, 농촌의 여성들은 자궁가족이 더 이상 그들을 지지해주는 강력한 장치가 아니라는 것을 점차 깨닫고 있기 때문이다. 이러한 깨달음은 슬픔이나 쓸쓸함, 좌절감 등의 부정적인 감정으로 나타나는데, 그것은 자궁가족에 대한 여성의 기대가 무너지고 있다는 것을 반증한다. 이러한 변화 뒤에는 크게 두 가지의 요인이 관련되어 있다. 하나는 개혁개방과 거의 같은 시기에 시작된 계획생육 정책의 실시이다. 시간이 지날수록 그 정책의 강도가 약해지긴 했지만, 국가 정책은 어쩔 수 없이 한 명 혹은 두 명의 자녀를 낳도록 강제함으로써 남아와 여아에 대한 선호도를 약화시키는 데 기여했던 것이다. 다른 하나는 낮은 농산물 가격과 도농 간의 벌어지는 소득 격차이다(이주영·이미영 2014). 농민들이 더 많은 아이를 낳고자 하는 동기는 무엇보다 노동생산성 때문이다. 아이들이 많을수록, 특히 아들이 많을수록 그 아들은 자라서 노동력으로 역할을 할 수 있다. 그렇지만 개혁 이후 도시를 중심으로 발전 정책을 추구해온 공산당은 농산물 가격을 매우 낮게 책정해왔기 때문에 농민들은 오히려 농사일을 지속하고자 하는 의욕을 상실해왔다. 평롱현에서 많은 농민이 농사는 자신이 먹을 정도만을 짓고자 하며, 농사일에 신경을 쓰기보다는 다른 현금벌이의 일을 찾아 나서는 것이 생존 전략에 더 유리하다고 생각한다. 따라서 도농 간의 벌어지는 소득 격차는 결과적으로 농민들에게 적은 수의 아이에게 투자하도록 유인하는 요인이 되어왔다.

중국은 전통적으로 가족의 확대된 형태인 종족 중심의 관계망으로 기층 조직이 유지되어왔다. 종족 관계는 토지의 질이 떨어지고 경작을 일 년에 한 번밖에 할 수 없는 중국 북부 지방이 남부 지방에 비해 훨씬 미약했지만, 적어도 마을의 정치경제적이고 의례적인 관계를 구성하는 데는 가장 중심적인 조직이 되어왔다(김광억 1986; 프리드만 2010). 중국의 북부에 위치한 평룽현에서는 종족은 사실상 종교적인 의례의 측면에서 역할을 하고 있지는 않았다. 프리드만이 남부 지방을 연구함으로써 지적한 바와 같이, 종교적인 의례와 교육의 중심으로서 종족이 힘을 발휘하기 위해서는 종족이 가지고 있는 넓은 토지가 물질적인 조건으로 기능해야 했다. 그렇지만 평룽현과 같은 산지에 위치한 지역에서 넓은 토지는 존재하지 않았고, 각 가구는 분절된 작은 토지를 경작하며 살아가야 하기 때문에 종족의 힘은 상대적으로 미약할 수밖에 없었다. 그렇지만 종족은 여전히 마을의 정치적이고 경제적인 협력 관계를 구성하는 데 중요한 역할을 하고 있었다. 각 마을은 몇 개의 성씨 중심으로 부계 씨족으로 구성되었고, 마을의 대표를 뽑을 때면 후보자들은 각 씨족에서 지지하는 사람들로 편이 갈리곤 했다. 또한 여러 사람의 협업이 필요한 농경이라든지 결혼식이나 장례와 같은 의례 생활에서 같은 성씨의 친척들은 단합하여 서로 부조하는 모습을 흔히 발견할 수 있었다.

　이러한 종족 조직은 사실상 중국이 사회주의 혁명 이후 가장 먼저 해체하고자 시도했던 기층 조직이었다. 중국공산당은 가장 먼저 기층의 가부장적 권력을 해체하는 것이야말로 당의 권력을 구축할 수 있는 길이라고 인식했으며, 여성해방이라는 기치 아래 여성을 집 밖으로 빼내는 작업을 통해 이를 실시했다. 그것은 경제적이고 사상적인 면 두 가지 측면에서 이루어졌다. 경제적으로 공산당은 여성에게

　　　　　　　　　　제3부 몸에 각인된 삶: 가족과 문화

토지분배를 했고, 사상적으로는 그동안의 부모의 뜻에 따른 중매혼이나 매매혼, 조혼 풍습을 금지하고 '애정'에 근거한 혼인만을 인정하게 한 혼인법의 실시했던 것이다. 이 과정에서 놓치지 말아야 할 점은 농촌 여성들이 이러한 공산당의 정책을 매우 환영하고 적극적으로 수용하지 않았다면, 공산당의 정책이 성공적으로 실시되기는 어려웠을 것이라는 사실이다. 농촌 여성들은 그동안 가부장적 권한에 의해 억눌렸던 자신들의 낮은 지위에 대한 불만을 가지고 있었기 때문에 여성을 남성과 똑같이 집 밖으로 빼내어 국가에 헌신토록 하는 공산당의 정책을 환영할 수 있었다. 그리고 광범위한 농촌 여성의 지지 속에서 공산당의 기층 가부장적 권력을 해체하고자 하는 시도는 상당히 성공적으로 이루어질 수 있었다.

그러나 여성을 집 밖으로 빼내는 신중국의 여성해방 정책은 그 자체로 많은 한계를 가지고 있었다는 점을 지적하지 않을 수 없다. 그것은 여성들의 환영과 동의 속에서 이루어진 것이지만, 근본적으로 여성 스스로의 주체적인 선택과 판단에 의해서 추구된 행동이었다기보다는 국가에 의해서 일방적으로 부여된 것이었다. 그렇기 때문에 여성들은 자신들의 그동안의 낮은 지위를 보상하는 차원에서 환영했을지언정, 자신들의 삶에 뿌리내린 '자궁가족'의 가부장적 성격에 대해서는 성찰하거나 바꾸어내지 못했던 것이다. 공산당의 정책이 가지고 있었던 한계를 지적하면 다음과 같다.

첫째, 1950년대의 사회주의 혼인법은 혼인의 자유, 즉 '애정에 기초한 자유로운 결합'을 명시하고 있었지만, 근본적으로 여성 스스로의 '자유'를 온전하게 허락하는 방식으로 추구되지 않았다. 혼인법을 제정하는 데 참여한 도시의 지식인들은 도시와 달리 농촌에서는 이혼의 자유를 허락할 경우 조강지처를 내버리게 될 것이라는 우려를 막기 위해 간부의 조정 과정을 포함시켰던 것이다. 다시 말해, 여성의 혼인은 스스로 '애정'에 기초하여 선택하고자 하여도 그 '애정'이 과연 '자유로운' 것인가에 대해서는 간부의 뜻에 따라 판단되어야 했다.

간부의 간섭은 기층 사회의 구조에 대해서 정확히 이해하지 못한 상황에서 이루어진 측면이 있었다. 종족 관계에 근거하여 설립되어진 농촌 공동체에서 간부란 설령 공산당에 의해 선택된 사람이라고 하더라도 여성의 입장에서는 남편의 친척이나 친구일 가능성이 많았다. 여성을 집 밖으로 불러내기는 했지만, 지역의 간부는 부녀 활동과 관련된 것을 제외하고는 남성이 맡는 것을 당연하게 생각했다. 혼인보다 이혼 과정에서 간부의 개입은 더 심각한 결과를 낳았다. 농촌의 남성은 이혼을 곧 아내를 잃을 뿐 아니라 돈을 잃는 것이라고 생각했다. 따라서 원하지 않은 혼인을 했거나 결혼 생활에서 학대를 받아 더 이상 유지하고 싶은 마음이 없는 경우에도 여성은 남편의 이혼 반대에 부딪쳐야 했다. 첸장촌 마을 주민들의 이야기에서도 자주 발견되는 것이지만, 이혼 과정에 간부가 개입하는 문화는 마오 시기 내내 지속되었는데, 그에 따라서 이혼을 하고 싶다고 하더라도 대대 간부의 반대나 방해로 인해서 하지 못하는 경우가 상당히 많이 발생했다. 즉, 간부의 조정 과정을 포함한 혼인법은 원래 의도했던 억압적인 환경 속에 있는 여성의 해방을 제약하는 측면이 있었다.

둘째, '혼인 자유'를 여성해방의 궁극적인 목적으로 보았던 혼인법은 여성의 해방이라기보다는 국가의 생산력 향상에 일차적인 목적이 있었다. 여성을 집 밖으로 빼낸 것은 여성의 주체적인 선택과 성장의 환경을 마련해주기보다는 남성과 똑같이 여성도 국가를 위해 헌신해야 하는 노동자로 보았기 때문에 가능했던 것이었다. 이는 사회주의 중국에서 주부와 아내로서의 역할에 대해서는 폄하하고 집안일이나 자녀양육, 환자 돌봄과 같은 일들은 노동으로 간주하지 않은 것에서도 나타난다. 여성들은 집 밖에서 일해야 했지만, 여전히 집 안의 일에 대해서 해방될 수 없었다(Hershatter 2011; Yan 2008). 이처럼 공산당의 여성해방 정책은 여성의 해방에 목적을 두고 있기보다는 여성의 헌신을 가족이 아닌 국가가 획득하기를 기획한 것이었다. 다시 말해, 기층의 종족 기반의 가부장적 권력을 해체하려는 데 목표가 있었을지언정, 그 가부장적 권력은 이번에는 국가가 획득하는 방식으로 나타나고 있었다.

여성의 국가에의 헌신은 육체적인 노동에만 한정된 것이 아니었다. 인구가 곧 국가의 생산력 증가라고 보았던 마오 시기 동안 여성은 아이를 낳는 재생산의 의무에서 자유롭지 못했으며, 비혼여성은 출산이라는 재생산을 기피하는 이기주의자로 폄하되었다. 이러한 국가적 기획은 세부적으로 국가적 경제 상황에 따라 여성에게 요구되는 바가 변화했던 것에서 마찬가지로 확인될 수 있었다. 예컨대, 1953년부터 실시된 국가건설 제1차 5개년 계획에서 경제성장이 예상했던 것보다 더 높은 성과가 나타나자, 남성들에게는 돌진하라는 명령이 떨어진 반면 여성들에게는 다섯 가지 잘하기 캠페인을 벌였는데, 그때 여성들의 역할로서 강조된 내용은 다음과 같았다. ① 인근 가족들을 서로 도와 부조하고, ② 집안일을 잘 하고, ③ 자녀교육을 잘 시키고, ④ 가족들의 생산, 연구 작업을 장려하고, ⑤ 자기들의 학습을 스스로 잘해야 한다(김미란 2009).

셋째, 마을을 군대조직의 명칭을 따서 생산대로 칭한 집단주의 생산체제에서 남녀의 차별은 여전히 지속되었다. 여성이 집 밖으로 나와 노동하기를 기대했지만, 집안일은 남성과 나누도록 훈련되지 않았다. 공산당은 여성의 노동해방이 기계화나 생산력의 향상을 통해서 이루어질 수 있는 것이라고 여겼을 뿐, 남성과 여성의 성역할 분담의 방식을 바꾸어서 해결해야 한다고는 기대되지 않았다. 따라서 전통적인 성 역할 분담에 따른 남녀 차이는 고스란히 유지되었으며, 식사준비와 빨래, 아이 양육은 여전히 여성의 몫이었다. 여성해방을 위해 여성을 공공영역으로 불러내었지만, 그것은 여성해방이 아니라 여성을 과도한 노동에 시달리게 하는 원인이 되었다.

또한 여성은 남성과 마찬가지로 노동할 것이 요구되었지만, 단 한 번도 여성의 노동력이 남성과 똑같은 것으로 취급되지는 않았다. 남성의 노동이 10점이라고 한다면, 여성은 8점보다 더 많은 점수를 받을 수 없었다. 여성은 남성과 마찬가지로 국가에서 인정하는 생산적인 노동력이 될 수 있다는 자부심을 가질 수는 있었지만, 여전히 여성의 공공영역에서의 노동력은 남성보다 부족한 것이라는 데 만족해야 했다. 그렇기 때문에 같은 집안에서 여성과 남성 둘 중 한 사람이 집안에서 아이 양육을 맡아야 한다면 그것은 늘 여성의 몫으로 고스란히 남게 되었다. 남성과 여성 간의 노동 가치에 대한 차별은 간부의 역할에서도 마찬가지였다. 마을의 서기, 촌장, 공청단장, 회계 등등의 역할은 모두 남성이 맡고 있었을 뿐 아니라 그들에게는 더 많은 수당이나 명예가 주어진 반면, 부녀주임은 더 낮은 임금과 명예가 주어졌다.

넷째, 남녀평등이 중요한 가치로 선포되는 동안에도 국가가 시행하는 제도적인 차원을 넘어선 기층의 일상적인 문화 속에서 남녀차별은 여전히 존속하고 있었다. 예컨대, 농민들은 자녀 중에서 아들과 딸이 함께 있는 경우에 딸보다 아들이 더 많은 교육을 받아야 한다고 생각했으며, 딸은 시집을 가면 집안사람이 아니라는 생각을 여전히 존속했다. 또한 혼인법으로 인해 혼인할 때 신부대와 같은 금전적인 교환이 금지되었음에도 불구하고, 여전히 신부대는 적은 금액이거나 물품일지언정 물질적으로 이루어졌으며, 여성들은 혼인한 후 신랑네 마을에 가서 거주하는 부거제 원칙은 변함이 없었다. 물론 딸을 귀하게 여기는 집일수록 딸을 너무나 먼 곳에 시집보내려 하지 않는 정서가 존재했다. 친정이 가깝게 있어야 딸의 결혼 생활이 더 안전하다고 생각하고 있었기 때문이다. 그렇지만 여전히 부모들은 '부모강제결혼(包班婚姻)'과 같은 형태를 통해 딸의 결혼에 관여했으며, 딸을 더 많은 물질적 보상을 받을 수 있는 곳으로 보내려고 했다.

이처럼 여성의 경우, 혼인한 다음에 남편이 사는 마을로 이주하는 부거제 관습이 있었기 때문에 자신의 몫으로 토지를 분배받았다고 하더라도 그것은 늘 남성이 분배받은 토지에 비해 불안정한 것으로 간주될 수밖에 없었다. 집단생산 체제라고 하더라도 여성이 혼인해서 다른 마을로 이주해오면 그녀 몫의 토지와 배급 할당이 함께 넘어오곤 했다. 그런데 혼인한 이후에 여성이 자기 몫의 토지와 배급 할당을 바로 분배받지 못하고 한참 동안 기다려야 하기도 했으며 그럴 때면 집안에서 여성의 권한이 그만큼 약화될 수밖에 없었다. 그 외에도 빈농은 부농이나 중농에 비해 정치적으로 더 혁명적인 존재로서 우선시되었지만, 결과적으로 가난하고 정치적으로 인정받지 못하는 남자들은 신부를 찾기 힘들었고, 데릴사위는 사회적으로 놀림감이 되었다. 혼인에서 여성이 남성에게 시집을 간다는 것만이 정상적이라고 간주되었다는 것은 시집가는 여성을 재화처럼 취급하고 있었음을 반증하는 것이며 이는 남녀평등이 온전하게 이루어지지 못했다는 것을 의미한다. 또한 마을에서 여성이 성적 행위는 늘상 위험하고 오염된 것으로 간주되었고, 만일 여성이 나이가 들도록 적당한 신랑을 찾지 못하면 그녀의 사회적 가치는 점차 떨어지는 것으로 여겨졌다. 문화대혁명 시기에 여성의 혼외 관계는 남성의 혼외 관계보다 더 극심하게 비판되었고, 몇몇 여성은 수치심에 자살을 선택할 수밖에 없었다.

요약하자면, 마오 시기의 여성해방 정책은 여성도 남성과 마찬가지의 역할을 수행할 수 있다는 점을 공식적으로 표방하고 구체적인 방법을 통해 실시했다는 점에서 그 의의가 있지만, 뿌리 깊은 가부장적 문화를 근본적으로 철폐하는 데는 상당히 제한적인 성격을 가지고 있었다. 제도적 차원에서, 그리고 일상적인 차원에서 가부장적이고 남녀차별적인 문화는 여전히 잔존하고 있었다. 또한 근본적으로 공산당의 여성해방 정책은 '여성을 해방시키는 데' 목적이 있었

다기보다는 기층의 종족 중심의 가부장적 권력을 해체하고 그 가부
장적 권력을 공산당이 탈환하는 데 목적이 있었다고 할 수 있다. 그
렇지만 농촌 여성들은 이러한 문제점을 인식하기에는 주체적인 역
량이 부족했다. 그동안 뿌리 깊은 가부장적 문화 속에서 살아오던
이들은 국가의 호명을 통해서 비로소 남성과 동등하게 공적 영역에
참여하게 된다는 것만으로도 억압으로부터 상당히 자유로움을 느꼈
으며, 그러나 자신들에게 부과된 이중적인 노동의 부담으로 인해 고
통을 받을 수밖에 없었다. 그리고 계속되는 기층의 남녀차별과 가부
장적 문화는 농촌 여성이 변화된 환경 속에서도 자신의 주체적인 삶
을 살기 어렵도록 하고 억압적인 환경을 인내할 수밖에 없는 상황을
생성했다.

2. 중국 사회의 중층성과 농촌 여성의 주체성

개혁기 중국의 농촌 사회를 제대로 이해하기 위해서는 중국 사회가
사회주의, 자본주의, 그리고 전통이라는 세 가지 성격이 중층적으로
작동하는 장이라는 점을 인식하는 것이 중요하다. 이 세 가지 요소
들은 각각 독립적으로 작용하기보다는 상호 결합하거나 다르게 조
합되어 새로운 현상을 발생시키는 요소로 나타난다. 예컨대, 시장
화의 경향 속에서 전통적인 의례와 관습이 부활하기도 하고(김광억
1993; 장수현 1999), 서구의 자본주의는 정치적 형태로서 민주주의를
배태했지만, 중국의 자본주의는 공산당의 통제에 의해 인민들의 민

주주의적인 발현이 억제되는 형태로 나타나기도 한다. 이처럼 중층적인 중국 사회의 특징으로 인해 개혁기 중국의 농촌 여성들의 경험 역시 매우 복잡한 형태로 나타난다. 개혁기의 복잡한 특징은 몇 가지로 나누어 설명할 수 있다.

첫째, 개혁 이전의 농촌 여성이 국가에 의해서 호명된 운동 주체로서의 '농촌 부녀'였다면, 개혁 이후 국가는 더 이상 여성들을 그렇게 호명하지 않았다는 점에서 상대적으로 국가로부터 자유로운 새로운 개별 주체성의 가능성이 열렸다(Barlow 1994). 마저리 울프는 마오 시기의 여성해방이 사실상 '지연된 혁명'이었다고 지적하면서, 서구 사회에서 부러움과 경탄 속에서 지켜봤던 것과 달리 그 실상은 남녀의 젠더 차별과 역할 규범이 잔존하고 있다는 것을 발견했다(Wolf 1985). 개혁은 농촌 여성을 더 이상 국가에 헌신하는 농촌 부녀로서 호명하지는 않았으며, 농촌 여성들은 적어도 국가와의 관계에 있어서는 자신이 살고자 하는 대로 주체적으로 살아갈 수 있었다. 농촌 여성은 이제 집 밖 노동력으로 불려 나가지 않아도 되었고, 자신이 얼마나 정치적으로 올바르고 혁명적인가를 대중 앞에서 증명할 필요도 없었다. 그러나 과연 농촌 여성은 개혁으로 인해 보다 자유로운 주체성을 획득했을까?

마을에서 수집한 자료에 따르면, 생산대가 해체되고 가구별로 토지를 배당받았을 때 거의 모든 농민은 이를 환영했다. 무엇보다 그 이전의 집체 생활의 빈궁함이 심각했기 때문에 만일 각자 토지를 경작하여 이득을 낼 수 있다면 더 이상 배고프지 않아도 된다고 생각했기 때문이었다. 또한 시장이 열리게 되면서 사람들은 하나둘씩 물건을 팔 수 있게 되었고, 양식을 비롯하여 자유롭게 필요한 물건을 사는 것도 가능하게 되었다. 다양한 소비생활이 가능해지면서 여성들은 그 이전의 인민복 차림의 '똑같은' 모습이 아니라 개성을 강조하는 차림을 할 수 있게 되었으며 자신이 원하는 방식의 삶을 꾸려나가는 자유를 좀 더 획득하게 되었다. 더욱이 집체가 해체되고 국가의 농민공에 관한 유인 정책이 실시되면서, 이제 여성들은 만일 농촌에서의 삶이 만족스럽지 못하다면 농촌을 떠나 도시에서 노동하거나 새로운 삶을 꾸려가는 것이 가능하게 되었다. 물론 호구제로 인해서 도시로 간 농촌 여성이 도시 여성과 똑같은 권리를 향유할 수는 없었지만, 이러한 변화들은 분명히 농촌 여성들이 '여성 일반'이 아닌 개인적인 주체성을 키워나가는 데 유리한 조건을 만들어준 것은 사실이다.

그렇지만 그러한 자유는 매우 제한적이었다는 것을 분명히 할 필요가 있다. 중국공산당은 도시 중심의 산업화를 추구하고 있었고, 그 속에서 농촌 여성들은 각자 의식하지는 못했을지언정 그 이전과 마찬가지로 국가에 헌신하는 역할을 요구받고 있었다. 그들의 바깥 노동은 가치 폄하되었고, 여전히 집안에서 이루어지는 노동은 사회적으로 가치가 없는 것으로 간주되었다. 도시로 이주가 가능한 것은 도시 발전을 위해 싼 노동력이 필요했던 국가의 부름 때문이었다. 1980년대 여성주의의 선봉에 섰던 리샤오쟝(李小江)의 '(부녀가 아닌) 여인이 되라'라는 외침은 집단으로서의 여성을 벗어나 자기 자신의 여성성을 발견하라는 것으로서 단지 도시의 여성들에게 해당하는 문제는 아니었다. 그렇지만 여전히 농촌 여성의 주체성은 시장화와 소비주의라는 큰 틀에 제한적인 의미에서만 주체였다. 더군다나 소비주의를 필두로 하는 자본주의 문화의 호명을 받는 것보다 농촌 여성에게 더 심각한 문제는 그들은 여전히 집 안과 밖에서 과도한 노동에 지쳐갈 수밖에 없었다는 것이다. 설령 집 밖의 노동으로부터 해방되었다고 해도 그녀는 급변하는 사회와 점점 가속화되는 경쟁 속에서 집안일과 아이 양육의 노동으로 지쳐갈 것이었다.

둘째, 전통적 관습의 잔존은 농촌 여성의 주체성이 자라날 수 있는 자원으로 역할하기도 하지만 동시에 주체성이 자본주의 관계 속에 얽매이고 도구화되도록 만드는 데 이바지해왔다. 중국 남부에서 지참금 문화가 보다 광범위하다면, 중국 북부에서 혼인 시에 나타나는 대표적인 관습은 신부대이다(Siu 1993). 신부대란 신랑과 신랑의 가족은 혼인할 때 신부를 데려오는 조건으로 일정 금액을 신부의 가족에게 지불하는 것이다. 이것은 매매혼의 관습으로 볼 수도 있지만, 평롱현에서는 매매혼이라고 인식되지 않으며 오히려 아들과 달리 부모를 돌볼 수 없는 딸이 당연히 부모에게 해야 하는 도리라고 여겨진다. 그런데 개혁 이후 2000년대 들어 신부대는 중국 농촌 사회에서 가장 심각하게 나타나는 문제 중 하나가 되었다. 소비문화의 발달로 혼인을 둘러싼 물질주의적인 관심이 높아지고, 여성이 가난한 농촌 남성과 혼인하기를 원하지 않기 때문에 농촌 남성은 신붓감을 얻기 위해서는 엄청난 금액의 신부대를 신부의 부모에게 지불해야 하기 때문이다. 이에 따라 아들이 혼인할 나이가 되어도 혼인시키기가 어려운 상황에 놓이거나, 아들 혼인을 위해 빚을 져서 마련한 신부대를 갚기 위해 나이가 든 다음에도 외지에서 일을 계속해야 하는 부모들이 늘어나는 상황이다.

전통적으로 신부대는 여성의 노동력과 재생산권을 시가족이 재화로서 구매하는 의미가 있었다. 며느리는 신부대를 지불해서 데려온 만큼 일을 열심히 하고 자녀를 낳아줄 것이 기대되었다. 딸의 경우에는 딸이 시집갈 때 받는 신부대가 다시 집안의 중요한 문제를 해결하거나 아들을 혼인시키는 데 사용되곤 했다. 그런데 오늘날에는 신랑과 시부모가 전달하는 신부대가 신부의 부모에게 전달되지 않고, 절반이나 대부분이 신부에게 전해지는 방식을 취하고 있다. 이처럼 오늘날 젊은 농촌 여성들은 신부대를 부모에게 전달해주는 대신 그것을 혼인 후 새로운 가정을 꾸리는 데 사용하고자 한다(Yan 2005). 딸의 입장에서 과거에는 신부대가 자신을 키워줬던 부모에 대한 보답으로 생각되었다면, 이제 거꾸로 부모는 딸을 (아들처럼) 사랑한다면 신부대를 온전히 딸에게 전달해줄 것이 기대되고 있는 것이다. 이는 오늘날 중국의 젊은 농촌 여성들의 주체성이 새롭게 발휘되는 측면으로 이해될 수 있다.

혼인의 성격도 마찬가지로 변화하고 있다. 과거에는 만일 신부가 결혼을 파기하게 되면 시가족이 친정 부모에게 줬던 신부대를 돌려달라고 할 수 있기 때문에 아무리 혼인이 불만족스럽고 심지어 학대를 받는다고 하더라도 신부가 결혼을 파기하기가 어려웠다. 친정 부모가 받은 신부대를 돌려주게 될 경우, 신부의 오빠나 남동생의 혼인, 또는 아버지의 병 치료와 같은 '더 중요한 집안일'을 하기가 어렵게 될 것이기 때문이다. 그렇지만 오늘날에 신부대는 친정 부모에게 가지 않으며, 신부에게 주어져서 부부가 새살림을 꾸리는 데 사용되곤 하기 때문에 여성들은 훨씬 더 권한과 자유로움을 향유하고 있다. 시부모는 며느리가 신부대와 같은 상당한 재산을 가지고 있기 때문에 함부로 대하지 못하며, 며느리는 신부대를 스스로 활용하면서 자신의 권한을 높여 나가고 친정 가족과의 유대도 지속적으로 해 나간다. 이처럼 신부대의 사례는 전통적인 관습의 잔존이 어떻게 농촌 여성의 주체성을 강화하는 데 기여하는지를 드러냄과 동시에 그 관습이 시장화의 물결 속에서 얼마나 물질주의적인 성격을 획득하게 되는지를 드러낸다.

셋째, 시장개혁으로 인해 가장 선명하게 눈에 띄는 변화는 자유로운 연애 문화의 확산과 성도덕 관념의 변화이다. 오늘날 농촌의 젊은 여성들은 자신의 마음에 드는 남자를 만나서 연애한 후에 결혼하는 것을 당연하게 생각하며, 설령 부모나 아는 친척의 소개를 통해 중매로 결혼하는 경우라고 하더라도 혼인 전에 연애 기간을 갖는다. 이로써 혼인과 혼인 전 단계에서 젊은 여성의 의견이 관여할 지점은 더 많이 늘어났다(Yan 2003). 마을 어른들도 혼인하지 않은 젊은 남녀가 함께 오토바이나 차를 타고 시내나 가까운 도시로 놀러 가거나 음식점에서 술을 마시고 노래방에서 노래를 부르는 것을 자연스럽게 바라본다. 시내에는 서양식 패스트푸드점을 모방한 가게들이 하나둘씩 생기고 있는데, 젊은이들은 연애할 때 이곳을 자주 찾는다. 이처럼 남녀 사이에서 연애 감정을 느끼고 사적인 유희를 즐기는 것은 중국 농촌 사회에서도 보편적인 젊은이들의 문화가 되었다.

젊은이들의 연애가 사회적으로 용인된다면, 혼인한 사람들의 혼외 연애는 아직까지 눈살이 찌푸려지고 소문의 재료가 된다. 소문의 재료가 된다는 것은 마을 사람들 사이에 혼외 관계에 대해서 부정적이고 비판적인 태도가 상당히 공유되고 있다는 것을 의미한다. 그렇지만 개인적으로 만나서 물어보면 남성들의 경우에는 '돈과 권력만 많다면 누구나 여러 여성을 사귀는 것을 마다하지 않을 것'이라고 생각하는 사람들이 꽤 있으며, 젊은 여성 중에는 '가난한 남편과 사느니 돈이 있는 애인을 만나는 것이 나쁘지 않다'는 생각을 하기도 한다. 그렇지만 여전히 일부일처제 규범은 견고해서 만일 어떤 여성이 아내가 있는 다른 남성과 함께 있다가 아내에게 발각이 될 경우에는 항의조차 하지 못하고 꼼짝없이 주변 사람들에게 웃음거리가 되거나 손가락질을 당하고 만다.

적어도 내가 관찰하기에 시내에는 공개적으로 매춘을 하는 업소는 존재하지는 않지만, 호텔에서는 남성 고객들에게 젊은 매춘녀를 알선해주는 일이 흔히 일어난다. 특히 외지에 나가서 일해본 남자들은 다른 커다란 도시의 경험 속에서 이처럼 상업적으로 성을 파는 여성들을 만날 기회를 가지게 되며, 다시 고향에 돌아와서도 친구들과 비슷한 경험을 나누는 모습을 보인다. 매춘녀들은 정확히 나이를 알 수는 없으나 20대 전후의 젊은 여성들로 외지에서 온 사람들이다. 이들은 몸을 많이 드러내는 옷을 입고, 머리카락을 화려하게 염색하고 둘 셋씩 짝을 지어 길거리를 횡보한다. 간혹 이들을 보고 찌푸리는 노인들도 있지만, 직접 말을 건네거나 비난을 하는 사람들은 없다.

농촌 사회에 연애 문화의 확산과 성도덕 관념의 변화를 일으키는 주된 요인은 텔레비전과 인터넷, 그리고 사람들의 외지에서의 경험이다. 1990년대 이후 농촌 사회에서는 점차 농민공으로 일하는 성원들이 늘어났고, 이들은 외지에서의 경험을 마을 안으로 전파하는 매개자의 역할을 했다. 그들의 도시 경험은 아직 도시를 경험하지 못한 젊은이들에게 그 자체로 흥미를 끌거나 부러움의 대상이 되면서 경험이 없는 다른 사람들에게 모방의 욕망을 불러일으킨다. 또한 텔레비전의 보급은 이곳 펑롱현에서 2000년대 중반에서야 보편적으로 이루어지는데, 텔레비전의 현대극은 대개 배경이 베이징이나 상하이 같은 대도시로서 그곳의 이야기들은 더 선진적이고 세련된 도시적 삶의 모습으로 인식되고, 농촌의 젊은이들에게 커다란 영향을 미친다. 도시적 삶의 모습은 오일장이나 시내에서 무엇보다 최근 유행의 옷과 장신구를 팔고 사려는 사람들에 의해서 모방되고 전파된다. 이러한 모습은 시장화 이후에야 가능해진 현상이다. 이처럼 사람들은 물건을 통해서 자신의 정체성과 도덕적 성격을 만들어가는데 그것은 일견 주체적인 선택의 결과처럼 보이지만, 앞서 말했듯이 텔레비전과 같은 미디어가 조장하는 소비문화에 의해서 자극되고 강요된 것이다.

넷째, 현처양모는 중국의 전통 사회에서부터 내려오던 가치로서 비단 오늘날 개혁기 농촌 사회에서만 강조되었던 가치라고 보기는 어렵다. 그렇지만 오늘날 농촌 여성들은 '현명한 아내'와 '좋은 어머니'로서의 기대 역할로 인해 여러 가지 노력을 경주하고 있을 뿐 아니라 심리적인 부담을 많이 느끼고 있다. 중국공산당은 개혁 이후에 중국 농촌 여성을 혁명을 이끄는 정치적 주체로서 '농촌 부녀'로 호명하는 것은 중단했지만, 동시에 급속하게 밀려들어 온 자본주의적

현 내에 들어선 커다란 쇼핑센터(2012년)

인 힘은 농촌 여성이 각자 새로운 개혁 사회에 적합한 젠더 주체로서 양성되기를 강제해왔다. '현명한 아내'는 전통적인 의미에서 남편과 시부모에게 순종하는 것을 의미하지 않는다. 오늘날 '현명한 아내'는 도시와 비교할 때 경제적으로 빈궁한 농촌 사회에서 새로운 활로를 개척하는 데 도움을 주는 아내를 의미한다. 그것은 남편이 도시로 한동안 떨어져서 살고 있더라도 농촌에서 홀로 농사일을 하며 아이를 양육하고 늙은 시부모를 돌보는 헌신적인 역할을 하는 것을 뜻하며, 나아가 여성이 스스로 '집안의 경영자'로서 현금 벌이를 하거나 집안 경제를 알뜰하게 꾸리는 능력을 의미한다. 또한 '좋은 어머니'가 된다는 것도 아이에게 도덕적으로 올바른 성인이 되도록 모범이 되는 것을 넘어 어머니가 아이의 미래를 위해 태어나기 전부터 태교를 잘 하고, 어렸을 때부터 조기교육을 시키며, 좋은 학교를 선별하여 보내는 적극적인 '관리자'로서 참여하기를 요구하고 있다.

이러한 새로운 '현처양모'의 요구는 농촌 여성들이 이전과는 다른 의미에서 새 시대에 적합한 젠더 주체가 되기를 호명한다는 점에서 농촌 여성들 스스로 발현하는 자유로운 주체성이라고 보기는 어렵다. 사실 오늘날 농촌 여성들이 가장 힘겨워하는 것은 바로 이 부분이다. 농촌 여성들은 이러한 개혁기 중국 사회의 요구를 단순히 변화하는 환경에 대한 적응이라고 생각하지 않으며, 점차 간극이 벌어지고 있는 도시와의 경쟁에서 어떻게 더 밀리지 않고 쫓아가는가의 문제로 바라본다. 매일같이 집 안팎에서 이루어지는 고된 노동을 견딜 뿐 아니라, 교육과 관련된 어떠한 문화적인 환경이 마련되어 있지 않은 곳에서 자녀들을 교육하는 것은 결코 간단한 일이 아니다. 그리고 노력을 해도 도저히 쫓아가기보다는 더 이상 감당할 수 없는 격차는 이들에게 우울증과 상시적인 불안, 공포와 같은 부정적인 감정을 생성시킨다.

이러한 상황에서 농촌 여성의 일부는 일찌감치 도시로의 이주를 결행하기도 한다. 만일 남편이 도시에서 농민공으로 일하고 있다면, 여성은 남편을 따라 함께 도시에서의 생활을 선택하는 것이 외로움도 덜할 뿐 아니라 자녀교육을 위해서 더 나은 선택이라고 여기기도 한다. 그러나 그러한 선택은 농촌의 토지 경작을 포기하고 시부모를 돌보아야 하는 역할로부터 스스로를 분리할 수 있을 때 가능한 것이다. 자녀의 교육에 대한 열망을 이해하는 시부모라면 이러한 선택을 적극적으로 지지할 수 있고 실제적으로 실천으로 옮겨지기도 하지만, 만일 시부모가 병에 걸렸다든지 도시에 있는 남편의 상황이 어려울 때면 아무리 여성이 원한다고 하더라도 이러한 선택은 포기할 수밖에 없다. 또한 여전히 호구제는 농민의 도시로의 이주를 제한적으로만 용인하고 있으며, 도시에서의 새로운 정착은 그 자체로 훨씬 더 큰 비용을 요구하는 것이기 때문에 농촌 여성의 도시 정착이 언제나 성공하는 것은 아니며 실패하고 돌아오는 사람들도 있다.

요약하자면, 개혁기의 중국 농촌 사회는 사회주의, 자본주의, 그리고 전통이라는 중층성 속에서 여성들에게 과거와는 달리 개별 주체성을 발현할 수 있게 하는 장으로서 새롭게 작동하고 있긴 하지만, 그것이 완전히 여성의 자유로운 선택을 보장하는 방식으로 이루어지고 있는 것은 아니다. 한편으로, 농촌 여성은 시장화의 물결 속에서 개인의 욕망에 따라 선택할 수 있는 더 많은 공간을 발견하고, 자아실현을 위해 삶을 꾸려나갈 수 있는 환경을 만나게 되었다. 그렇지만 다른 한편으로, 오늘날 개혁 사회주의 국가는 과거와는 다를지언정 농촌 여성들에게 또 다른 의미에서의 '혁명적인 주체'가 되기를 요구하고 있다. 국가는 농촌 여성이 시장화의 물결에 적응하는 적극적인 소비 주체로 살아가면서도, 전통적인 가치의 변용 속에서 국가와 가족을 위해서 헌신하는 여성의 삶을 여전히 살아갈 것을 강조하고 있는 것이다.

3. 오늘날의 농촌 풍경과 '잔류여성'의 삶

2000년대 들어 대규모 노동 이주는 중국 농촌의 풍경에 커다란 영향을 미쳐왔다. 마을의 젊은 남자들은 절반 이상이 집을 떠나 중년 후반이 될 때까지 집에 돌아오지 않으며, 여성들은 젊었을 때 집을 떠났다가 혼인을 하기 위해서 돌아온다. 혼인하고 출산 이후, 대부분 여성은 마을에 남아 있지만, 20~30대 기혼여성들 사이에 점차 도시로의 이주가 일반화되어왔다. 결과적으로 중국 농촌 마을은 중년 여성과 어린이, 노인들이 사는 곳으로 변모하고 있다. 남편이 장기간 도시에 가서 돌아오지 않는 여성을 일컬어 '잔류여성(留守婦女)'이라고 부르는데, 이들과 그렇지 않고 남편과 함께 사는 여성들의 삶은 개별적으로 차이가 있을지언정 크게 다르지 않다. 모두 농촌에서의 과도한 노동을 수행하고 있다고 생각하고 가족이나 친척과의 관계에서 어려움을 느끼며, 아이를 양육하거나 사업을 벌이는 일에 대한 걱정이 가득하다(Biao 2007 ; Jacka 2012).

잔류여성과 그렇지 않은 여성(다시 말해, 남편과 함께 농촌에 거주하는 여성) 사이에 큰 차이가 없는 까닭은 도시로의 이주가 이들을 갈라놓는 어떤 절대적인 기준이 아니라, 오히려 가족의 현실적 상황에 따라 적절하게 선택하는 방법으로서 작용하고 있기 때문이다. 오늘날 중국 농촌 지역에서 대부분의 가족은 성원 간의 분업을 통해 가정 내 수입을 늘릴 방안을 적극적으로 모색하고 있다. 주로 남성들과 혼인하지 않은 젊은 여성은 외지로 나가서 현금 벌이를 위한 일을 수행하고, 집에 남아 있는 중년 여성이나 노년의 여성은 농업 일을 하고 아이를 키우며 아픈 사람을 돌본다. 펑룽현에서의 농업은 노동집약적이지만 생산적이지는 않다. 산지이기 때문에 각 가구에 할당된 토지 면적은 크지 않으며, 기계 농업을 하기에는 모두 분할

되어 있어서 직접 사람들이 소나 당나귀와 같은 동물의 도움을 받아 경작을 수행한다.

주민들은 농업을 통해서는 거의 수익을 내지 못한다고 말하지만, 그래도 토지에 대한 애착은 상당히 강하다. 농사일을 통해 가족들이 먹을 수 있는 양식을 얻을 수 있는 곳이 바로 토지이기 때문이다. 오늘날 평룽현 사람들은 주로 옥수수를 심는데, 옥수수가 가장 손이 덜 가고 쉽게 수확을 얻을 수 있는 작물이기 때문이다. 중국 농촌에서는 각 사람당 경작지 외에도 집을 지을 수 있는 토지도 따로 분배받는데, 집을 위한 토지에 대한 애착도 상당히 높다. 그렇지만 농산물 가격은 터무니없이 낮고 가족들은 농업 생산물을 통해 생존은 가능하지만 필요한 생활비를 충당하기는 어렵다. 다달이 전기와 물세도 내야 하며, 난방은 전통식 구들을 사용하는 경우에는 옥수수 줄기를 말려서 때기도 하지만 개량 가옥에서는 석탄을 사와야 하기도 한다. 특히 평룽현 지역의 산은 경사가 많고 토양도 그리 좋지 못하기 때문에 농업 생산성이 상당히 낮은데, 일부 현금이 급한 사람들은 이미 광산업을 위해 온 사업가에게 토지를 헐값에 팔아버리기도 한다. 토지를 매매하는 것은 원칙적으로 금지되어 있지만, 30년간 할당된 토지사용권을 넘기는 방식으로 매매가 이루어지고 있으며, 토지사용권의 기간이 길기에 사람들은 토지소유권과 토지사용권 사이에서 큰 차이를 못 느낀다. 오늘날 농촌 사회에서는 토지를 임대하거나 매매할 수 있다고 생각하며, 그것은 불법이라고 여겨지지 않는다.

농촌 주민들이 현금 벌이에 집착하는 이유는 이들이 반드시 써야 할 비용이 몇 군데 있기 때문이다. 그리고 그 비용은 농업만으로는 결코 벌어들일 수가 없다. 그것은 각각 아들이 신붓감을 얻는 데 필요한 신부대와 집을 새로 건축하는 비용, 그리고 자녀들의 교육비용, 가족 내 아픈 사람의 병원 비용 등이다. 이러한 주요 비용을 마련하기 위해 대다수의 마을 사람들은 신용협동조합에서 대출을 받고 추가적으로 친척에게 돈을 빌린 다음에 외지로 나가서 번 임금으로 얻은 수입으로 상환을 하는 방법을 취한다. 빚을 진 비용은 집집마다 집에 아들이 몇 명인지 또 환자가 있는지에 따라 다르긴 하지만 최저 몇 만 위안(한화 수백만 원)에서 50만 위안(한화 7500만 원)에까지 이른다. 이러한 빚을 갚기 위해서는 일 년에 기껏해야 수천 위안을 벌어들이는 농사일만으로는 절대 가능하지 않으며, 누군가 최소 한 사람이 외지에 나가서 돈을 벌어야만 한다.

농민이 따로 익힌 기술이 있기란 어렵기 때문에 이들이 취업할 수 있는 곳은 매우 한정되어 있다. 2000년대까지만 해도 흙집에서 타일식 현대가옥으로 개조하는 집들이 많았기 때문에 남성들의 경우에는 평롱현 내의 다른 마을에서 얼마든지 건설 잡부 일을 구할 수가 있었다. 그러나 2010년대가 들어서면서부터는 거의 모든 집이 개조해서 더 이상 건설 잡부 일을 구할 수가 없게 되었고, 더 멀리 큰 도시에 나가야 하게 되었다. 만일 집안에 빚이 많다면 이들은 더 고생스럽고 어려운 일을 위해 더 멀리 남부지방까지 가야 할 수도 있다. 이렇게 멀리 가게 되면 집에 돌아오기가 어려우며, 교통비를 아끼기 위해 중국 최고의 명절이라고 하는 춘절에도 돌아오지 않는 경우조차도 있다.

농촌 잔류여성은 그 개념이 주는 부정적인 의미와 달리 마을에서 수동적으로 살아가지 않는다. 그것은 잔류여성이 도시로 가고 싶은 데 어쩔 수 없이 못 간다기보다도 남편과 함께 가정을 잘 꾸리기 위해서 역할을 분담하고 있다는 생각이 있기 때문이다. 잔류여성은 마을에 남아서 주로 농사일을 맡아서 하는 동안 시어머니에게 아이를 돌보거나 집안일을 하는 것을 맡기는 편이다. 만일 오리나 돼지 같은 동물을 키운다면 동물에게 먹이를 주는 것도 집에 있는 시어머니가 맡아서 한다. 물론 이것은 집마다 사정이 좀 다르다. 앞서 살펴본 리페이민의 경우에는 시어머니가 구들 위에서 증손자를 돌보는 일을 제외하고는 아무것도 하지 않아서 모든 집안일과 농사일을 혼자다 해야 했다. 농사일은 대개 친척들과 같이 진행한다. 앞서 언급한 것과 같이 이곳은 산이 많은 지형이라 기계식 농업이 불가능해서 더욱더 이웃이나 친척끼리의 협업을 통해서 쟁기질 같은 작업을 하지 않을 수 없다. 쟁기질을 여성이 하기가 어렵기에 남성 이웃이나 친척들이 둘이 한 쌍이 되어서 진행하면 뒤에 쫓아가면서 여성들이 씨를 뿌린다. 비료를 주거나 농약을 치는 일은 여성이 직접 한다. 만일 친척 중에 남성이 없다면 이들은 돈을 주고 고용을 할 수도 있다. 외지에서 돈을 잘 버는 가족 같은 경우에는 온 가족이 모두 도시로 나가 있고, 농촌에 있는 토지는 외부 사람에게 주고 경작을 하라고 하는 경우도 있다. 이때 자신들이 먹을 식량은 남겨달라고 요청하곤 한다.

잔류여성의 삶은 가족과 주변 친척과의 관계에 따라서 심리적이고 복지적인 차원에 있어서 달라진다. 일반적으로 나이 든 여성들은 젊은 여성들, 특히 며느리들과 사이가 그다지 좋지 못하다. 리꿰이민의 경우에 맨 처음 얻었던 며느리와는 사이가 나쁘지 않았다. 그런데 그 며느리가 일 년 정도 지나서 아들을 낳고는 그다음 해에 그만 연탄가스를 먹고 사망했다. 안타까운 것은 며느리가 연탄가스를 먹고 사경을 헤매는 동안 아들은 친구 집에서 도박을 하고 있었다는 사실이다. 이 일로 인해서 옆 마을에 살던 며느리의 친정 부모들은 딸을 시집에서 제대로 돌보지 않았다는 것을 이유로 들어 신부대로 주었던 돈을 다시 돌려달라고 했다. 결국 신부대로 받았던 돈 3만 위안을 돌려주었고, 여기에 더해서 약혼식 때 며느리에게 주었던 팔지, 목걸이, 반지까지 친정 부모에게 주어야 했다. 그 후 리꿰이민의 아들은 몇 년 동안이나 재혼을 하지 않아서 그녀가 손자를 키워야 했다. 혼자 농사일도 하고 집안일도 하고 손자도 키워야 했기 때문에 리꿰이민은 너무나 힘들고 고생스러웠지만 이것은 어쩔 수 없는 운명으로 받아들여진다. 마을에서 아들이 이혼을 하거나 사망으로 인해 부인을 잃게 될 경우, 남은 손자녀를 키우는 일은 언제나 할머니의 몫이 된다. 몇 년 후 리꿰이민의 아들은 외지에 나갔다가 사귄 어떤 여성과 재혼을 했는데, 리꿰이민과 새 며느리는 사이가 좋지 않았다. 두 사람은 서로 사는 방식이 달랐기 때문이다. 무엇보다 새 며느리는 자기가 직접 낳은 아이가 아니라고 남편이 전부인과 낳은 아이를 돌보아주지 않아서 아들이 재혼을 했음에도 불구하고 손자는 리꿰이민이 계속 돌보아야 했다.

자궁가족은 전통적인 개념이지만, 여전히 중국의 농촌 여성들은 자신이 낳은 아들이 커서 자신을 보호해주길 바란다. 반면 그 아들의 아내는 남편이 시어머니보다는 자신의 핵가족에 더 충실하기를 기대한다. 오늘날 농촌 사회에서 아들은 어머니를 보호하는 역할을 수행하는 데 능숙하지 못하다. 만일 어머니를 보호하려고 하다가는 이혼을 할 수 있다는 두려움이 있기 때문이다. 리페이민과 마찬가지로 이웃에 사는 60대 여성인 허샤오잉(河小英)도 홀로된 아들의 아이를 혼자 키워주고 있었다. 아들이 외지에 현금 벌이를 하러 가 있는 동안 어느 날 며느리가 집을 나갔기 때문이다. 그 며느리는 시부모와 함께 아이를 키우면서 살고 있었는데 시어머니와 매우 사이가 좋지 않았다. 소문에 따르면, 시어머니가 며느리를 너무 구박해서 며느리가 견디지 못해 집을 나갔다고 했다. 그렇지만 허샤오잉은 며느리가 성격이 좋지 않아서 집을 나갔다고 했다. 오늘날 마을 주민들은 며느리가 집을 나가거나 이혼을 하면, 시어머니가 지나치게 젊은 부부의 삶에 간섭을 해서 생긴 문제라고 이구동성으로 말한다. 이러한 분위기를 알고 있기 때문에 마을의 시어머니들은 늘 며느리에게 잘못 대하지 않을 수 있도록 조심한다. 만일 며느리가 집을 나가버리면 혼자서 손자녀 돌봄을 떠맡아야 하고, 아들까지 돌보아야 하기 때문이다. 또한 농촌 사회에서 아들의 결혼할 상대를 찾는 것은 매우 어려울 뿐 아니라 추가적인 신부대가 필요하기 때문에 농촌 가족에게는 큰 부담이 된다. 이러한 상황을 잘 인식하고 있는 농촌의 시어머니들은 예전처럼 며느리에게 마음껏 큰소리를 치기보다는 어떻게든 며느리가 원하는 방식에 맞춰주려고 애를 쓴다. 이들과 이야기를 해보면 모두들 반 농담처럼 오늘날에는 며느리가 시어머니를 모시는 것이 아니라, 시어머니가 며느리를 모신다고 한다.

그러나 며느리의 관점에서 살펴보면, 집을 나가거나 이혼을 하게 되는 맥락에는 남편의 문제나 무능력이 존재한다. 그리고 이러한 무능력하거나 문제가 고스란히 어머니의 몫으로 돌아간다는 문제가 오늘날 농촌 사회에서 심각한 현상으로 드러나고 있다. 내가 관찰하기로는, 마을에 남아 있는 여성들보다 마을에는 어디에서도 일하지 않고 빈둥거리는 남성들의 문제가 심각하다. 이들은 어렸을 때부터 아들이라는 이유로 상대적으로 귀하게 자라다가 외지에 나가서 노동자의 생활을 하기를 견디기 어려워한다. 이런 아들은 부모의 짐으로 남는다. 만일 외지에서 노동하여 현금 벌이를 한 아들이라면 부모의 도움이 상대적으로 적지만, 이런 아들의 경우에는 부모가 새 집과 신부대를 모조리 마련해주어야 하기 때문이다. 마을에서 게으르고 무능력한 아들의 경우에는 소문이 자자하여 쉽게 혼인할 신붓감을 구하기가 어렵기 때문에 더 많은 신부대를 요구하거나 더 좋은 집을 원하기 마련이다. 결국 아들을 혼인시키는 데 성공한다고 하더라도 부모는 평생토록 아들의 혼인을 위해 빚진 돈을 갚기 위해 외지에서 일을 해야 하는 신세가 된다.

4. 남은 문제들

도시의 지식인들은 농촌 여성들을 무지하고 무능력한 계몽의 대상으로 바라보지만, 농촌의 여성들은 오히려 도시의 지식인에게 냉소적인 태도를 가지고 있다. 그들은 부모를 잘 만나서 좋은 환경에서 살아왔으며 자신의 이득이나 명예만을 위해서 일하고, 농촌의 삶에 대해서는 아무것도 모른다고 생각한다. 실제로 도시의 지식인들이 농촌에 대해서 하는 이야기를 들어보면 급변하는 농촌의 상황에 대해서 잘 알지 못한 채 여전히 낙후되고 배우려고 하지 않는 농민들의 자세만을 반복하는 경우가 많다.

사실 농촌의 주민들은 낙후되고 싶어서 낙후한 상태로 머물러 있는 것은 아니다. 그들은 해가 뜨기 전부터 일어나서 밥을 하고 밭을 돌보며 동물들을 키워낸다. 농사일을 다른 사람에게 맡기고 장에 나서서 물건을 파는 사람들은 마찬가지로 어두컴컴한 새벽부터 물건을 오토바이나 자전거에 싣고 오일장에 나간다. 그나마 아주 어린 아이를 키우는 여성들이 조금 한가한 편이다. 갓난아기를 키우는 여성들은 갓난아기를 돌본다는 이유로 다른 농사일에서 면제되며, 아이를 키우기 위해 음식을 만들거나 집안일을 돕는 것만 해도 용인된다. 이처럼 농촌 여성들은 부지런하게 삶을 살고 있지만, 어째서 계속 도시보다 낙후한 삶을 살 수밖에 없는 것일까? 도시의 지식인들은 이들이 적극적으로 배우려 하지 않는다고 말하지만 농촌에서 배울 수 있는 기회란 매우 한정적이다. 마을에는 소학교가 있을 뿐이고, 도시에는 평생 교육과 같은 기회들이 널려 있는 반면 농촌에는 책 한 권을 읽을 수 있는 도서관조차도 마련되어 있지 않다. 초중학교나 고중학교를 가려고 해도 시내로 나가야만 하는 상황은 농촌 지역의 사람들을 문화적인 발전으로부터 소외시킨다. 어떻게 해야 농촌 주민들을 도시와 마찬가지로 지식과 문화의 측면에서 평등한 기회를 부여할 것인가는 커다란 과제가 아닐 수 없다.

갓난아기를 태우고 장에 나가는 여성들(2006년)

오늘날 농촌 사회의 또 한 가지 커다란 문제는 노인과 환자들에 대한 돌봄의 문제이다. 마오 시기의 집체 생활에서는 노인의 경우에는 마을 전체에서 돌보는 방식을 취해서 상대적으로 개별 가구의 부담이 덜했다. 그러나 오늘날 젊은 사람들은 대부분 바쁜 현금 벌이를 위해 뛰어다니고, 어린아이를 키우거나 집안일, 농사일을 중년 이상의 사람들에게 맡겨져 있지만, 그들이 더 늙거나 병든 다음에는 이들을 돌보아줄 사람이 없다. 자녀나 친척이 가까운 곳에 살고 있을 때는 그래도 식사와 같은 도움을 받지만 그렇지 못한 경우에는 극단적으로 마을 안에서 자녀들의 연락을 받지 못해 죽은 다음에 몇 주일이 지나서야 발견되기도 한다. 국가에서는 요양원을 설립하는 등 갈 곳 없는 노인들이 보호받을 수 있는 제도적인 장치를 마련하고 있지만 두 가지 문제가 여전히 남아 있다. 한 가지는 요양원이

제3부 몸에 각인된 삶: 가족과 문화

첸장촌에서 병든 친척 아주머니를 돌보는 중년 여성(2006년)

매우 훌륭한 시설을 가지고 있다고 하더라도 여전히 주민들은 마을 공동체가 아닌 외딴 기관에 머물며 여생을 보내는 것을 '버려진 것'으로 생각한다는 점이다. 이들은 부모의 세대가 그랬던 것처럼 마을 안에서 여생을 마감하기를 희망하고 있다. 또 한 가지는 요양원에 들어간다는 것이 곧 다른 가족으로부터 돌봄을 배제하는 방식으로 이분법적으로 이루어지고 있다는 점이다. 자녀들은 자신의 삶이 바빠서 더 이상 노인이 된 부모를 돌보는 일을 맡는 것에 부담을 느끼기 때문에 요양원에 들어가면 오히려 세대 간의 유대는 점차 끊어지는 경향을 보인다. 중국뿐 아니라 오늘날의 사회에서 점차 수명이 늘어나면서 고령의 노인들을 어떻게 돌보아야 하는가는 사회적으로 매우 중요한 의제로 나타난다. 도시의 고령 노인들은 농촌에서 온 여성들에 의해 돌봄이 이루어지고 있으며, 이제 돌봄은 현금 능력이 가능한 사람만이 할 수 있는 문제처럼 뒤바뀌고 있다. 반면 농촌 여성들의 가족들은 농촌에서 외로운 노년 생활을 보내고 병이 들어도 가까운 곳에 의료적 도움을 받을 수 없는 처지라서 막연하게 죽음을 기다리고 있기도 하다. 이러한 문제들을 어떻게 해결해나갈 것인가가 오늘날 중국 농촌 사회의 커다란 과제라고 할 수 있다.

참고문헌

기든스, 앤소니. 1996. 배은경·황정미 역.《현대사회의 현대사회의 성·사랑·에로티시즘: 친밀성의 구조변동》. 서울: 새물결.

김광억. 1986.〈조상숭배와 사회조직의 원리: 한국과 중국의 비교〉.《한국문화인류학》18: 109~128.

_____. 1993.〈현대중국의 민속부활과 사회주의 정신문명화 운동〉.《비교문화연구》1: 199~224.

_____. 2000.《혁명과 개혁 속의 중국 농민》. 서울: 집문당.

_____. 2010.〈현대 중국농민의 일상세계: 공간구조와 관시(關係)의 확장〉.《비교문화연구》16(1): 127~161.

_____. 2017.《중국인의 일상세계: 문화인류학적 해석》. 서울: 세창출판사.

김미란. 2006.〈중국 1953년 혼인자유 캠페인의 안과 밖: 관철방식과 냉전하 문화적 재구성〉.《한국여성학》22(3): 99~132.

_____. 2009.《현대 중국 여성의 삶을 찾아서: 국가, 젠더, 문화》. 서울: 소명출판.

_____. 2016.〈1980~90년대 중국의 '한 자녀 정책' 담론과 젠더〉.《중국어문논역총간》38: 92~123.

_____. 2020.〈중국 개혁개방기 80년대생(80後) 여성의 '욕망' 재현: 장소성과 젠더 관점을 중심으로〉.《중국학논총》68: 217~254.

김수진. 2008.〈전통의 창안과 여성의 국민화: 신사임당을 중심으로〉.《사회와 역사》80: 215~255.

김은실. 2001.《여성의 몸, 몸의 문화정치학》. 서울: 또 하나의 문화.

김은희. 2013.〈청말 이래 1930년대까지의 여성 상상: 현모양처론을 중심으로〉.《중국어문학》63: 135~160.

송유진. 2005. 〈중국 가족에서의 여성의 지위: 6개 도시와 농촌 지역을 중심으로〉. 《한국인구학》 28(1): 203~233.

신은영. 2001. 〈중국의 개혁개방정책과 도시여성의 지위〉. 《한국여성학》 17(1): 35~63.

_____. 2003. 〈한국과 중국의 농업정책과 여성의 지위〉. 《평화연구》 11(1): 115~145.

신은영 · 민귀식. 2015. 〈중국식 여성할당제의 적용: 농촌여성의 정치참여를 중심으로〉. 《중소연구》 39(2): 91~120.

왕후이. 2000. 〈세계화 속의 중국, 자기 변혁의 추구〉. 《당대비평》 10: 229~256.

울프, 마저리. 1991. 문옥표 역. 《지연된 혁명: 중국 사회주의하의 여성생활》. 서울: 한울.

이경아. 2006a. 〈중국 계획경제 시기 가부장제의 변형〉. 《국제지역연구》 10(3): 225~250.

_____. 2006b. 〈현대 중국사회 가부장제의 재구조화〉. 《중소연구》 30(3): 35~66.

이새롭. 2000. 〈중국 농촌 개혁정책과 농촌 여성의 결혼〉. 《이화여자대학교 아시아여성학센터 학술대회 자료집》. pp.1~19.

이숙인. 2008. 〈신사임당 담론의 계보학(1): 근대이전〉. 《진단학보》 106: 1~31.

이주영 · 이미영. 2014. 〈중국 경제성장과 도농 소득 격차 실증분석〉. 《현대중국연구》 16(1): 109~138.

이현정. 2010. 〈자살에 관한 문화적 학습 및 재생산의 경로: 중국 농촌 여성의 사례〉. 《비교문화연구》 16(2): 115~149.

_____. 2014. 〈잊혀진 혁명: 중국 개혁개방 시기 농촌 잔류여성(留守婦女)의 삶〉. 《한국여성학》 30(1): 1~33.

_____. 2017. 〈현대 중국 농촌의 시장개혁과 혼인관습의 변화: Jack Goody의 신부대 이론에 대한 비판적 고찰〉. 《한국문화인류학》 50(1): 93~131.

장경섭. 1995. 〈개혁사회주의의 성편향성: 개혁기 중국 농촌여성의 사회경제적 지위변화〉.《여성학논집》12 : 289~315.

장수현. 1999. 〈개혁 개방 이후 중국의 국가-농민 관계〉.《아시아태평양지역연구》2(1) : 73~88.

전성흥. 1997. 〈중국의 개혁과 농민: 농업의 사영화, 농촌의 공업화, 그리고 농민의 계층 분화〉.《신아세아》4(1) : 113~141.

정종호. 2000. 〈중국의 유동인구와 국가-사회 관계의 변화: 북경 절강촌을 중심으로〉.《비교문화연구》6(2) : 127~170.

조수성. 1997. 〈90년대 중국 여성의 지위 변화에 관한 연구〉.《중국연구》20 : 21~40.

최지영. 2006. 〈개혁개방 이후 탈농업화 속의 중국 농촌 여성 문제에 대한 젠더적 고찰〉.《현대중국연구》8(1) : 7~41.

페이샤오퉁. 2011[1948]. 장영석 역.《향토중국: 중국 사회문화의 원형》. 서울: 비봉출판사.

프리드만, 모리스. 2010. 양영균 역.《중국 동남부의 종족조직》. 서울: 지식을만드는지식.

한남제. 1998. 〈중국 가족제도의 변화〉.《사회과학》1 0 : 113~130.

한지아링. 2002. 〈중국 여성 발전상에서의 국가의 역할〉. 한국여성연구원 편.《동아시아의 근대성과 성의 정치학》. 서울: 푸른사상. pp.79~109.

홍양희. 2010. 〈식민지시기 '현모양처'론과 '모더니티' 문제〉.《사학연구》99 : 299~338.

_____. 2016. 〈'현모양처'의 상징, 신사임당: 식민지시기 신사임당의 재현과 젠더 정치학〉.《사학연구》122 : 155~190.

盛飛. 2011. 〈城鄉婚禮饋贈現象比較分析: 以浙江省F市與S村爲例〉. 浙江大學碩士學位論文.

高金鋒. 2006. 〈當代社會與互惠'雙贏原則下的買賣婚俗: 試析正寧婚俗中的'彩禮'問題〉.《隴東學院學報: 社會科學版》3(4) : 78~81.

高小贤. 1994.〈当代中国农村劳动力转移及农业女性化趋势〉.《社会学研究》2: 83~90.

江立華・熊鳳水. 2007.〈農民生育中的生男偏好：價值合理性行動〉.《江淮論壇》6: 96~100.

康芳民. 2008.〈构建和谐农村的根本-对留守妇女问题的思考〉.《新西部》2: 27~28.

金一虹. 2010.〈流動的父權：流動農民家庭的變遷〉.《中國社會科學》4: 151~223.

河北省人民政府辦公廳. 2007.《河北經濟年鑒》.中國統計出版社.

栗志強. 2012.〈農村南方婚姻支付：性別比失衡背景下的農民婚姻策略〉.上海大學博士學位論文.

孟宪范. 1993.〈农村劳动力转移中的中国农村妇女〉.《社会科学战线》4: 23~25.

莫麗霞. 2005.《出生人口性別比升高的後果研究》.北京：中國人口出版社.

孫淑敏. 2005.《農民的擇偶形態：對西北趙村的實證研究》.北京：中國社會科學文獻出版社.

王沙沙. 2011.〈農村南方婚姻支付：性別比失衡背景下的農民婚姻策略不的個案研究〉.東北師範大學 碩士學位論文.

吳旭. 2008.〈关于中国农村留守妇女现状问题的综述〉.《法制与社会》1: 234.

嶽琳鑫. 2013.〈中國鄉村彩禮現象研究〉.華東理工大學碩士學位論文.

周福林. 2006.《我国留守家庭研究》.北京：中国农业大学出版社.

ACWF. 1993. *The Impact of Economic Development on Rural Women in China: A Report of the United Nations University Household, Gender, and Age Project.* Tokyo: United Nations University.

Anagnost, Ann. 1989. "Transformations of Gender in Modern China". In *Gender and Anthropology: Critical Reviews for Research and Teaching.* Sandra Morgen(ed.). Washington D.C.: American Anthropological Association.

pp.313~342.

Anderson, James G. 1992. "Health Care in the People's Republic of China: A Blend of Traditional and Modern". *Central Issues in Anthropology* 10(1): 67~75.

Appleton, Simon, John Knight, Lina Song, Qingjie Xia. 2002. "Labor Retrenchment in China: Determinants and Consequences". *China Economic Review* 13: 252~275.

Balibar Etienne. 1994. Subjection and Subjectivation. In *Supposing the Subject*. J. Copjec(ed.). London: Verson. pp.1~15.

Barlow, Tani E. 1994. "Politics and Protocols of Funü: (Un)Making National Woman". In *Engendering China: Women, Culture, and The State*. Gilmartin and Hershatter et al.(eds.). Cambridge: Harvard University Press.

Barlow, Tani E. ed. 1993. *Gender Politics in Modern China: Writing and Feminism*. Durham: Duke University Press.

Bell, Duran. 2008. "Marriage Payments: A Fundamental Reconsideration". *Structure and Dynamics* 3(1): Article 1.

Biao, Xiang. 2007. "How far are the left-behind left behind? A preliminary study in rural China". *Population Space and Place* 13(3): 179~191.

Biehl, João, Byron Good, and Arthur Kleinman. 2007. *Subjectivity: Ethnographic Investigations*. Berkeley: University of California Press.

Blake, C. Fred. 1979. "Love Songs and the Great Leap: The Role of a Youth Culture in the Revolutionary Phase of China's Economic Development". *American Ethnologist* 6(1): 41~54.

Bourdieu, Pierre. 1976. "Marriage Strategies as Strategies of Social Reproduction". In *Family and Society: Selections from the Annales*. Robert Foster and Orest Ranum(eds.). Baltimore: Johns Hopkins University

Press. pp.117~144.

_____. 1977. *Outline of a Theory of Practice*. Cambridge: Cambridge University Press.

_____. 1984. *Distinction: A Social Critique of the Judgement of Taste*. Cambridge: Harvard University Press.

_____. 1990. *The Logic of Practice*. Stanford: Stanford University Press.

Brownell, Susan, and Jeffrey N. Wasserstrom, eds. 2002. *Chinese Femininities/Chinese Masculinities*. Berkeley: University of California Press.

Butler, Judith. 1993. *Bodies That Matter: On the Discourse Limits of "Sex"*. New York: Routledge.

Canetto, Sara Silvia, and David Lester, eds. 1995. *Women and Suicidal Behavior*. New York: Springer.

Canetto, Silvia Sara, and Issac Sakinofsky. 1998. "The Gender Paradox in Suicide". *Suicide and Life-Threatening Behavior* 28(1): 1~23.

Cartier, Carolyn, and Jessica Rothenberg-Aalami. 1999. "Empowering the 'Victim'?: Gender, Development, and Women in China under Reform". *Journal of Geography* 98: 283~294.

CDC (Center for Disease Control and Prevention). 2004. "Morbidity and Mortality Weekly Report" 53(22): 481~484.

Chan, Anita, Richard Madsen, and Jonathan Unger. 1992. *Chen Village under Mao and Deng*. Berkeley: University of California Press.

Cho, Mun Young. 2013. *The Specter of "the People": Urban Poverty in Northeast China*. Ithaca: Cornell University Press.

Cohen, Myron L. 1991. "Being Chinese: The Peripheralization of Traditional Identity". *Daedalus* 120(2): 113~134.

_____. 1993. "Cultural and Political Inventions in Modern China: The Case of the Chinese 'Peasant'". *Daedalus* 122(2): 151~170.

Croll, Elizabeth. 1978. *Feminism and Socialism in China*. London: Routledge & Kegan Paul.

_____. 1981. *The Politics of Marriage in Contemporary China*. Cambridge: Cambridge University Press.

_____. 1983. *Chinese Women since Mao*. New York: Zen Books.

_____. 1995. *Changing Identities of Chinese Women*. Atlantic Highlands: Zed Books.

Csordas, Thomas J. 1990. "Embodiment as a Paradigm for Anthropology". *Ethos* 18(1): 5~47.

_____. 2002. *Body/Meaning/Healing*. New York: Palgrave McMillan.

Dalsimer, Marlyn and Laurie Nisonoff. 1987. "The Implications of the New Agricultural and One-Child Policies for Rural Chinese Women". *Feminist Studies* 13: 583~607.

Dalton, George. 1966. "'Bridewealth' vs 'Brideprice'". *American Anthropologist* 68(3): 732~738.

Das, Veena, Arthur Kleinman, Mamphela Ramphele, and Pamela Reynolds, eds. 1997. *Violence and Subjectivity*. Berkeley: University of California Press.

Davin, Delia. 1976. *Woman-Work: Women and the Party in Revolutionary China*. Oxford: Oxford University Press.

_____. 1985. "The Single-Child Family Policy in the Countryside". In *China's One-Child Family Policy*. Elisabeth Croll, Delia Davin, and Penny Kane(eds.). London: The Macmillan Press.

_____. 1988. "The Implications of Contract Agriculture for the Employment and Status of Chinese Peasant Women". In *Transforming China's Economy in the Eighties: The Rural Sector, Welfare and Employment*. Stephen Feuchtwang (ed.). Boulder: Westview Press. pp. 137~146.

Diamant, Neil J. 2000. "Re-Examining the Impact of the 1950 Marriage Law: State Improvisation, Local Initiative and Rural Family Change". *The China Quarterly* 161: 171~198.

Diamond, Norma. 1975. *Collectivization, Kinship, and the Status of Women in Rural China. In Toward an Anthropology of Women*. Rayna R. Reiter(ed.). New York: Monthly Review Press. pp.372~395.

Douglas, Mary. 1966. *Purity and Danger: An Analysis of Concepts of Pollution and Taboo*. London: Routledge Classics.

Douglas, Jack D. 1970. *The Social Meanings of Suicide*. Princeton: Princeton University Press.

Du, Shanshan. 2002. *Chopsticks Only Work in Pairs: Gender Unity and Gender Equality among the Lahu of Southwest China*. New York: Columbia University Press.

Duara, Prasenjit. 1988. *Culture, Power, and the State: Rural North China, 1900~1942*. Stanford: Stanford University Press.

Durkheim, Emile. 1979[1897]. *Suicide: A Study in Sociology*. New York: The Free Press.

Ebrey, Patricia Buckley. 1993. *The Inner Quarters: Marriage and Lives of Chinese Women in the Sung Period*. Berkeley: University of California Press.

Engel, John W. 1984. "Marriage in the People's Republic of China: Analysis of a New Law". *Journal of Marriage and Family* 46: 955~961.

Evans, Harriet. 1997. *Women and Sexuality in China: Female Sexuality and Gender since 1949*. New York: Continuum.

_____. 2002. "Past, Perfect or Imperfect: Changing Images of the Ideal Wife". In *Chinese Femininities/Chinese Masculinities*. Susan Brownell and Jeffrey N. Wasserstrom(eds.). Berkeley: University of California Press.

Evans-Pritchard, E. E. 1946. "Nuer Bridewealth". *Africa* 16(4): 247~257.

_____. 1951. *Kinship and Marriage among the Nuer*. Oxford: Oxford University Press.

Farmer, Paul. 1997. "On Suffering and Structural Violence: A View from Below". In *Social Suffering*. Arthur Kleinman, Veena Das, and Margaret Lock(eds.). Berkeley: University of California Press. pp.261~283.

Farquhar, Judith. 2002. *Appetites: Food and Sex in Postsocialist China*. Durham: Duke University Press.

Farrer, James. 2002. *Opening Up: Youth Sex Culture and Market Reform in Shanghai*. Chicago: University of Chicago Press.

Farrer, James, and Sun Zhongxin. 2003. "Extramarital Love in Shanghai". *The China Journal* 50: 1~36.

Fewsmith, Joseph. 2001. "The Political and Social Implications of China's Accession to the WTO". *The China Quarterly* 167: 573~591.

Firth, Raymond. 2000[1967]. "Suicide and Risk-taking in Tikopia Society". In *Cultural Psychiatry and Medical Anthropology*. Roland Littlewood and Simon Dein (eds.). London: The Athlone Press. pp. 314~338.

Foucault, Michel. 1980. "Body/Power". In *Power/Knowledge: Selected Interviews and Other Writings 1972~1977*. Colin Gordon(ed.). New York: Pantheon. pp.109~133.

_____. 1982. "The Subject and Power". In *Michel Foucault: Beyond Structuralism and Hermeneutics*. H. Dreyfus and P. Rabinow(eds.). Chicago: University of Chicago. pp.208~226.

_____. 1990[1978]. *The History of Sexuality: An Introduction*, Vol 1. New York: Vintage.

_____. 1991. "Govermentality". In *The Foucault Effect: Studies in Governmentality*. Graham Burcheell, Colin Gordon, and Peter *Miller(eds.)*.

Chicago: University of Chicago Press. pp.87~104.

Friedman, Edward, Paul G. Pickowicz, and Mark Seldon. 1991. *Chinese Village, Socialist State*. New Haven: Yale University Press.

Friedman, Sara L. 2006. *The Intimacy of State Power: Marriage, the Market, and State Power in Southeastern China*. Cambridge: Harvard University Press.

Gaetano, Arianne M., and Tamara Jacka, eds. 2004. *On the Move: Women and Rural-to-Urban Migration in Contemporary China*. New York: Columbia University Press.

Geertz, Clifford. 1973. *The Interpretation of Cultures*. New York: Basic Books.

_____. 1983. *Local Knowledge: Further Essays in Interpretive Anthropology*. New York: Basic Books.

Gilmartin, Christina K., Gail Hershatter, Lisa Rofel, and Tyrene White, eds. 1994. *Engendering China: Women, Culture, and the State*. Cambridge: Harvard University Press.

Gottschang, Suzanne Z. 2001. "The Consuming Mother: Infant Feeding and the Feminine Body in Urban China". In *China Urban*. Nancy N. Chen and Constance D. Clark et.al.(eds.). Durham: Duke University Press. pp.89~103.

Gold, Thomas B. 1993. "Go with Your Feelings: Hong Kong and Taiwan Popular Culture in Greater China". *China Quarterly* 136: 907~925.

Goode, William J. 1959. "The Theoretical Importance of Love". *American Ethnologist* 29(4): 963~980.

Goody, Jack. 1973. "Bridewealth and Dowry in Africa and Eurasia". In *Bridewealth and Dowry*. Jack Goody and S. J. Tambiah. Cambridge: Cambridge University Press. pp.1~58.

Goody, Jack and S. J. Tambiah. 1973. *Bridewealth and Dowry*. Cambridge:

University Press.

Gray, Robert F. 1960. "Sonjo Bride-price and the Question of African 'Wife Purchase'". *American Anthropologist* 62(1): 34~57.

Greenhalgh, Susan. 2003. "Planned Births, Unplanned Persons: 'Population' in the Making of Chinese Modernity". *American Ethnologist* 30(2): 196~215.

_____. 2005. "Globalization and Population Governance in China". In *Global Assemblages: Technology, Politics, and Ethics as Anthropological Problems*. Aihwa Ong and Stephen J. Collier(eds.). Malden: Blackwell. pp.354~372.

Grosz, Elisabeth A. 1994. *Volatile Bodies: Toward a Corporeal Feminism*. Bloomington: Indiana University Press.

Han, Xiaorong. 2005. *Chinese Discourses on the Peasant, 1900-1949*. Albany: State University of New York Press.

Harrell. Steven. 2001. "The Anthropology of Reform and the Reform of Anthropology: Anthropological Narratives of Recovery and Progress in China". *Annual Review of Anthropology* 30: 139~161.

He, Zhao Xiong, and David Lester. 1997. "The Gender Difference in Chinese Suicide Rates". *Archives of Suicide Research* 3: 81~89.

Hershatter, Gail. 2011. *The Gender of Memory : Rural Women and China's Collective Past*. Berkeley: University of California Press.

Hesketh, Terese, Li Lu, and Zhu Wei Xing. 2005. "The Effect of China's One-Child Family Policy after 25 Years". *The New England Journal of Medicine* 353: 1171~1176.

Honig, Emily. 2003. "Socialist Sex: The Cultural Revolution Revisited". *Modern China* 29(2): 143~175.

Hobsbawm, Eric and Ranger Terence, eds. 1983. *The Invention of Tradition*.

Cambridge: Cambridge University Press.

Honig, Emily, and Gail Hershatter. 1988. *Personal Voices: Chinese Women in the 1980s.* Stanford: Stanford University Press.

Howell, Jude. 1996. "The Struggle for Survival: Prospects for the Women's Federation in Post-Mao China". *World Development* 24(1): 129~143.

_____. 1997. "NGO-State Relations in Post-Mao China". In *NGOs, States, and Donors: Too Close for Comfort?* David Hulme and Michael Edwards(eds.). New York: St. Martin's Press. pp.202~215.

Hsieh, Andrew C. K., and Jonathan D. Spence. 1981. "Suicide and the Family in Pre-modern Chinese Society". In *Normal and Abnormal Behavior in Chinese Culture.* Arthur Kleinman and Tsung-Yi Lin(eds.). Dordrecht, Holland: D. Reidel Publishing. pp.29~47.

Huang, Shu-min. 1989. *The Spiral Road: Changing in a Chinese Village through the Eyes of a Communist Party Leader.* Boulder: Westview Press.

Hyde, Sandra Teresa. 2001. "Sex Tourism Practices on the Periphery: Eroticizing Ethnicity and Pathologizing Sex on the Lancang". In *China Urban.* Nancy N. Chen and Constance D. Clark et.al.(eds.). Durham: Duke University Press. pp.143~164.

Jacka, Tamara. 1997. *Women's Work in Rural China: Change and Continuity in an Era of Reform.* Cambridge: Cambridge University Press.

_____. 2005. *Rural Women in Urban China: Gender, Migration, and Social Change.* New York: M. E. Sharpe.

_____. 2012. "Migration, Householding and the Well-being of Left-behind Women in Rural Ningxia". *The China Journal* 67: 1~22.

Jankowiak, William. 1993. *Sex, Death, and Hierarchy in a Chinese City: An Anthropological Account.* New York: Columbia University Press.

Jankowiak, William, ed. 1995. *Romantic Passion: A Universal Experience?* New

York: Columbia University Press.

_____. 2008. *Intimacies: Love and Sex across Cultures*. New York: Columbia University Press.

Jaschok, Maria and Suzanne Miers. 1994. *Women and Chinese Patriarchy: Submission, Servitude and Escape*. Hong Kong: Hong Kong University Press.

Jeffreys, M. D. W. 1952. "Samsonic Suicide or Suicide of Revenge among Africans". *African Studies* 11(3): 118~122.

Ji, Jianlin. 2000. "Suicide Rates and Mental Health Services in Modern China". *Crisis* 21(3): 118~121.

Ji, Jianlin, Arthur Kleinman, and Anne E. Becker. 2001. "Suicide in Contemporary China: A Review of China's Distinctive Suicide Demographics in Their Sociocultural Context". *Harvard Review of Psychiatry* 9(1): 1~12.

Jiang, Quanbao and Jesus J. Sánchez-Barricarte. 2012. "Bride Price in China: The Obstacle to 'Bare Braches' Seeking Marriage". *The History of the Family* 11(1): 2~15.

Jinhua, Dai. 1999. Rewriting Chinese Women: Gender Production and Cultural Sphere in the Eighties and Nineties. In *Spaces of Their Own*. Mayfair Mei-Hui Yang(ed.). Minneapolis: University of Minnesota Press. pp.191~206.

Johnson, Kay Ann. 1983. *Women, the Family and Peasant Revolution in China*. Chicago: The University of Chicago Press.

Judd, Ellen R. 1989. "'Niangjia': Chinese Women and Their Natal Families". *Journal of Asian Studies* 48(3): 524~544.

_____. 1994. *Gender and Power in Rural North China*. Stanford: Stanford University Press.

_____. 2002. *The Chinese Women's Movement between State and Market*. Stanford: Stanford University.

Khan, Azizur Rahman, and Carl Riskin. 2001. *Inequality and Poverty in China: In the Age of Globalization*. Oxford: Oxford University Press.

Kipnis, Andrew. 2001. "The Disturbing Educational Discipline of 'Peasants'". *The China Journal* 46: 1~24.

_____. 2011. *Governing Educational Desire: Culture, Politics, and Schooling in China*. Chicago: University of Chicago Press.

Kleinman, Arthur. 1980. *Patients and Healers in the Context of Culture: An Exploration of the Borderland between Anthropology, Medicine, and Psychiatry*. Berkeley: University of California Press.

_____. 1982. "Neurasthenia and Depression: A Study of Somatization and Culture in China". *Culture, Medicine and Psychiatry* 6: 117~190.

_____. 1986. *Social Origins of Distress and Disease: Depression, Neurasthenia, and Pain in Modern China*. New Haven: Yale University Press.

Kleinman, Arthur, and Byron Good, eds. 1985. *Culture and Depression: Studies in the Anthropology and Cross-Cultural Psychiatry of Affect and Disorder*. Berkeley: University of California Press.

Kleinman, Arthur, and Joan Kleinman. 1994. "How Bodies Remember: Social Memory and Bodily Experience of Criticism, Resistance, and Delegitimation following China's Cultural Revolution". *New Literary History* 25(3): 707~723.

_____. 1999a. "Introduction to the Transformation of Social Experience in Chinese Society: Anthropological, Psychiatric and Social Medicine Perspectives". *Culture, Medicine and Psychiatry* 23: 1~6.

_____. 1999b. "The Transformation of Everyday Social Experience: What a Mental and Social Health Perspective Reveal about Chinese

Communities under Global and Local Change". *Culture, Medicine, and Psychiatry* 23: 7~24.

Kleinman, Arthur, and Tsung-Yi Lin, eds. 1981. *Normal and Abnormal Behavior in Chinese Culture*. Dordrecht, Holland: D. Reidel Publishing.

Kleinman, Arthur, Veena Das, and Margaret Lock, eds. 1997. *Social Suffering*. Berkeley: University of California Press.

Kuo, C. L., and K. H. Kavanagh. 1994. "Chinese Perspectives on Culture and Mental Health". *Issues in Mental Health Nursing* 15(6): 551~567.

Lai, Ming-Yan. 2000. "Telling Love: The Feminist Import of a Woman's Negotiation of the Personal and the Public in Socialist China". *NWSA Journal* 23(2): 24~51.

Lan, Hua R., and Vanessa L. Fong eds. 1999. *Women in Republican China: A Sourcebook*. Armonk: M.E.Sharpe.

Lee, Ching Kwan. 1998. *Gender and the South China Miracle: Two Worlds of Factory Women*. Berkeley: University of California Press.

_____. 2000. "The 'Revenge of History': Collective Memories ad Labor Protests in North-Eastern China". *Ethnography* 2: 217~237.

Lee, Hyeon Jung. 2009. "States of Suffering: Female Suicide, Subjectivity, and State Power in Rural North China". Ph.D. Dissertation in the Department of Anthropology at Washington University in St. Louis.

_____. 2012. "Modernization and Women's Fatalistic Suicide in Post-Mao Rural China". In *Chinese Modernity and the Individual Psyche*. Andrew B. Kipnis ed. New York: Palgave Macmillan.

_____. 2014. "Fearless Love, Death for Dignity: Female Suicide and Gendered Subjectivity in Rural North China". *The China Journal* 71(1): 25~42.

Lee, Sing, and Arthur Kleinman. 2000. "Suicide as Resistance in Chinese

Society". In *Chinese Society: Change, Conflict, and Resistance*. Elizabeth J. Perry and Mark Selden (eds.). New York: Routledge. pp.221~240.

_____. 2002. "Psychiatry in Its Political and Professional Contexts: A Response to Robin Munro". *The Journal of the American Academy of Psychiatry and Law* 30: 120~125.

Lester, David. 1987. *Suicide as a Learned Behavior*. Springfield: Charles C. Thomas.

_____. 1990. "Suicide in Mainland China by Sex, Urban/Rural Location, and Age". *Perceptual and Motor Skills* 71: 1090.

_____. 2005. "Suicide and the Chinese Cultural Revolution". *Archives of Suicide Research* 9(1): 99~104.

Lester, Rebecca. 2005. *Jesus in Our Wombs: Embodying Modernity in a Mexican Convent*. Berkeley: University of California Press.

Leung, Joe C. B. 2000. "The Social Costs of Moving toward a Market Economy in China". In *The Cost of Reform: The Social Aspect of Transnational Economies*. John F. Jones and Asfaw Kumssa (eds.). New York: Nova Science Publishers. pp.193~210.

Lieb, Roselind, Thomas Bronisch, Michael Höfler, Andrea Schreier, and Hans-Ulrich Wittchen. 2005. "Maternal Suicidality and Risk of Suicidality in Offspring: Findings From a Community Study". *American Journal of Psychiatry* 162(9): 1665~1671.

Link, Perry, Richard P. Madsen, and Paul G. Pickowicz, eds. 2002. *Popular China: Unofficial Culture in a Globalizing Society*. Lanham: Rowman & Littlefield Publishers.

Lipman, Jonathan N., and Stevan Harrell. 1990. *Violence in China: Essays in Culture and Counterculture*. Albany: State University of New York Press.

Liu, Fei-Wen. 2001. "The Confrontation between Fidelity and Fertility:

Nüshu, Nüge, and Peasant Women's Conceptions of Widowhood in Jiangyong County, Hunan Province, China". *The Journal of Asian Studies* 60(4): 1051~1084.

_____. 2004. "From Being to Becoming: Nüshu and Sentiments in a Chinese Rural Community". *American Ethnologist* 31(3): 422~439.

Lu, Xiaobo. 1997. "The Politics of Peasant Burden in Reform China". *The Journal of Peasant Studies* 25(1): 113~138.

Malinowski, Bronislaw. 1966[1926]. *Crime and Custom in Savage Society*. Paterson: Littlefield, Adams & Co.

Mao, Zedong. 1999[1919]. "Concerning the Incident of Miss Zhao's Suicide". In *Women in Republican China: A Sourcebook*. Hua R. Lan and Vanessa L. Fong(eds.). Armonk: M. E. Sharpe. pp. 80~83.

_____. 1986. *The Writings of Mao Zedong, 1949~1976*, Vol. 1. White Plains: M. E. Sharpe.

Maris, Ronald W., Alan L. Berman, and Morton M. Silverman. 2000. *Comprehensive Textbook of Suicidology*. New York: The Guilford Press.

Martin, Emily Ahern. 1973. *The Cult of the Dead in a Chinese Village*. Stanford: Stanford University Press.

_____. 1987. *The Woman in the Body: A Cultural Analysis of Reproduction*. Boston: Beacon Press.

Meng, Liu. 2002. "Rebellion and Revenge: The Meaning of Suicide of Women in Rural China". *International Social Welfare* 11: 300~309.

Merleau-Ponty, Maurice. 1962. *Phenomenology of Perception*. New York: Humanities Press.

MLPRC. 1959[1950]. *The Marriage Law of The People's Republic of China*. Peking: Foreign Language Press.

MMR. 2004. "Suicide and Attempted Suicide—China, 1990~2002".

Morbidity and Mortality Weekly Report 53(22): 481~484.

Mok, Ka Ho. 2005. "Riding over Socialism and Global Capitalism: Changing Education Governance and Social Policy Paradigms in Post-Mao China". *Comparative Education* 41(2): 217~242.

Ogbu, John U. 1978. "African Bridewealth and Women's Status". *American Ethnologist* 5(2): 241~262.

Ortner, Sherry. 1995. "Resistance and the Problem of Ethnographic Refusal". *Comparative Studies in Society and History* 37(1): 173~193.

_____. 2006. *Anthropology and Social Theory: Culture, Power, and the Acting Subject*. Durham: Duke University Press.

Pan, Suiming M. A. 1993. "A Sex Revolution in Current China". *Journal of Psychology and Sexuality* 6(2): 1~14.

Parish, William L., and Martin Whyte. 1978. *Village and Family in Contemporary China*. Chicago: University of Chicago Press.

Parish, William L., Tianfu Wang, Edward O. Laumann, Suiming Pan, and Ye Luo. 2004. "Intimate Partner Violence in China: National Prevalence, Risk Factors and Associated Health Problems". *International Family Planning Perspectives* 30(4): 172~181.

Pearson, Veronica. 1995a. *Mental Health Care in China: State Policies, Professional Services and Family Responsibilities*. London: Gaskell.

_____. 1995b. "Goods on Which One Loses: Women and Mental Health in China". *Social Science & Medicine* 41(8): 1159~1173.

Pearson, Veronica, and Dezhen Jin. 1992. "The View from Below: The Experience of Psychiatric Service Consumers in China". *Asia Pacific Journal of Social Work* 2(1): 45~55.

Pearson, Veronica and Liu Meng. 2002. "Ling's Death: An Ethnography of a Chinese Woman's Suicide". *Suicide and Life-Threatening Behavior* 32(4):

347~358.

Pearson, Veronica, Michael R. Phillips, Fengsheng He, amd Huiyu Ji. 2002. "Attempted Suicide among Young Rural Women in the People's Republic of China: Possibilities for Prevention". *Suicide and Life-Threatening Behavior* 32(4): 359~369.

Perry, Elizabeth J. 1985. "Rural Violence in Socialist China". *The China Quarterly* 103: 414~440.

_____. 2002. *Challenging the Mandate of Heaven: Social Protest and State Power in China*. Armonk: M. E. Sharpe.

Perry, Elizabeth J., and Mark Selden. 2000. *Chinese Society: Change, Conflict, and Resistance*. New York: Routledge.

Phillips, Michael R., Gonghuan Yang, Yanping Zhang, Lijun Wang, Huiyu Ji, and Maigeng Zhou. 2002. "Risk Factors for Suicide in China: A National Case-Control Psychological Autopsy Study". *The Lancet* 360: 1728~1736.

Phillips, Michael R., Huaqing Liu, and Yanping Zhang. 1999. "Suicide and Social Change in China". *Culture, Medicine and Psychiatry* 23: 25~50.

Phillips, Michael R., Xianyun Li, and Yanping Zhang. 2002. "Suicide Rates in China, 1995~99". *The Lancet* 359: 835~840.

Pickowicz, Paul G., and Liping Wang. 2002. "Village Voice, Urban Activists: Women, Violence, and Gender Inequity in Rural China". In *Popular China: Unofficial Culture in a Globalizing Society*. Perry Link, Richard P. Madsen, and Paul G. Pickowicz(eds.). Lanham: Rowman & Littlefield Publishers. pp.57~87.

Platte, Erika. 1988. "Divorce Trends and Patterns in China: Past and Present". *Pacific Affairs* 61(3): 428~445.

Pritchard, C. 1996. "Suicide in the People's Republic of China Categorized

by Age and Gender: Evidence of the Influence of Culture on Suicide".
Acta Psychiatrica Scandinavica 93: 362~367.

Pun, Ngai. 1999. "Becoming Dagongmei (Working Girls): The Politics of
Identity and Difference in Reform China". *The China Journal* 42: 1~18.

_____. 2004. "Engendering Chinese Modernity: The Sexual Politics of
Dagongmei in a Dormitory Labour Regime". *Asian Studies Review* 28(2):
151~165.

Qin, Ping and Preben Bo Mortensen. 2001. "Specific Characteristics of
Suicide in China". *Acta Psychiatrica Scandinavica* 103: 117~121.

Ravallion, Martin, and Shaohua Chen. 2007. "China's (Uneven) Progress
against Poverty". *Journal of Development Economics* 82(1): 1~42.

Reddy, Sanjay G. 2008. "Death in China: Market Reforms and Health".
International Journal of Health Services 38(1): 125~141.

Rofel, Lisa. 1994. "'Yearnings': Televisual Love and Melodramatic Politics
in Contemporary China". *American Ethnologist* 21(4): 700~722.

_____. 1999. *Other Modernities: Gendered Yearnings in China after Socialism*.
Berkeley: University of California Press.

Ropp, Paul S. 2001. "Passionate Women: Female Suicide in Late Imperial
China—Introduction". *Nannü* 3(1): 3~21.

Rosaldo, Michelle Zimbalist. 1984. "Toward an Anthropology of Self and
Feeling". In *Culture Theory: Essays and Mind, Self, and Emotion*. Richard
A. Schweder and Robert. A. LeVine(eds.). Cambridge: Cambridge
University Press. pp.137~157.

Rosaldo, Michelle Zimbalist, and Louise Lamphere, eds. 1974. *Woman,
Culture, and Society*. Stanford: Stanford University Press.

Singer, Alice. 1973. "Marriage Payments and the Exchange of People".
Man(New Series) 8(1): 80~92.

Siu, Helen F. 1990. "Where Were the Women?: Rethinking Marriage Resistance and Regional Culture in South China". *Late Imperial China* 11(2): 32~62.

_____. 1993. "The Reconstitution of Brideprice and Dowry in South China". In *Chinese Families in Post-Mao China*. Deborah Davis and Steven Harrell(eds.). Berkeley: University of California Press. pp.165~188.

Smith, Christopher J. 1998. "Modernization and Health Care in Contemporary China". *Health & Place* 4(2): 125~139.

So, Alvin Y. 2007. "Peasant Conflict and the Local Predatory State in the Chinese Countryside". *Journal of Peasant Studies* 34(3-4): 560~581.

Solinger, Dorothy J. 2002. "Labour Market Reform and the Plight of the Laid-off Proletariat". *The China Quarterly* 170: 304~326.

Spence, Jonathan. 1978. *The Death of Woman Wang*. New York: Penguin Books.

Spivak, Gayatri Chakravorty. 1988. "Can the Subaltern Speak?". In *Marxism and the Interpretations of Cultures*. C. Nelson and L. Grossberg(eds.). Urbana-Champaign: University of Illinois Press. pp.271~316.

Stacey, Judith. 1983. *Patriarchy and Socialist Revolution in China*. Berkeley: University of California Press.

Stockard, Janice E. 1989. *Daughters of the Canton Delta: Marriage Patterns and Economic Strategies in South China, 1860~1930*. Stanford: Stanford University Press.

Sun, Wannning. 2011. "Maid as Metaphor: Dagongmei and a New Pathway to Chinese Transnational Capital". In *Circuits of Visibility*. Radha S. Hedge(ed.). New York: New York University Press.

Tao, Julia, and Chan Ho-mun. 2000. "The Chinese Family and Chinese Women in Transitional Economy". In *The Cost of Reform: The Social Aspect of Transnational Economies*. John F. Jones and Asfaw Kumssa(eds.). New York: Nova Science Publishers. pp.211~228.

Theiss, Janet M. 2001. "Managing Martyrdom: Female Suicide and Statecraft in Ming-Qing China". In *Passionate Women: Female Suicide in Late Imperial China*. Paul S. Ropp, Paola Zamperini, and Harriet T. Zurndorfer(eds.). Leiden: E. J. Brill. pp.47~76.

_____. 2004. *Disgraceful Matters: The Politics of Chastity in Eighteenth-Century China*. Berkeley: University of California Press.

Tsang, Mun C. 2000. "Education and National Development in China since 1949: Oscillating Policies and Enduring Dilemmas". *The China Review*(2000): 578~618.

Tsing, Anna Lowenhaupt and Silvia Junko Yanagisako. 1983. "Feminism and Kinship Theory". *Current Anthropology* 24(4): 511~516.

Tu, Wei-Ming. 1996. "Destructive Will and Ideological Holocaust: Maoism as a Source of Social Suffering in China". In *Social Suffering*. Arthur Kleinman, Veena Das, and Margaret Lock(eds.). Berkeley: University of California Press. pp.149~179.

Unger, Jonathan. 2002. *The Transformation of Rural China*. Armonk: M. E. Sharpe.

Watson, James L. 1985. "Standardizing the Gods: The Promotion of T'ien Hou (Empress of Heaven) along the South China Coast, 960~1960". In *Popular Culture in Late Imperial China*. David Jonathan, Andrew J. Nathan, and Evelyn S. Rawski(eds.). Berkeley: University of California Press. pp.292~324.

Watson, Rubie S., and Patricia Buckley Ebrey, eds. 1991. *Marriage and Inequality in Chinese Society*. Berkeley: University of California Press.

Wesoky, Sharon R. 2001. *Chinese Feminism Faces Globalization*. New York:

Routledge.

_____. 2005 "Voices out of Time: Dual Resistance in Discourse on Women's Suicide in Rural China". Paper presented at the 2005 Annual Meeting of the Association for Asian Studies, Chicago, Illinois, March 31–April 3, 2005.

WHO. 1999. *The World Health Report 1999*. Geneva: World Health Organization.

_____. 2005. *Mental Health Atlas*. Geneva: World Health Organization.

Whyte, Martin King and William L. Parish. 1984. *Urban Life in Contemporary China*. Chicago: University of Chicago Press.

Willis, Paul. 1977. *Learning to Labour: How Working Class Kids Get Working Class Jobs*. New York: Columbia University Press.

Witke, Roxane. 1967. "Mao Tse-tung, Women and Suicide in the May Fourth Era". *The China Quarterly* 31: 128~147.

Wolf, Arthur P., ed. 1978. *Studies in Chinese Society*. Stanford: Stanford University Press.

Wolf, Margery. 1968. *The House of Lim*. New York: Appleton–Century–Crofts.

_____. 1972. *Women and the Family in Rural Taiwan*. Stanford: Stanford University Press.

_____. 1975. "Women and Suicide in China". In *Women in Chinese Society*. Margery Wolf and Roxane Witke(eds.). Stanford: Stanford University Press. pp.111~141.

_____. 1985. *Revolution Postponed: Women in Contemporary China*. Stanford: Stanford University Press.

Wu, Fei. 2005a. "Elegy for Luck: Suicide in a County of North China". Ph.D. Dissertation in the Department of Anthropology at Harvard

University.

_____. 2005b. "'Gambling for Qi': Suicide and Family Politics in a Rural North China County". *The China Journal* 54: 7~27.

Xu, Xiao, Fengchuan Zhu, Patricia O'campo, Michael A Koenig, Victoria Mock, and Jacquelyn Campbell. 2005. "Prevalence of Risk Factors for Intimate Partner Violence in China". *American Journal of Public Health* 95: 78~85.

Xu, Xiaohe and Martin King Whyte. 1990. "Love Matches and Arranged Marriage: A Chinese Replication". *Journal of Marriage and Family* 52(3): 709~722.

Yan, Hairong. 2003. "Specialization of the Rural: Reinterpreting the Labor Mobility of Rural Young Women in Post-Mao China". *American Ethnologist* 30(4): 578~596.

_____. 2008. *New Masters, New Servants: Migration, Development, and Women Workers in China*. Durham: Duke University Press.

Yan, Yunxiang. 1992. "The Impact of Rural Reform on Economic and Social Stratification in a Chinese Village". *The Australian Journal of Chinese Affairs* 27: 1~23.

_____. 1995. "Everyday Power Relations: Changes in a North China Village". In *The Waning of the Communist State*. Andrew Walder(ed.). Berkeley: University of California Press. pp.215~241.

_____. 1997. "The Triumph of Conjugality: Structural Transformation of Family Relations in a Chinese Village". *Ethnology* 36(3): 191~212.

_____. 1999. "Rural Youth and Youth Culture in North China". *Culture, Medicine and Psychiatry* 23(1): 75~97.

_____. 2002. "Courtship, Love, and Premarital Sex in a North China Village". *The China Journal* 48: 29~53.

_____. 2003. *Private Life under Socialism: Love, Intimacy, and Family Change in a Chinese Village, 1949~1999*. Stanford: Stanford University Press.

_____. 2005. "The Individual and Transformation of Bridewealth in Rural North China". *Journal of the Royal Anthropological Institute* 11: 637~658.

Yang, Mayfair Mei-Hui. 1999. "From Gender Erasure to Gender Difference: State Feminism, Consumer Sexuality, and Women's Public Sphere in China". In *Spaces of Their Own*. Mayfair Mei-Hui Yang(ed.). Minneapolis: University of Minnesota Press. pp.35~67.

_____. 2002. "Mass Media and Transnational Subjectivity in Shanghai: Notes on (Re) Cosmopolitanism in a Chinese Metropolis". In *Media Worlds: Anthropology on New Terrain*. Faye Ginsberg, Lila Abu-Loghod, and Brian Larkin(eds.). Berkeley: University of California Press. pp.189~210.

Yip, Paul S. F. 2001. "An Epidemiological Profile of Suicides in Beijing, China". *Suicide and Life-Threatening Behavior* 31(1): 62~70.

Yip, Paul S. F., Ka Y. Liu. 2006. "The Ecological Fallacy and the Gender Ratio of Suicide in China". *British Journal of Psychiatry* 189: 465~466.

Yip, Paul S. F., Ka Y. Liu, Jianping Hu, and X. M. Song. 2005. "Suicide Rates in China during a Decade of Rapid Social Changes". *Social Psychiatry and Psychiatric Epidemiology* 40: 792~798.

Zhang, Everett Yuehong. 2007. "The Birth of Nanke (Men's Medicine) in China: The Making of the Subject of Desire". *American Ethnologist* 34(3): 491~508.

Zhang, J., Y. Conwell, L. Zhou, C. Jiang. 2004. "Culture, Risk Factors and Suicide in Rural China: A Psychological Autopsy Case Control Study". *Acta Psychiatrica Scandinavica* 110: 430~437.

Zhang, Jie, Shuhua Jia, Chao Jiang, Jie Sun. 2006. "Characteristics of

Chinese Suicide Attempters: An Emergency Room Study". *Death Studies* 30: 259~268.

Zhang, Li. 2001. *Strangers in the City: Reconfigurations of Space, Power, and Social Networks within China's Floating Population*. Stanford: Stanford University Press.

Zhang, Weiguo. 2000. "Dynamics of Marriage Change in Chinese Rural Society in Transition: A Study of a Northern Chinese Village". *Population Studies* 54(1): 57~69.

펑롱현 사람들

개혁기 중국 농촌 여성의 삶, 가족 그리고 문화

1판 1쇄 2020년 12월 4일

지은이 | 이현정

펴낸이 | 류종필
책임편집 | 김현대
편집 | 이정우, 정큰별
마케팅 | 김연일, 이건호, 김유리
표지 디자인 | 석운디자인
본문 디자인 | 이미연

펴낸곳 | (주) 도서출판 책과함께
주소 (04022) 서울시 마포구 동교로 70 소와소빌딩 2층
전화 (02) 335-1982
팩스 (02) 335-1316
전자우편 prpub@hanmail.net
블로그 blog.naver.com/prpub
등록 2003년 4월 3일 제25100-2003-392호

ISBN 979-11-88990-97-9 93910

* 이 책은 아모레퍼시픽재단의 지원을 받아 저술·출판되었습니다.